Catalogage : Jugaad - Innovation frugale - Innovation agile - Pays émergents - Croissance

Titre original : Jugaad Innovation - Think Frugal, Be Flexible, Generate Breakthrough Growth

Édition française 2013 : Les Éditions Diateino

Directrice éditoriale : Claire Gautier
Assistante éditoriale : Éva Avian
ISBN : 978-2-35456-096-6

Retrouvez-nous sur :
http://www.diateino.com
http://facebook.com/diateino
http://twitter.com/Diateino

L'INNOVATION
JUGAAD
REDEVENONS INGÉNIEUX !

Navi Radjou, Jaideep Prabhu, Simone Ahuja

L'INNOVATION JUGAAD

REDEVENONS INGÉNIEUX !

Traduction, adaptation et avant-propos : Jean-Joseph Boillot

diateino

PRÉFACE

« L'innovation jugaad » : faire plus, avec moins. Réduire la complexité, éliminer le superflu, revenir à l'essence du produit. Donner vie à des produits concrets que les consommateurs veulent et dont ils ont besoin, sans tomber dans l'excès de sophistication… C'est ce que j'appelle « l'ingénierie frugale », un état d'esprit profondément ancré dans les économies émergentes, où être entrepreneur signifie transformer en opportunités l'adversité quotidienne. En Russie, en Inde, en Chine, et dans mon pays natal le Brésil, les chefs d'entreprises considèrent la rareté non comme un problème, mais comme la « mère de l'invention ».

En Chine, des ingénieurs développent des systèmes de surveillance des patients à faible revenu dans les hôpitaux ruraux : ils ont créé de simples bracelets-montres qui mesurent le taux de sucre dans le sang, l'arythmie cardiaque, le niveau de cholestérol ou d'autres maladies. Connectés à des bases de données partagées au niveau régional ou national, ces appareils permettraient d'économiser des milliards de dollars en dépenses de santé, et permettraient à des millions de Chinois de prévenir les conséquences dramatiques des maladies cardio-vasculaires ou du diabète.

Si l'innovation frugale fait déjà une différence dans le domaine de la santé publique, 5 ans après le début de l'ère d'austérité initiée par la crise financière de 2008, l'idée fait également son chemin dans d'autres secteurs.

L'industrie automobile a augmenté ses ventes de façon exponentielle dans les marchés émergents au cours de la dernière décennie.

Les millions de personnes qui rejoignent les classes moyennes désirent en premier lieu acheter une voiture. Pour faire face à cette demande, certains constructeurs proposent des versions bon marché, à prestations réduites, de véhicules déjà développés pour leurs marchés traditionnels d'Europe de l'Ouest, d'Amérique du Nord et du Japon.

Mais pourquoi des entrepreneurs de classe internationale et nouveaux leaders de notre monde globalisé devraient-ils se contenter de produits déjà amortis dans les pays occidentaux ? À l'heure où les marchés émergents sont en train de devenir le moteur de la croissance au XXIème siècle, les consommateurs indonésiens, mexicains, nigérians, sud-africains ou autres sont en droit de réclamer des véhicules adaptés à leurs besoins. Un dirigeant de petite entreprise dans la Russie profonde, où les températures peuvent atteindre les -30°C, a besoin d'un véhicule qui sera différent de celui de l'ingénieur informatique en Inde, où l'infrastructure routière est en pleine évolution. Une voiture low cost pour les États-Unis peut sembler inabordable, si ce n'est complètement inadéquate, pour un jeune entrepreneur de Shanghai ou un promoteur immobilier engagé dans la course à la réussite à Rio de Janeiro.

L'Alliance Renault-Nissan a adopté le principe de l'innovation frugale dès 1999, quand Renault a acquis le constructeur roumain Dacia. L'objectif était de construire une marque nouvelle à bas prix, pour l'Europe centrale et orientale. En 2004, Renault a dévoilé la Logan, qui s'est vite imposée parmi les meilleures ventes de la région. Nous avons depuis élargi la gamme, notamment avec Sandero en 2007, lancée tout d'abord sur le marché brésilien, et Duster, qui est devenu rapidement un succès sur tous les marchés où nous le commercialisons : Brésil, Russie, Inde. Depuis le début de la crise de 2008, ces voitures sont devenues des best-sellers, même dans les marchés dits « développés », notamment ceux frappés par la récession comme la France, l'Espagne, l'Italie, mais aussi en Allemagne.

Aujourd'hui, nous étendons encore le concept de l'ingénierie frugale, avec le lancement d'une nouvelle plateforme destinée aux primo-accédants dans les marchés émergents. La plateforme « A-Entry » sera conçue et fabriquée à Chennai, en Inde, ville d'entrepreneurs ouverte aux innovations technologiques et centre de l'ingénierie frugale de Renault-Nissan. À Chennai, nous travaillons étroitement avec les fournisseurs indiens pour produire une voiture abordable, même selon les standards indiens. Nos ingénieurs et fournisseurs indiens sont capables de concevoir des solutions frugales en tirant parti de leur état d'esprit ingénieux, appellé jugaad en Inde, grâce auquel ils peuvent déceler des opportunités dans l'adversité et faire preuve de créativité face à la rareté des ressources. Nous nous appuyons fortement sur cet état d'esprit jugaad pour accélérer le développement de nos initiatives d'ingénierie frugale telles que la plateforme « A-entry ».

Le programme A-Entry ne consiste pas à inonder les marchés à forte croissance de versions allégées de produits dépassés en France et au Japon : les véhicules A-Entry sont conçus et fabriqués dès le départ pour être des voitures séduisantes et pratiques, et répondre aux besoins de mobilité des conducteurs des marchés émergents. Ceux-ci veulent de « vraies voitures », et non des rickshaws améliorés ou des « voitures mondiales » passe-partout dérivées d'un modèle ancien des pays occidentaux. Ces nouveaux consommateurs, bien informés, exigent qualité, robustesse, économie et esthétique. Ils veulent des voitures modernes et valorisantes, qu'ils seront fiers de posséder.

L'ingénierie frugale, et l'état d'esprit jugaad sous-jacent, sont au cœur d'une nouvelle vague d'innovation dans notre industrie. Nous souhaitons que cette philosophie influence de façon significative nos studios de design comme nos usines à Yokohama, Paris, Londres, et aux États-Unis. Si les gènes de l'innovation viennent des marchés émergents, l'accent mis sur l'efficacité et la simplicité résonne de Hong Kong à la Silicon Valley. Nous devons tous devenir adeptes de l'innovation frugale, comprendre ses origines et ses implications pour les consommateurs et pour l'économie en général. Après tout, dans une époque d'austérité où les ressources sont de plus en plus rares, nous devons tous faire plus avec moins. Et pour atteindre cet objectif, nous devrions adopter cet état d'esprit flexible et ingénieux que représente le jugaad.

Carlos Ghosn
Président de l'Alliance Renault-Nissan

AVANT-PROPOS À L'ÉDITION FRANÇAISE

Jugaad. Le mot pourra paraître étrange pour un lecteur francophone davantage habitué aux sonorités latines qu'à celles de la langue indienne. Pourtant, quand ce lecteur comprendra que c'est un mot dont le sens recouvre ce que les Français appellent le « système D », ou encore la « débrouillardise », il se sentira dans un environnement déjà plus familier. Mais alors, quel rapport avec la science du management ? N'est-il pas paradoxal d'aller chercher en Inde, ce pays-continent tout juste émergent, des solutions à nos défis de pays développés ? Paradoxal sans doute au sens où cela est contraire à l'opinion commune, bizarre, et non pas aberrant, absurde ou illogique, tout au contraire.

Ma propre expérience depuis trente ans en tant qu'expert auprès des pays émergents, voire désormais émergés, comme la Chine, me conforte chaque jour davantage dans cette idée simple qui nourrit la démarche de ce livre : les paradigmes des Trente Glorieuses ne sont plus adaptés à un monde économiquement globalisé, écologiquement fini, et émotionnellement interculturel, d'autant qu'il est en pleine rupture avec le passé, du fait de trois révolutions en cours, dans les technologies de l'information, les biotechnologies et les nanotechnologies.

Tout l'art des auteurs de ce livre est de nous apporter une double vision des solutions à la crise du monde industriel, plus particulièrement sensible en France. On oublie à quel point le pays de Voltaire, qui fut probablement le plus en pointe dans la mise en œuvre du management structuré, est un pays d'ingénieurs.

Qui se souvient aujourd'hui du fayolisme, une des premières grandes théories du management moderne ? C'est Henri Fayol qui lui a donné son nom, ingénieur des Mines qui publia *L'Administration industrielle et générale* en 1916 (chez Dunod), et qui peut être considéré comme un précurseur de la théorie de l'organisation scientifique du travail, qui prendra un peu plus tard le nom de taylorisme.

Ce livre nous offre tout d'abord un regard critique sur les process du monde industriel d'après-guerre, qui, s'ils ont indéniablement apporté la prospérité à un cinquième de l'humanité, semblent aujourd'hui incapables de nous sortir d'une crise qui dure depuis bien trop longtemps, si l'on en juge par le chômage de masse et la désindustrialisation qui sévissent dans les pays occidentaux. Et ils semblent encore moins capables d'apporter la prospérité aux quatre cinquièmes de l'humanité qui aspirent au développement. Pourquoi ? Les auteurs s'inspirent de la thèse de Schumpeter sur le rôle de l'innovation, qui s'avère ici extrêmement riche. Comme tous les organismes vivants, les choses ont un début mais aussi une fin. Manifestement, nous n'acceptons pas que nos process aient pu dégénérer en usines à gaz trop rigides face aux nouveaux défis de la planète, et qu'ils aient pu tuer l'esprit d'entreprise et l'ingéniosité précisément à l'origine de l'essor de l'Occident. Or, en bon schumpétériens, nos auteurs n'oublient pas que toute crise peut s'avérer un phénomène de « destruction créatrice » si on laisse le champ libre aux énergies capables de penser et surtout de promouvoir le nouveau.

C'est ici que nous découvrons la deuxième vision des auteurs, centrée sur des solutions dictées par six principes d'innovation jugaad, autour desquels le livre est structuré. Une vision d'autant plus riche qu'elle est très orientale dans sa philosophie, notamment parce qu'elle suppose une démarche pragmatique.

En effet, pourquoi chercher absolument un antagonisme avec la méthode structurée de management, comme celle des Six Sigma par exemple, quand il peut y avoir en réalité une complémentarité des deux approches ? C'est en ce sens qu'on peut se féliciter d'introduire au public français un ouvrage de management qui fera peut-être date dans la réflexion sur l'innovation au XXIème siècle. Précisons que cette vision est cependant déjà à l'œuvre dans plusieurs entreprises françaises, qui sont en train de s'approprier le jugaad dans leur démarche d'innovation, comme les lecteurs le découvriront au fil des pages de ce livre.

Jean-Joseph Boillot

SOMMAIRE

CHAPITRE 1

JUGAAD

Une stratégie de croissance radicalement différente

Nous sommes arrivés à Ramakrishna Nagar, un village dans le désert du Gujarat, État de l'Inde occidentale, après avoir parcouru 400 kilomètres depuis la capitale économique Ahmedabad. Notre équipe – formée d'un consultant en management de la Silicon Valley, d'un professeur de l'école de commerce de l'université de Cambridge, et de la fondatrice d'un cabinet de consultants et d'une entreprise de média de Minneapolis – s'était lancée quelques mois plus tôt sur un projet de recherche et de voyage, avec une mission : découvrir de nouvelles approches de l'innovation dans un marché émergent comme l'Inde, qui pourraient aider les entreprises occidentales à surmonter la complexité résultant d'une période de turbulence.

Nous étions venus au Gujarat pour rencontrer le professeur Anil Gupta, de l'Indian Institute of Management (IIM) d'Ahmedabad1, dirigeant le réseau Honeybee, un organisme à but non lucratif qui identifie et essaime des innovations de terrain dans toute l'Inde. Depuis plus de deux décennies, Honeybee a accumulé une base de données comportant plus de dix mille inventions d'entrepreneurs locaux ayant créé des solutions ingénieuses pour résoudre les problèmes socio-économiques dans leurs communautés. Le professeur Gupta suggéra que nous rencontrions un de ces entrepreneurs ruraux.

Après avoir abandonné une autoroute en béton rectiligne pour suivre des routes de gravier de plus en plus étroites et pleines de bosses, la température s'est mise à flirter avec les 50°C et, en sortant de notre jeep climatisée, nous avons senti le poids de la chaleur accablante du désert. Mansukh Prajapati nous a accueillis chaleureusement à la porte de son atelier[2]. Potier de métier, il a mené pendant des années des expériences avec de l'argile pour produire une variété de biens durables, dont un grand nombre sont exposés dans un bureau, à l'extérieur du « laboratoire ».

Nous étions desséchés, et nous lui fûmes donc reconnaissants quand il nous proposa de l'eau – nous avions épuisé nos réserves, et il n'y avait aucun magasin ni kiosque à proximité. Il s'approcha d'un robinet, nous donna des tasses, et nous dit, plein de fierté : « Goûtez cette eau froide qui vient de mon frigo ! » Perplexes, nous examinâmes de plus près l'objet en terre cuite qui nous faisait face. Il était entièrement en argile, sauf la porte en verre et le robinet du bas, en plastique. Nous avions beau regarder autour de nous, tout en sirotant l'eau fraîche, nous ne pouvions trouver ni cordon électrique, ni batterie, uniquement de l'argile. Amusé par nos expressions, Prajapati nous expliqua le fonctionnement de ce réfrigérateur en argile, le Mitticool (*mitti* signifie « terre » en hindi) : à partir d'une chambre supérieure, l'eau s'infiltre à travers les parois latérales et tombe dans une chambre inférieure qui la refroidit par évaporation. Le réfrigérateur ne consomme pas d'électricité, il est cent pour cent biodégradable, et ne produit aucun déchet pendant sa durée de vie. Une invention ingénieuse !

Mais cet inventeur et son histoire personnelle sont encore plus impressionnants. Prajapati ne travaille pas pour la NASA, pas plus que pour Whirlpool, et il n'a pas de doctorat en physique quantique ni de MBA de Stanford. En fait, il n'a même pas terminé ses études secondaires. Son laboratoire de recherche et développement (R&D) – une simple pièce à ciel ouvert au sol jonché de morceaux d'argile aux formes les plus diverses, avec un four niché dans un coin – est bien loin des campus tentaculaires de General Electric (GE) ou de Whirlpool, et de leurs centaines d'ingénieurs et de scientifiques.

En 2001, un tremblement de terre a dévasté le village de Prajapati et la région environnante. En lisant un rapport sur les dégâts dans le journal local, son attention s'est portée sur la légende d'une photo, montrant un pot de terre défoncé, du type de ceux couramment utilisés par les villageois pour aller chercher de l'eau et la garder au frais : « Réfrigérateur brisé d'un pauvre homme. » L'allégorie du réfrigérateur a déclenché la première trouvaille de Prajapati. Pourquoi ne pas utiliser de l'argile, a-t-il pensé, pour faire un véritable réfrigérateur pour les villageois, qui ressemblerait à un réfrigérateur classique, mais plus abordable et fonctionnant sans électricité ? Le réseau électrique n'est pas fiable pour plus de 500 millions d'Indiens, parmi lesquels la plupart des habitants du village de Prajapati[3]. Ainsi l'impact d'un réfrigérateur tel que celui-ci sur la santé et le mode de vie serait formidable, dans un village du désert où les fruits, les légumes et les produits laitiers ne sont disponibles que par intermittence.

Sa formation de potier, couplée à son intuition, ont fait penser à Prajapati qu'il était sur une piste sérieuse. Après des mois d'expérimentation, il a finalement abouti à une version viable du Mitticool, qu'il a commencé à vendre, environ 50 dollars, aux gens de son village. Le réfrigérateur fut un succès. Prajapati a travaillé sans relâche pour en améliorer la conception et a commencé à en vendre dans toute l'Inde, puis à l'international. Ne pouvant faire face à la demande croissante, il a dû trouver des moyens pour intensifier rapidement la production.

Puis il fit une seconde trouvaille. Pourquoi ne pas transformer l'activité de poterie artisanale en un processus industriel ? Il pouvait tirer parti de sa connaissance traditionnelle de la poterie pour produire en masse des biens répondant aux besoins des consommateurs modernes. Prajapati a d'abord développé une méthode de travail de l'argile entièrement nouvelle et plus efficace, puis il a commencé à former des femmes du village à ces techniques de poterie industrielle, et enfin les a embauchées pour travailler dans sa nouvelle usine. Bientôt, c'est une « mini-révolution industrielle » qui s'est amorcée dans ce village isolé de l'Inde.

Le Mitticool fut le premier produit fabriqué en masse dans son usine. Mais, rapidement, d'autres produits à base d'argile ont été lancés, comme une poêle à frire antiadhésive ayant la capacité de conserver la chaleur plus longtemps que les autres, vendue à peine deux dollars. D'un homme et d'une idée est née une industrie frugale mais féconde, qui emploie un grand nombre de personnes dans sa propre communauté, est au service des consommateurs indiens, mais se destine également à l'étranger. Les inventions révolutionnaires de Prajapati, à forte valeur ajoutée et moindre coût, lui ont valu les éloges du monde entier, y compris du président de l'Inde. Le magazine *Forbes* l'a récemment cité parmi les entrepreneurs ruraux indiens les plus influents, l'un des rares à avoir eu un tel impact sur la vie d'un aussi grand nombre de gens[4].

JUGAAD : L'ART D'IMPROVISER UNE SOLUTION INGÉNIEUSE

Le Mitticool, une idée née de circonstances défavorables, montre comment un état d'esprit résilient peut transformer la rareté en opportunité. Combinant des ressources limitées et une attitude résolument positive, Prajapati puise dans l'empathie et la passion qu'il éprouve pour les membres de sa communauté afin d'en faire naître des solutions ingénieuses qui améliorent la vie au Gujarat, et au-delà. Il a non seulement produit un dispositif de refroidissement bon marché et efficace, mais il a aussi créé des emplois pour des dizaines de femmes peu scolarisées. Ce faisant, Prajapati soutient le développement durable, tant environnemental que socio-économique, au sein de sa communauté, tout en assurant la viabilité financière de son entreprise. Il incarne le véritable esprit *jugaad.*

Jugaad est un mot hindi populaire qui peut être traduit à peu près par « une solution innovante, improvisée, née de l'ingéniosité et de l'intelligence ». Jugaad est tout simplement une façon unique de penser et d'agir en réponse à des défis. C'est un art de l'audace, celui de repérer les opportunités dans les circonstances les plus défavorables et de trouver des solutions ingénieuses et improvisées en utilisant des moyens simples. Jugaad, c'est faire plus avec moins. (On en trouvera de très nombreux exemples sur notre site jugaadinnovation.com.)

Presque tous les Indiens pratiquent le jugaad au quotidien pour tirer le meilleur de ce qu'ils ont. Les applications jugaad comprennent notamment de nouvelles utilisations des objets de la vie quotidienne. Les cuisines indiennes débordent de bouteilles vides de Coca-Cola ou de Pepsi réutilisées comme récipients *ad hoc* pour les légumes secs ou les condiments. Il s'agit d'inventer de nouveaux outils et utilitaires à partir d'objets du quotidien : par exemple, un camion de fortune sera bricolé avec un moteur diesel monté sur un chariot (fait intéressant, le mot jugaad en punjabi désigne littéralement un de ces engins de fortune).

Ce mot, jugaad, est également employé pour désigner toute utilisation d'un moyen ingénieux permettant de « déjouer le système ». Par exemple, des millions d'utilisateurs de téléphones portables en Inde utilisent les appels manqués (*missed calls*) pour communiquer entre eux à l'aide d'un code fixé entre l'appelant et son correspondant, une sorte de SMS sans texte, gratuit. Ainsi, votre partenaire de covoiturage peut vous envoyer un « appel manqué » le matin pour vous indiquer qu'il vient de quitter sa maison et qu'il est en chemin pour passer vous chercher[5]. D'où une connotation légèrement négative du mot jugaad chez certains. Mais dans l'ensemble, l'esprit d'entreprise jugaad est pratiqué par des millions d'Indiens afin, tout simplement, de trouver de façon astucieuse – et en toute légalité – des solutions aux problèmes quotidiens.

Dans ce livre, nous plongeons dans l'esprit frugal et flexible qui caractérise des milliers d'entrepreneurs ingénieux et d'entreprises qui pratiquent le jugaad de façon créative pour régler des problèmes socio-économiques dans leurs communautés. Les innovateurs jugaad comme Mansukh Prajapati considèrent les obstacles, par exemple le manque d'électricité, non comme un défi insurmontable mais comme une occasion d'innover et de surmonter précisément les contraintes.

L'esprit d'entreprise jugaad ne se limite pas à l'Inde. Il est largement pratiqué dans d'autres économies émergentes comme la Chine et le Brésil, où les entrepreneurs sont également à la poursuite de la croissance dans un environnement difficile.

Les Brésiliens ont leur propre mot pour désigner cette approche : *jeitinho*[6]. Les Chinois l'appellent *zizhu chuangxin*[7]. Les Kenyans se réfèrent à lui comme *jua kali*[8]. Les Français ont aussi leur propre expression : le système D[9]. Tout au long de ce livre, nous allons présenter des profils d'entrepreneurs jugaad d'Argentine, du Brésil, de Chine, du Costa Rica, d'Inde, du Kenya, du Mexique, des Philippines et d'ailleurs qui ont créé des solutions simples et efficaces pour résoudre les problèmes épineux auxquels font face leurs concitoyens. Nous espérons faire la lumière sur la façon avec laquelle ces innovateurs jugaad pensent et agissent, et identifier les précieuses leçons dont l'Occident peut tirer profit.

Le jugaad à l'Ouest

Alors que le jugaad est actuellement la forme dominante de l'innovation sur les marchés émergents, en Occident, il n'est pratiqué que dans des cas isolés. Et bien que la série TV des années 1980 MacGyver ait popularisé l'esprit jugaad américain, connu sous le nom de *Yankee ingenuity*, très peu de sociétés occidentales pratiquent réellement aujourd'hui le jugaad[10]. Pourtant, cet esprit représentait autrefois une grande partie de l'esprit d'innovation à l'Ouest. Ce fut l'état d'esprit flexible d'innovateurs au style jugaad qui catalysa la croissance dans les économies occidentales, notamment aux États-Unis au cours de la première révolution industrielle.

C'est ainsi, par exemple, qu'en 1831 un agriculteur autodidacte de Virginie, nommé Cyrus McCormick, a introduit une nouvelle moissonneuse mécanique. L'engin promettait de libérer les travailleurs agricoles des travaux éreintants mais également de résoudre le problème de l'approvisionnement alimentaire qui affectait durement cette région. À la naissance de McCormick, en 1809, plus de 80 % des Américains étaient en effet tributaires de l'agriculture pour leur subsistance (en 1970, cette proportion n'était plus que de 4 %[11]). Au début du XIXe siècle en Amérique, les agriculteurs récoltaient les céréales à la main, tâche qui nécessitait un très grand nombre d'ouvriers. Le père de Cyrus McCormick voulait rendre la vie plus facile à ses amis agriculteurs. Il a passé 28 ans à essayer de développer une machine qui pourrait automatiser la récolte des céréales, avant de renoncer suite à plusieurs tentatives infructueuses. Son fils Cyrus a repris l'invention de son père dès l'âge de 22 ans, la bricolant pour tenter de la faire fonctionner. Dans la grange familiale qui servait d'atelier de fortune, il a passé de nombreux mois à peaufiner la conception d'un système mécanique automatisé de récolte, en utilisant des ressources limitées et des composants fabriqués à la main. Finalement, en 1831, il est parvenu à mettre au point une version exploitable d'une moissonneuse capable de récolter plus de grains que cinq hommes utilisant les anciens outils[12].

La moissonneuse n'était pas, en réalité, la première invention de Cyrus McCormick. Bien que peu instruit, il avait inventé à l'âge de quinze ans un outil léger qui pouvait couper et stocker les grains de manière plus efficace et, quelques années plus tard, développé deux nouveaux types de charrue. L'Amérique du XIXe siècle, aux prises avec une pénurie de ressources mais offrant de multiples opportunités, grouillait d'entrepreneurs jugaad comme Cyrus McCormick dont les inventions intelligentes ont apporté de grands bénéfices à la société dans son ensemble[13].

Pourtant, l'innovation jugaad la plus célèbre de Cyrus McCormick, la moissonneuse mécanique, ne fut pas un succès commercial immédiat. Ses amis agriculteurs, habitués aux méthodes de récolte manuelles, étaient sceptiques quant à l'utilité de cette machine inconnue. McCormick a lutté pendant des années pour vendre ses machines. Il n'a rencontré le succès qu'en prolongeant ses innovations jugaad : grâce à la pratique pionnière du marketing du bouche à oreille, il a, par exemple, obtenu de ses premiers clients qu'ils recommandent sa moissonneuse à d'autres clients potentiels. Finalement, les ventes ont décollé, et McCormick a déplacé la production vers une usine de Chicago. Ses machines ont commencé à bien se vendre, provoquant une amélioration spectaculaire des pratiques agricoles dans tout le pays. Pendant ce temps, McCormick a également jeté les bases de nombreuses techniques de vente et de marketing innovantes comme l'évaluation de la solvabilité des clients ou la pratique du « satisfait ou remboursé » pour l'acheteur – qui sont aujourd'hui des pratiques courantes des entreprises occidentales dans tous les secteurs. McCormick s'est avéré être non seulement un ingénieux inventeur technique, mais aussi un grand innovateur de modèles économiques. Bien qu'il ait rencontré dans sa vie de nombreuses situations difficiles, comme des incendies d'usine ou des différends à propos de brevets, il a toujours su faire preuve de résilience et rebondir. Les inventions jugaad de McCormick ont permis à des groupes entiers de travailleurs américains de passer du champ à l'usine, accélérant ainsi la Révolution industrielle[14].

Parmi les premiers innovateurs jugaad américains, le plus connu est peut-être Benjamin Franklin. Celui-ci a grandi dans une famille puritaine de neuf frères et sept sœurs, a connu la pauvreté et appris « sur le terrain » la vertu de la frugalité[15]. Alors qu'il n'avait que dix ans, Franklin a quitté l'école et commencé à travailler dans l'atelier de bougies et de savon de son père, pour soutenir sa famille. Dès le début, il a développé un grand talent pour utiliser des ressources limitées et trouver des solutions ingénieuses et économes pour faire face aux problèmes quotidiens de ses contemporains. L'ingéniosité légendaire de Franklin a été alimentée par une véritable empathie pour ses concitoyens. Parmi ses inventions les plus utiles, on trouve le poêle dit « Franklin[16] ». Au XVIIIème siècle, les maisons aux États-Unis étaient principalement chauffées par des foyers inefficaces qui crachaient de la fumée tandis qu'une grande partie de la chaleur produite s'échappait par la cheminée. Ils étaient également dangereux, car leurs étincelles pouvaient provoquer des incendies capables de ravager rapidement des maisons construites en bois.

L'innovation jugaad de Franklin pour s'attaquer à ce problème fut un nouveau type de poêle, doté d'une simple enceinte à capuchon à l'avant et d'une chambre à air à l'arrière. Le nouveau poêle et la reconfiguration des conduits a permis un feu beaucoup plus efficace, diminuant la consommation de bois de 75 % et générant deux fois plus de chaleur[17]. Le poêle Franklin produisait « plus avec moins ». Franklin déclina toute offre de brevet pour sa découverte originale, indiquant que l'altruisme, plutôt que le profit, était sa seule motivation, et agissant ainsi comme l'un des premiers partisans de la technologie *open source*. Il voulait que tous les Américains bénéficient de son invention. D'ailleurs, Franklin n'a breveté aucune de ses inventions, car, comme il l'écrit dans son autobiographie, « puisque nous jouissons des grands avantages des inventions des autres, nous devrions être heureux d'avoir l'occasion de servir les autres par nos propres inventions, ce que nous devrions faire librement et généreusement[18] ». En tant qu'innovateur jugaad, son approche de l'innovation a toujours été inclusive : ses inventions ingénieuses, dont le paratonnerre, les lunettes à double foyer ou l'odomètre, ont grandement amélioré la vie dans les colonies.

Les pères fondateurs de l'Amérique, ainsi que ses agriculteurs créatifs, ses industriels pionniers et ses explorateurs scientifiques du XIXème siècle et du début du XXème – de Benjamin Franklin à Cyrus McCormick en passant par les frères Wright – furent des praticiens historiques du jugaad en Occident. Ces entrepreneurs ingénieux stimulèrent la révolution industrielle dans les pays occidentaux, formant la base solide de ce qui allait devenir un leadership économique pour des décennies. Au XXème siècle cependant, surtout après la Seconde Guerre mondiale, les pays occidentaux ont progressivement perdu le contact avec cet esprit jugaad en devenant des économies post-industrielles trop attachées à un mode de vie et de travail systématique et prévisible. L'ingéniosité improvisée – l'essence de l'esprit jugaad – a reculé au profit d'une approche plus structurée de l'innovation.

COMMENT L'OCCIDENT A PERDU SON JUGAAD

Au XXème siècle, au moment de l'expansion des économies nord-américaines et européennes, les sociétés occidentales ont commencé à institutionnaliser leurs systèmes d'innovation, en créant des centres de R&D et en normalisant les processus opérationnels pour élaborer des produits commercialisables. Elles se sont alors concentrées sur la gestion de l'innovation. Cette industrialisation du processus de création a conduit à une approche structurée de l'innovation avec les caractéristiques suivantes : de gros budgets, des processus opérationnels normalisés, et un accès à la connaissance contrôlé.

Mais cette démarche d'innovation structurée, qui a fait le succès des entreprises occidentales dans la seconde moitié du XXème siècle, comporte trois limites claires face à l'accélération de l'innovation et à sa volatilité au XXIème siècle : elle est trop coûteuse et consomme beaucoup de ressources, elle manque de souplesse et est, enfin, élitiste et insulaire.

L'approche structurée est trop coûteuse et consomme beaucoup de ressources

Les entreprises occidentales en sont venues à croire que leur système d'innovation, comme tout système industriel, allait générer plus d'*output* (inventions) si on augmentait les *input* (ressources). En conséquence, le moteur de l'innovation structurée est devenu intensif en capital. Il nécessite un approvisionnement abondant en ressources naturelles et financières, à un moment où celles-ci sont de plus en plus rares. L'approche est conçue pour « offrir plus avec plus », c'est-à-dire que les entreprises font payer plus cher leurs clients pour des produits trop sophistiqués et coûteux à développer et à produire. Les mille premières entreprises dans le monde qui investissent le plus dans l'innovation, pour l'essentiel des entreprises occidentales, ont dépensé pas moins de 603 milliards de dollars pour leur R&D rien que pour l'année 2011[19] ! Mais qu'ont-elles obtenu en retour ? Pas grand-chose, selon les recherches effectuées par les consultants en management de Booz & Company. Les trois secteurs occidentaux qui dépensent le plus en R&D, l'informatique et l'électronique, la santé et l'automobile, luttent désespérément pour générer un flux constant d'inventions révolutionnaires, malgré de lourds investissements en R&D. Il y aurait donc une faible corrélation entre la quantité d'argent dépensé en R&D et les performances en termes de développement et de commercialisation de produits qui génèrent des profits. Pour dire les choses plus crûment : l'argent ne peut pas acheter l'innovation. Le rapport de Booz & Company publie de façon judicieuse la photo d'un P.-D.G. à l'air abattu portant un T-shirt avec l'inscription « Nous avons dépensé deux milliards de dollars en R&D et tout ce qu'on a obtenu, c'est ce misérable T-shirt ». La légende illustre bien les frustrations des dirigeants occidentaux qui font face d'une part à d'énormes contraintes financières et d'autre part à d'immenses pressions des actionnaires pour générer de la croissance[20].

L'industrie pharmaceutique est un secteur où la stratégie du « toujours plus, toujours mieux » est clairement en perte de vitesse. Les dépenses de R&D des grandes firmes pharmaceutiques sont passées de 15 milliards de dollars en 1995 à 45 milliards en 2009[21]. Pourtant, le nombre de nouveaux médicaments lancés chaque année a chuté de 44 % depuis 1997[22]. Ce sont des nouvelles particulièrement mauvaises pour les grands groupes pharmaceutiques (comme Big Pharma), étant donné que, entre 2011 et 2016, les brevets amenés à disparaître vont représenter la bagatelle de 139 milliards de dollars de chiffre d'affaires[23]. Pour compliquer encore les choses, Big Pharma est confronté aux États-Unis à une contestation croissante de la part des politiciens et du public face à la spirale des coûts de soins de santé de plus en plus hors de contrôle, alors même que 50 millions d'Américains ne bénéficient toujours pas d'une assurance maladie de base.

L'industrie pharmaceutique n'est pas une exception. Le secteur automobile américain a dépensé 16 milliards de dollars en R&D pour la seule année 2007[24]. Les constructeurs automobiles américains continuent néanmoins de traîner derrière leurs concurrents japonais, coréens, allemands, et même chinois ou indiens, alors que les consommateurs « frugaux » dans le monde entier ne cessent de réclamer des voitures plus compactes, économes en carburant et respectueuses de l'environnement. La part du marché américain du Big Three, les trois grands constructeurs américains (Chrysler, General Motors et Ford), n'a cessé de diminuer, passant de 70 % en 1998 à 44,2 % en 2009[25]. En décembre 2008, les constructeurs, à court d'argent, ont demandé au gouvernement américain un plan de sauvetage de 34 milliards de dollars pour couvrir les seuls frais de santé de leur personnel et éviter la faillite et des licenciements[26] massifs. Depuis décembre 2009, le gouvernement américain a ainsi distribué pour 82 milliards de dollars d'aides au Big Three, dont 62 milliards pour les seuls General Motors et Chrysler (les deux constructeurs s'étaient mis sous la protection de la loi sur les faillites[27]).

L'approche structurée manque de souplesse

Avec autant d'argent investi dans la R&D, les entreprises occidentales sont devenues réfractaires aux risques dans leur démarche d'innovation. Elles ont mis en place des processus opérationnels normalisés tels que les « Six Sigma » (un ensemble intégré de techniques de gestion destinées à réduire les défauts de fabrication et à accroître l'efficacité opérationnelle par la standardisation des processus) ou le modèle « stage-gate » (méthode de gestion de projet par phases) afin de gérer et contrôler leurs projets d'innovation. Ces processus structurés étaient censés réduire considérablement l'incertitude et les risques d'échec de l'ensemble du processus et rendre les projets de R&D plus prévisibles à la fois dans l'exécution et les résultats. Mais ces processus et méthodes structurés ne sont pas aptes à fournir les solutions agiles dont les entreprises ont besoin pour se différencier dans un monde volatile, en évolution rapide.

Prenons Six Sigma, la stratégie de gestion bien connue mise au point par Motorola en 1986 et devenue le dogme des sociétés du classement « Fortune Global 500 » des plus importantes entreprises mondiales comme General Electric (GE) et Boeing. Six Sigma est un ensemble de règles visant à améliorer la qualité en éliminant les défauts. Avec la mise en œuvre d'un processus Six Sigma, il y a une espérance statistique que 99,99966 % des produits fabriqués soient exempts de défauts. Six Sigma fonctionne à merveille lorsque l'on cherche à institutionnaliser la « similitude », ce qui est très pratique quand on produit en masse et dans un environnement prévisible. Mais Six Sigma agit comme une camisole de force : une fois que vous y rentrez, vous y restez, et quand les choses commencent à changer, vous ne pouvez plus bouger (et encore moins danser !)[28].

Construits autour de processus stables et prévisibles, des programmes tels que Six Sigma ne peuvent pas introduire les changements rapides que les entreprises doivent mettre en œuvre alors qu'elles sont confrontées à une demande croissante de personnalisation des produits et services, et à la nécessité de satisfaire des clients de plus en plus diversifiés et pointilleux, sans compter l'adaptation à des changements technologiques très rapides. Pire encore, la culture Six Sigma s'attaque à la « déviance positive », stratégie utilisée par les employés pionniers, les *outliers*, qui utilisent des méthodes peu conventionnelles et contraires à l'intuition pour résoudre des problèmes épineux qui ne peuvent être traités par des approches traditionnelles[29]. Mais, comme Malcolm Gladwell le souligne dans son livre *Outliers*, ces idées et comportements déviants positifs sont réellement ceux qui produisent actuellement les innovations de rupture[30]. Ceci explique pourquoi George Buckley, P.-D.G. sortant de 3M – où un *outlier* nommé Art Fry inventa le désormais incontournable Post-it® par pur hasard – a annulé plusieurs initiatives Six Sigma chez 3M dans le but de relancer l'innovation dans l'entreprise. Buckley souligne : « L'invention est, par sa nature même, un processus désordonné. Vous ne pouvez pas mettre en place un processus Six Sigma dans ce domaine et dire : "Eh bien, je n'ai pas beaucoup innové ces derniers temps ; je vais m'arranger pour trouver trois bonnes idées ce mercredi et deux vendredi." Ce n'est pas de cette façon que la créativité fonctionne[31]. »

L'approche structurée est élitiste et insulaire

Tout au long du xxème siècle, les firmes occidentales ont construit de grands laboratoires de R&D qui employaient des centaines d'ingénieurs et de scientifiques de haut niveau, en se fondant sur la conviction que « la connaissance, c'est le pouvoir » et qu'en contrôler l'accès était la clé du succès. L'innovation est alors devenue une activité élitiste commandée par quelques grands prêtres : les ingénieurs et les scientifiques travaillant en secret dans des laboratoires internes situés tout près des sièges sociaux. Seuls ces quelques élus invités dans le département R&D obtenaient des ressources ainsi que l'autorisation d'innover. Toute nouvelle découverte était jalousement gardée. Toute collaboration avec d'autres employés, sans parler des étrangers, était soigneusement évitée. La raison sous-jacente était que, pour dominer les marchés par l'innovation, une entreprise avait besoin de deux choses : la dernière technologie disponible et la propriété intellectuelle de la meilleure découverte, qu'elle pouvait s'offrir si elle disposait de suffisamment d'argent. Cependant, même si cette hypothèse a pu être vérifiée à une certaine époque, elle est beaucoup moins vraie aujourd'hui. Une partie de cette vieille croyance était basée sur le fait que seul un groupe de brillants titulaires de doctorat pouvait inventer de nouvelles choses. Mais dans un monde orienté vers le consommateur, nous savons qu'il est plus important de savoir *commercialiser* la technologie, ce qui nécessite des connaissances dans des domaines tels que le design et le marketing, des compétences que les ingénieurs et les scientifiques n'ont pas nécessairement[32]. C'est ce qu'explique Bob McDonald, P.-D.G. de Procter & Gamble : « Pour nous, innover n'est pas inventer. L'innovation, c'est la transformation d'une idée nouvelle en satisfaction client et, *in fine*, en revenus et en profits. Si une idée ou une technologie ne peut pas être commercialisée avec succès, ce n'est pas une innovation[33]. »

En outre, dans le monde interconnecté des médias sociaux, la propriété intellectuelle que l'on peut acheter n'est pas la seule source de nouvelles idées. Découvrir, partager et intégrer des connaissances globalement dispersées est tout aussi important, sinon plus. Songez à cette statistique : chaque utilisateur Facebook crée aujourd'hui, en moyenne, 90 éléments de contenu par mois, ce qui contribue à plus de trente milliards de documents partagés sur le réseau social, des photos de famille aux liens Web[34]. Le pouvoir de l'innovation s'est ainsi déplacé des professionnels vers les masses. La créativité s'est démocratisée grâce aux médias sociaux. Pour Gary Hamel, consultant en stratégie et auteur, « les principes sous-jacents du Web, hiérarchie naturelle, transparence, collaboration et tout le reste, vont envahir le management, et l'idée d'une hiérarchie qui, fondamentalement donne le pouvoir à quelques-uns et déresponsabilise le plus grand nombre, est plus ou moins morte[35] ».

Pourtant, les systèmes hiérarchisés (top-down) de R&D sont souvent incapables de s'ouvrir et d'intégrer les contributions de la base, des employés et des clients (*bottom-up*). Les plus jeunes et les employés créatifs utilisent les nouvelles technologies comme les médias sociaux afin d'échanger des idées, créant de véritables serpentins d'eau fraîche. Les organisations structurées ont souvent du mal à intégrer ces méthodes d'innovation informelles dans leur modèle économique. Le directeur informatique d'une grande entreprise d'ingénierie nous disait : « Beaucoup de nos jeunes employés échangent des idées nouvelles sur Facebook. En conséquence, Facebook est devenu un lieu virtuel de *brainstorming* où les gens se rassemblent et font éclore de nouveaux concepts. Je ne sais pas vraiment comment les acheminer en retour dans nos systèmes de R&D. »

En résumé, les processus, les systèmes et les mentalités qui sous-tendent l'approche structurée de l'innovation sont désormais mis en défaut. Bien que dans les années passées les sociétés aient réussi à survivre et même à prospérer avec cette approche, celle-ci avait été conçue pour les aider à gagner face à la concurrence dans un monde d'abondance et dans un environnement relativement stable, lent et prévisible, qui n'existe plus. Aujourd'hui, les entreprises évoluent dans un environnement très complexe et agité, qui exige une nouvelle approche de l'innovation et de la croissance : une approche frugale, flexible et collaborative.

LA COMPLEXITÉ MET SOUS PRESSION LA CAPACITÉ D'INNOVER DES ENTREPRISES OCCIDENTALES

Dans une enquête mondiale menée par IBM en 2010, 79 % des 1 500 chefs d'entreprise interrogés déclaraient qu'ils prévoyaient une complexification de l'environnement dans les années à venir[36]. Ce qui est inquiétant, c'est que moins de la moitié de ces chefs d'entreprise estimaient que leur entreprise était prête à répondre de façon créative à cette complexité croissante. La raison principale est que l'approche structurée de l'innovation que pratiquent les entreprises occidentales les prépare mal à innover plus vite, mieux et moins cher alors qu'elles doivent faire face à cinq composantes clés de la complexité : rareté, diversité, interconnexion, vitesse et mondialisation accélérée.

Rareté

Même si les économies occidentales sortent progressivement de la récession mondiale, l'accès au capital financier reste limité pour les petites et moyennes entreprises, qui créent les deux tiers des emplois, tandis que les consommateurs s'efforcent d'obtenir des prêts auprès de banques plus que timides face au risque[37]. La classe moyenne américaine, par exemple, qui représente les deux tiers de la dépense nationale et constitue le socle de l'économie américaine, en ressent durement les effets. Entre 2000 et 2010, son revenu réel (avec correction de l'effet de l'inflation) a diminué de 7 %. Fin 2011, une étonnante proportion d'Américains vivait dans la pauvreté : 46,2 millions, soit 15 % de la population, et près de 50 millions ne disposaient pas d'assurance santé[38]. Il n'est pas surprenant alors qu'en 2011, seulement 65 % des Américains croient que leurs enfants seront en mesure d'atteindre le « rêve américain », contre 69 % en 2008[39].

Or, dans les conditions actuelles, il n'est pas réaliste d'attendre des prochains gouvernements occidentaux qu'ils viennent à la rescousse de leurs citoyens, car ils sont confrontés à leur propre crise financière. La dette publique américaine, par exemple, a augmenté en moyenne de plus de 500 milliards de dollars par an depuis 2003. Au début du mois d'août 2011, le total de la dette publique des États-Unis atteignait la somme astronomique de 14,34 trillions de dollars[40]. La dette publique française, « au sens de Maastricht », était, elle, évaluée fin 2011 à 1 689 milliards d'euros, soit 85,3 % du PIB, contre 663 milliards en 1995 et 1 212 milliards fin 2007. Au Royaume-Uni, les seuls emprunts du secteur public sont montés en flèche, à 175 milliards de livres (253 milliards d'euros), soit 12,4 % du PIB en 2009, niveau le plus élevé parmi tous les pays développés[41]. Bref, très endettés, les gouvernements occidentaux n'ont pas d'autre choix que de tailler dans les services publics, et cela ne fera qu'affecter les consommateurs, qui connaissent pourtant une situation déjà difficile.

Parallèlement, les ressources naturelles comme le pétrole et les minéraux sont de plus en plus rares et donc chères. Alors que tout le monde s'agite sur la hausse du prix du pétrole, une autre ressource, tout aussi précieuse, se raréfie également : l'eau. Un comté américain sur trois fera face à un risque de pénurie d'eau dans les décennies à venir, et quatorze États, dont la Californie et le Texas, connaissent une menace extrême sur la pérennité de leurs ressources en eau[42]. En France, l'agriculture est devenue de plus en plus sensible aux variations climatiques et les nappes phréatiques ne cessent de décliner.

De plus, on note un changement important dans l'attitude des générations Y et Z vis-à-vis du comportement au travail et de la consommation. Ces jeunes consommateurs économes et respectueux de l'environnement sont plus à l'aise avec la rareté et semblent instinctivement suivre le jugaad dans leur vie quotidienne. Ayant vécu les pires moments économiques après ceux de la Grande Dépression, ils ont naturellement pris conscience de la nécessité de faire plus avec moins. Le réseau de recherche MacArthur sur « les transitions vers l'âge adulte et les politiques publiques » a effectué auprès de ces jeunes générations cinq cents entretiens, avec une vingtaine de questions sur cette prise de conscience, et en a conclu qu'elles possédaient un sens de la frugalité qui « pourrait durer toute une vie[43] ».

Ces trois tendances – consommateurs et gouvernements contraints financièrement, contrainte de ressources naturelles et augmentation du nombre de consommateurs économes désirant des produits à faible impact environnemental – ont mis la rareté à l'ordre du jour dans les entreprises occidentales, qui seront désormais obligées de trouver des moyens économes pour croître avec moins. Le coût des matières premières nécessaires pour fabriquer de nouveaux produits va augmenter, et les contraintes financières des consommateurs vont les conduire à rechercher des produits à bas prix encore capables de produire des résultats satisfaisants mais d'une manière respectueuse de l'environnement.

Diversité

Dans la plupart des sociétés occidentales, les salariés ont aujourd'hui des profils plus diversifiés que jamais. Désormais, au travail, la génération Y (également connue sous le nom de génération du millénaire) et la génération Z s'ajoutent – avec leurs valeurs et attentes spécifiques – à la génération X et à celle des baby-boomers. Le directeur d'exploitation d'une grande entreprise technologique de la Silicon Valley nous disait : « Pour la première fois de ma vie, j'ai à gérer les employés de quatre générations, ce qui est très difficile parce que nous devons tenir compte de la diversité des valeurs et des attentes d'une main d'œuvre multigénérationnelle.»

Dans le même temps, les marchés traditionnellement homogènes sont désormais plus fragmentés, car les consommateurs issus de groupes minoritaires recherchent des solutions adaptées à leurs besoins spécifiques. Par exemple, les Hispaniques représentent déjà plus d'un tiers de la population de la Californie et devraient devenir majoritaires dans cet État d'ici 2042[44]. En conséquence, les dirigeants d'entreprise doivent apprendre à concilier les différentes valeurs et attentes d'une main-d'œuvre diversifiée et de leurs communautés de consommateurs. Malheureusement, l'approche structurée de l'innovation – rigide, insulaire, élitiste et conformiste – a une capacité limitée pour faire face à un monde de la diversité.

L'interconnexion

L'informatique en nuage (*cloud computing*), les technologies mobiles et les médias sociaux ont créé pour les entreprises de nouvelles méthodes de connexion et d'engagement avec leurs clients – actuels et potentiels – ainsi qu'avec leurs partenaires. Les États-Unis se transforment en ce que Daniel Pink appelle une « nation d'acteurs libres », dans laquelle un nombre croissant de professionnels s'échappent de leur « entreprise forteresse » en tirant parti des réseaux sociaux professionnels comme LinkedIn pour valoriser leurs compétences en free-lance[45]. La technologie a favorisé un besoin croissant de liberté créatrice chez les salariés et les citoyens et forcé les directions d'entreprises à ouvrir leurs modèles économiques et leurs structures organisationnelles afin de tirer le meilleur parti d'une société connectée.

L'approche structurée, par sa rigidité, limite l'utilisation de méthodes d'innovation plus souples impliquant des groupes extérieurs à l'entreprise, tels que les consommateurs ou les partenaires. De plus, l'insularité de l'approche structurée a un effet limitatif sur la participation à l'innovation, même au sein de l'entreprise, vis-à-vis de personnes qui ne sont pas strictement en charge d'activités de R&D.

Vitesse

La vitesse du changement s'accélère sur plusieurs fronts : technologique, commercial et concurrentiel. En particulier, les cycles de vie des produits se raccourcissent, mettant sous pression les entreprises pour en lancer de nouveaux plus vite que jamais et satisfaire des consommateurs toujours plus exigeants. Par exemple, l'iPad 2 d'Apple a été mis sur le marché avant même qu'il y ait un concurrent réel pour l'iPad 1. Par ailleurs, à l'ère de Twitter et Facebook, la réputation des entreprises (et des gouvernements) peut être anéantie à une vitesse foudroyante, comme en témoigne l'affaire WikiLeaks. Cette accélération du rythme, associée aux incertitudes sur l'avenir, force les dirigeants d'entreprise à déléguer la prise de décision aux salariés de première ligne, à réagir rapidement aux opportunités et aux défis inattendus dans leur environnement. Mais l'insularité et la rigidité de l'approche structurée de l'innovation limite la mesure avec laquelle les dirigeants d'entreprise peuvent utiliser des approches plus décentralisées, qui s'appuieraient sur des salariés responsabilisés et capables de faire face aux changements avec efficacité et rapidité.

La mondialisation effrénée

La croissance rapide de marchés émergents comme l'Inde et la Chine amplifie l'impact de la rareté, de la diversité, de l'interconnexion et de l'accélération des changements. Par exemple, la classe moyenne chinoise, déjà forte de 300 millions de personnes, devrait doubler au cours de la prochaine décennie. Plus de consommateurs dans le monde entraîne une plus grande pression sur les ressources existantes et donc une diminution des ressources disponibles pour les entreprises occidentales. Par exemple, l'Inde et la Chine devraient, ensemble, contribuer à plus de 50 % de l'augmentation de la demande mondiale d'énergie entre 2010 et 2035[46]. En 2035, la consommation d'énergie en Chine sera supérieure de près de 70 % à celle des États-Unis. Dans le même temps, en 2020, un travailleur sur quatre dans le monde sera indien. Accenture, société américaine de conseil en management, emploie déjà plus de 60 000 travailleurs en Inde, son plus gros effectif sur la planète. Une main-d'œuvre plus globale signifie à la fois une plus grande concurrence pour les entreprises qui opèrent principalement sur les marchés occidentaux, et une main d'œuvre plus diversifiée pour les multinationales occidentales en expansion dans les marchés émergents.

Plus la concurrence des entreprises des marchés émergents sera forte, plus elle mettra la pression sur les entreprises occidentales pour innover, notamment pour les consommateurs des marchés émergents (probablement plus économes). De plus, davantage de diversité dans les populations actives incitera les entreprises occidentales à être plus flexibles dans leurs structures et processus organisationnels afin de s'adapter à différentes valeurs, cultures et attentes. Or, l'approche structurée de l'innovation n'est pas bien adaptée pour faire face à ces pressions de la mondialisation. Sa nature coûteuse, voire effrénée, limite sa capacité à faire face à la montée de la rareté - et sa rigidité comme son insularité limitent sa capacité à gérer la diversité et la vitesse du changement d'une part, à exploiter pleinement le potentiel de l'interconnexion, de l'autre.

L'augmentation de la rareté, les bouleversements démographiques, l'évolution technologique rapide et la mondialisation qui s'accélère créent l'environnement économique le plus complexe depuis la Révolution industrielle. Dans ce contexte, les anciens modèles de l'innovation sont en train de tomber en panne. Comme nous l'avons mentionné plus tôt, moins de la moitié des 1 500 dirigeants mondiaux interrogés par IBM estiment que leur entreprise est prête à répondre de façon créative et efficace à cette complexité croissante.

Le moteur de l'innovation des économies occidentales est devenu trop rigide, trop insulaire et trop gourmand pour rester efficace. Il consomme beaucoup de ressources, et pourtant, pour de nombreuses entreprises, il produit peu de choses significatives. Si ce dysfonctionnement perdure, cela risque de paralyser le monde occidental, même s'il surmonte sa crise et tente de renouer avec la croissance.

Il est clair que l'Occident doit construire un nouveau moteur d'innovation qui lui permette d'innover plus vite, mieux et moins cher. Pour ce faire, les entreprises occidentales cherchent de nouvelles sources d'inspiration. Les marchés émergents peuvent constituer une excellente source pour commencer.

LA RECHERCHE DU SAINT GRAAL DE L'INNOVATION

Lorsque nous avons commencé nos recherches en 2008, nous avions prédit que les BRIC (Brésil, Russie, Inde et Chine) pouvaient être un bon endroit pour rechercher une nouvelle approche de l'innovation[47]. Nous sommes arrivés aux mêmes conclusions dans nos professions respectives – monde universitaire, conseil et médias – ce qui nous a conduits à mettre en commun nos recherches pour aboutir à ce livre.

Début 2008, Simone a lancé une vaste recherche et un travail ethnographique pour une série de films documentaires explorant l'innovation en Inde. Au cours de son travail, elle est tombée sur Navi, alors analyste chez Forrester Research, et lui a demandé de jouer un rôle de consultant en innovation pour sa série de films. Navi a beaucoup écrit et consulté sur l'innovation, à la fois dans les pays occidentaux et dans les pays émergents. Fin 2008, il a décidé de concentrer toute son attention sur les marchés émergents et de rejoindre Jaideep à la Judge Business School de l'université de Cambridge afin de mettre en place le Centre for India & Global Business. Jaideep, après avoir passé l'essentiel de sa carrière universitaire à étudier l'innovation à l'Ouest, a également commencé à concentrer son attention sur le rôle de plus en plus important des marchés émergents dans l'écosystème de l'innovation mondiale.

Ces économies étaient passées, au cours des dix années précédant le début de notre recherche, d'un sixième à un quart du PIB mondial. Même en 2008, au plus fort de la récession mondiale, l'Inde et la Chine avaient connu respectivement une croissance de 7 % et 9 %. Goldman Sachs, entre autres, a prédit que ces pays continueraient à croître de 3 à 5 % par an jusqu'en 2050, dominant alors l'économie mondiale pour les 40 ans à venir[48].

La taille des BRIC (à la fois géographique et démographique), leur diversité et leur manque de ressources en général se conjuguent pour créer des situations difficiles, qui handicaperaient même les dirigeants d'entreprise les plus aguerris. Toutefois, le fait que les BRIC soient aux prises avec la complexité et l'instabilité depuis si longtemps semble leur donner un avantage et une sorte d'immunité dans les circonstances volatiles actuelles. Qu'est-ce qui, dans le système de ces pays, les rend si résistants ? Et qu'est-ce que les dirigeants d'entreprise de ces pays pourraient enseigner à leurs homologues de l'Ouest ?

Pour trouver les réponses, nous avons étudié l'état d'esprit et les principes des innovateurs qui ont été les moteurs de la croissance dans les BRIC. Si les dirigeants occidentaux pouvaient acquérir un état d'esprit et des principes similaires, ils développeraient la même résilience face à la complexité et identifieraient rapidement de nouvelles opportunités d'affaires dans leurs propres économies matures.

Parmi les BRIC, nous avons choisi d'étudier l'Inde, d'abord parce que, après la Chine, c'est l'économie qui connaît la plus forte croissance au monde. De plus, un grand nombre d'experts, notamment Goldman Sachs et Ernst & Young, prédisent non seulement que l'Inde dépassera bientôt économiquement la Chine mais également qu'elle va continuer à croître plus vite que les autres pays émergents dans les décennies à venir[49]. Surtout, ce pays est plus complexe qu'aucun autre. L'Inde fait face à la rareté sur une grande échelle et dans tous les domaines : accès très limité à l'eau, à la nourriture, à l'énergie (plus de 500 millions d'Indiens n'ont pas d'alimentation électrique régulière), à l'éducation et aux soins de santé. Sa démocratie chaotique est caractérisée par une bureaucratie kafkaïenne et une diversité ahurissante ; sa population (1,2 milliard d'habitants en 2010) s'accroît de 1,3 % par an[50]. Malgré ce chaos et cette complexité, l'économie indienne est en forte croissance dans un contexte économique difficile. Si les Indiens ont réussi à croître « en dépit de la complexité », il doit bien y avoir quelque chose qui vaille la peine d'être appris.

Au cours de nos nombreux voyages en Inde, nous avons rencontré des dizaines d'entrepreneurs de terrain et visité plus d'une centaine d'entreprises, grandes et petites. Ce que nous avons vu nous a étonnés. Le pays regorge d'innovations ingénieuses, simples mais efficaces. Après plus de trois années sur le terrain, à la recherche du Saint Graal de l'innovation dans tout le pays, nous sommes parvenus à un constat : tous les innovateurs frugaux que nous avons rencontrés partagent un même état d'esprit unique : l'esprit jugaad.

En élargissant notre recherche à d'autres pays, nous avons constaté que l'esprit entrepreneurial du jugaad, loin d'être une chose purement indienne, est vraiment universel. D'autres marchés émergents, de l'Amérique latine à l'Afrique en passant par l'Europe et l'Asie, ont leurs propres versions du jugaad (nous présentons plusieurs de ces innovateurs jugaad sur notre site Web (jugaadinnovation.com). Parce que ces économies émergentes partagent les mêmes conditions défavorables que celles qui nourrissent le jugaad en Inde, elles aussi excellent dans cet art de l'improvisation frugale afin de répondre à la complexité. Quels sont les principes sous-jacents communs à cet état d'esprit jugaad ?

LES SIX PRINCIPES DU JUGAAD ET LEURS AVANTAGES POUR L'OCCIDENT

Nous avons constaté que le jugaad peut être décliné en six principes directeurs, qui ancrent les six pratiques des innovateurs les plus efficaces dans des contextes complexes, comme ceux auxquels sont confrontées les économies émergentes. Les six principes sont les suivants :

- Rechercher des opportunités dans l'adversité.
- Faire plus avec moins.
- Penser et agir de manière flexible.
- Viser la simplicité.
- Intégrer les marges et les exclus.
- Suivre son cœur.

Combinés, ces six principes du jugaad devraient aider à la résilience, à la frugalité, à l'adaptabilité, à la simplicité, à l'inclusion, à l'empathie et à la passion, autant d'éléments essentiels pour être compétitif et gagner dans un monde complexe. L'adoption de ces principes pourrait également aider les entreprises occidentales à innover et à croître dans un environnement hautement volatile et hyperconcurrentiel.

Rechercher des opportunités dans l'adversité

Les entrepreneurs jugaad perçoivent les fortes contraintes comme autant d'invitations à innover. Alchimistes des temps modernes, ils transforment l'adversité en opportunité pour apporter de la valeur à eux-mêmes et à leurs communautés. Par exemple, Kanak Das, qui vit dans un village reculé du nord de l'Inde, s'est lassé de conduire sa bicyclette sur des routes pleines de nids de poule et de bosses. Plutôt que de se plaindre, il a retourné cette contrainte à son avantage en modernisant son vélo avec un dispositif de fortune qui convertit les chocs sur sa bicyclette en énergie pour rouler plus vite sur les routes chaotiques. Enrique Gómez Junco, ingénieur mexicain devenu entrepreneur jugaad, qui a fondé Optima Energía, est resté imperturbable face au scepticisme qu'il rencontrait quand il tentait de convaincre des sociétés d'acheter ses solutions énergétiques durables, jusqu'à ce que l'adversité le conduise à adapter son modèle économique et à trouver une nouvelle solution attractive : les clients peuvent désormais acheter ses systèmes d'économie d'énergie sans paiement initial, ce qui lui a permis de convertir des clients initialement sceptiques en consommateurs fidèles (vous apprendrez comment Junco a « utilisé » l'adversité pour lancer une solution innovante dans le deuxième chapitre).

Cette capacité à « utiliser » l'adversité comme source d'innovation et de croissance est essentielle pour que toute organisation survive et prospère. Et comme nous avons découvert que certains de ces alchimistes travaillaient également pour de grandes sociétés occidentales, par exemple 3M, nous montrerons dans le deuxième chapitre comment 3M capte des opportunités de croissance dans un environnement extrêmement adverse en ravivant et en libérant l'esprit jugaad de tous ses employés.

Faire plus avec moins

Les innovateurs jugaad sont très débrouillards face à la pénurie. Contrairement à de nombreux entrepreneurs de la Silicon Valley, la levée de capitaux est le cadet de leurs soucis. Les pratiquants du jugaad font avec ce qu'ils ont. C'est le principe du « faire plus avec moins », en contraste frappant avec l'approche R&D utilisée à l'Ouest, « plus c'est grand, mieux c'est », une approche qui n'a pas permis, notamment, de rendre les services de base comme l'éducation et les soins de santé abordables au plus grand nombre. En effet, ce principe frugal peut aider les entreprises à la fois dans les pays émergents et dans les pays développés à optimiser l'utilisation de ressources financières et naturelles rares, tout en offrant une plus grande valeur au plus grand nombre de consommateurs.

Dans le chapitre 3, vous rencontrerez deux entrepreneurs jugaad, Gustavo Grobocopatel de Los Grobo (Argentine) et Sunil Mittal de Bharti Airtel (Inde), qui ont développé des modèles économiques frugaux rentables dans les services agricoles et de télécommunication de masse. Vous apprendrez aussi comment PepsiCo réinvente son modèle d'entreprise en tant que fournisseur de boissons et d'aliments nutritifs abordables et durables – une réponse proactive à la fois face à la demande croissante des consommateurs pour acheter des aliments sains, et face à la rareté de ressources naturelles comme l'eau.

Penser et agir de manière flexible

Jugaad est l'antithèse d'approches structurées telles que les Six Sigma. L'état d'esprit flexible des entrepreneurs jugaad remet constamment en question le statu quo, garde toutes les options ouvertes et adapte en permanence les produits, services et modèles économiques. Non contraints par des processus structurés, les innovateurs jugaad peuvent répondre rapidement aux changements inattendus dans leur environnement. Ils ne pensent pas seulement « en dehors de la boîte » : ils créent de nouvelles boîtes. Leur mode de pensée non-linéaire apporte souvent des idées innovantes qui remettent au volant la sagesse conventionnelle et contribuent à façonner ensemble de nouveaux marchés. C'est le cas de Ratan Tata, président du groupe Tata, qui, ayant l'intuition d'un vaste marché pour les voitures très abordables, lança avec succès en 2009 la fameuse Nano à 2 000 dollars – donnant tort aux sceptiques qui s'étaient moqués de sa vision, qu'ils jugeaient utopique. Lorsque les premiers plans ont échoué en termes de ventes, les dirigeants de Tata Motors (l'unité automobile de Tata Group) ont su regarder les réalités en face et improviser de nouvelles stratégies de fabrication, de distribution et de marketing pour la Nano (nous l'expliquons dans le chapitre 4).

Les innovateurs jugaad font également preuve de souplesse. Dans le chapitre 4, nous décrivons comment Zhang Ruimin, directeur général de Haier, fabricant chinois d'électroménager en croissance rapide, a remis à plat les structures organisationnelles de Haier, en donnant aux employés de première ligne les moyens de détecter rapidement et de répondre aux changements de la demande des clients et d'innover plus vite, mieux et moins cher que ses concurrents. Nous expliquons aussi comment, plus près de nous, la New York Times Company, en adoptant de manière proactive les médias sociaux et les technologies mobiles plutôt qu'en se laissant perturber par eux, a adopté une pensée flexible.

Viser la simplicité

Jugaad ne signifie pas chercher la sophistication ou la perfection des produits en poussant au maximum la technique, mais plutôt développer une solution acceptable qui atteigne son objectif. La simplicité créative est le principe clé de jugaad. Les entreprises occidentales qui sont engagées dans une « course aux armements » pour se surpasser les unes les autres avec toujours plus de technologies et de fonctionnalités dans leurs produits et services devraient faire de la simplicité un facteur clé de leurs projets d'innovation, tout comme le font les entrepreneurs dans les marchés émergents. Par exemple, la société de logiciels *open source* Ushahidi a développé une solution simple et élégante, la plateforme Ushahidi, qui repose sur l'échange de SMS (messages texte) afin de coordonner les réponses à des crises sanitaires ou à des événements cataclysmiques tels que les ouragans ou les tremblements de terre. Outil de gestion de crise simple mais très efficace, la plateforme Ushahidi, d'abord utilisée en Afrique, s'est maintenant largement déployée dans le monde entier, y compris aux États-Unis. Dans le chapitre 5, vous découvrirez comment de grandes entreprises occidentales telles que GM, Philips et Siemens, mais aussi des sociétés de la nouvelle génération comme Google et Facebook, utilisent la simplicité afin de s'assurer que leurs solutions soient accessibles et faciles à utiliser par le plus grand nombre.

Intégrer les marges et les exclus

Alors que les entreprises occidentales ciblent les clients grand public (ou *mainstream*), les entrepreneurs jugaad cherchent intentionnellement les clients marginaux ou mal couverts afin de les inclure dans le courant dominant. Ces entrepreneurs cherchent des solutions réellement abordables pour répondre aux besoins de ces marchés mal exploités. Leurs modèles entrepreneuriaux inclusifs visent à faire participer les communautés à faible revenu et non traditionnelles, de sorte que ses membres soient co-créateurs de valeur, actifs, plutôt que de simples consommateurs passifs. Par exemple, Dr Liu Jiren, P.-D.G. de Neusoft, le plus grand fournisseur de solutions informatiques chinois, s'est préoccupé de la santé des 800 millions de Chinois vivant dans les zones rurales qui, explique-t-il, seront « vieux et malades avant d'être devenus riches[51]. » La réelle préoccupation du Dr Liu pour ces segments marginaux de la population chinoise l'a amené à développer des solutions technologiques telles que la télémédecine, qui offrent des soins de santé abordables à des millions de ruraux.

Dans le même esprit, Abhi Naha a fondé une entreprise, Zone V, qui cherche à rendre plus autonomes les 284 millions de personnes aveugles et malvoyantes dans le monde en leur proposant des téléphones portables spécialement conçus pour répondre à leurs besoins spécifiques. L'aspiration de Naha est de construire un monde dans lequel « défaut de vue ne signifie pas défaut de vision[52] ». Dans le chapitre 6, nous expliquons pourquoi et comment Procter & Gamble est en train de fondamentalement transformer son modèle économique pour intégrer des consommateurs « pas ou mal pris en considération », des segments marginaux qui incluent d'ailleurs de plus en plus les classes moyennes occidentales, dont le pouvoir d'achat a été rogné par le manque de croissance des revenus au cours de la dernière décennie.

Suivre son cœur

Les innovateurs jugaad ne comptent pas sur des groupes de discussion ou des études de marché formelles pour décider quels produits fabriquer, et ne s'inquiètent pas non plus de la façon dont les investisseurs réagiront à leurs stratégies à propos de nouveaux produits. Ils connaissent intimement leurs clients et leurs produits et, en fin de compte, ils font confiance à leur cœur. Plus précisément, les entrepreneurs jugaad utilisent l'intuition, l'empathie et la passion, des qualités qui sont, et de plus en plus, tout aussi importantes que la pensée analytique pour naviguer dans un environnement global toujours plus diversifié, interconnecté et imprévisible. Par exemple, Kishore Biyani, fondateur de Big Bazaar, une des plus grandes réussites de chaînes de distribution en Inde, n'a fait appel à aucun consultant pour valider son idée de lancer des magasins de détail qui s'apparenteraient (jusque dans les odeurs) aux chaotiques bazars de rue. Quand il a lancé son nouveau concept de magasin, il a fait confiance à son intuition, nourrie par son empathie pour les consommateurs indiens, plus qu'à toute analyse. En détectant intuitivement les besoins latents des consommateurs dans une société où les aspirations à la consommation sont aussi élevées qu'en Inde, Biyani a imaginé un modèle de distribution novateur difficile à reproduire pour ses concurrents.

En ce sens, Steve Jobs a été un innovateur jugaad typique dans un pays occidental. Plutôt que de s'appuyer sur un raisonnement analytique, il a toujours écouté son intuition pour innover et développer son entreprise. Le résultat, comme nous l'expliquons dans le chapitre 7, a été une série d'inventions de rupture telles que l'iPad, produit que les consommateurs, les analystes et les médias ont d'abord dénigré, convaincus qu'il n'allait pas marcher.

Le cœur est aussi le siège de la passion. Les entrepreneurs jugaad ne sont pas motivés par l'argent ou par un désir de s'introduire en bourse et de devenir millionnaires. Au contraire. C'est ce que nous montrons dans le chapitre 7 avec l'exemple de

Diane Geng et Sara Lam, cofondatrices de la Fondation rurale pour l'éducation en Chine (RCEF), qu'une passion profonde a animées dans leur volonté de modifier la situation de leurs communautés. C'est cette passion qui les a conduites à développer une approche radicalement nouvelle pour donner une éducation de qualité aux jeunes Chinois en milieu rural. En outre, un nombre croissant d'entreprises occidentales reconnaissent aujourd'hui que la meilleure façon de motiver et de retenir les cadres n'est pas de distribuer des bonus, mais de leur donner la liberté de poursuivre des projets qui les passionnent. Dans le chapitre 7, nous décrivons comment frog, une société globale de design et de conseil en innovation, a lancé une initiative appelée « Centers of Passion », qui permet à des travailleurs créatifs du monde entier d'initier ou de participer à des projets qui ont pour eux un sens profond et tendent vers un but, bien au-delà d'une pure satisfaction intellectuelle ou même émotionnelle.

JUGAAD : UN COMPLÉMENT À L'INNOVATION STRUCTURÉE

Alors que les entreprises occidentales s'efforcent de maintenir une croissance continue, elles ont beaucoup à gagner en adoptant et en pratiquant ces six principes de jugaad : recherche d'opportunité dans l'adversité, faire plus avec moins, penser et agir avec souplesse, rester simple, intégrer les marges, et suivre son cœur. Le modèle occidental d'innovation fonctionne depuis trop longtemps comme un orchestre : de haut en bas, rigide, conduit par les cadres supérieurs. Ce modèle fonctionnait bien dans un monde stable, aux ressources abondantes. Mais compte tenu de l'environnement économique complexe et imprévisible auquel les entreprises occidentales vont devoir faire face dans les prochaines années, une approche alternative s'impose, davantage sur le modèle d'un groupe de jazz :

de bas en haut, fluide, reposant sur l'improvisation, le collaboratif, dans un cadre de connaissances approfondies. Le jugaad représente cette alternative.

Il est important de noter, cependant, que le jugaad n'est pas pertinent dans toutes les situations et dans tous les contextes. Le jugaad ne doit pas remplacer l'approche occidentale actuelle d'innovation structurée, mais plutôt la compléter. C'est ce que nous soutenons dans ce livre : le jugaad est un outil important que les entreprises occidentales peuvent ajouter à leur boîte à outils existante. Nous explorons chacun des principes sous-jacents de jugaad et montrons comment, grâce aux valeurs de frugalité et d'agilité, ils peuvent renforcer une approche structurée d'innovation et générer de la croissance.

Dans le chapitre 8 en particulier, nous discutons des avantages et des limites de l'innovation jugaad, et des contextes spécifiques dans lesquels elle s'avère particulièrement efficace (des environnements complexes et instables). Nous décrivons comment les entreprises occidentales peuvent combiner l'esprit agile et résilient de jugaad et une approche plus structurée de l'innovation. Pour les dirigeants d'entreprises occidentales retranchés dans ce second type d'innovation, l'idée d'adopter le jugaad peut sembler cauchemardesque. Nous rendons son processus d'adoption plus facile en les aidant à hiérarchiser les principes spécifiques dont ils auraient besoin de toute urgence. Pour cela, nous faisons correspondre les avantages de chacun des six principes avec les besoins et le contexte de chaque organisation.

Pour illustrer la façon dont les entreprises occidentales peuvent accélérer l'adoption du jugaad, nous décrivons comment une grande multinationale occidentale, GE, est en train d'intégrer une approche jugaad dans sa démarche d'innovation structurée et ancrée dans la pratique Six Sigma. En résumé, nous montrons que jugaad peut enrichir la boîte à outils de l'innovation des entreprises occidentales et les aider à croître et à réussir dans un monde de complexité et de rareté (vous trouverez sur jugaadinnovation.com des outils supplémentaires et des feuilles de route pour fixer des priorités et accélérer l'adoption de principes jugaad dans votre propre organisation).

L'ESSOR D'UN MOUVEMENT JUGAAD POPULAIRE EN OCCIDENT

Au cours des trois dernières années, nous avons tiré profit de notre expérience, de formations académiques ou d'expertise multimédia pour comprendre comment pensent et agissent les innovateurs-entrepreneurs des pays émergents, de terrain, comme Mansukh Prajapati, mais aussi les P.-D.G., tels que Ratan Tata. Nous avons beaucoup écrit sur ces innovateurs et leurs principes jugaad sur notre blog du site de *Harvard Business Review*. Nous les avons présentés dans la série de films documentaires PBS « Big Ideas from Emerging India[53] ». Enfin, nous avons extrait les principes essentiels du jugaad pour aider les organisations à travers le monde à les mettre en œuvre pour innover mieux, plus vite et moins cher. La réponse des lecteurs, des entreprises, des téléspectateurs et des clients à travers le monde a été formidable.

Les dirigeants occidentaux, habitués à un monde de relative abondance et à opérer depuis si longtemps dans un environnement plus ou moins prévisible, sont ceux qui ont le plus à apprendre de jugaad. Nous avons consulté des entreprises occidentales qui ont commencé à mettre en œuvre les principes du jugaad, des sociétés qui jouissent d'une culture favorisant l'ouverture et la capacité d'adaptation et qui ont exploité à la fois la créativité des employés, des clients et de leurs partenaires. Ces entreprises ont constaté que le jugaad leur a donné la souplesse nécessaire pour détecter et réagir aux changements rapides dans l'environnement hautement volatile où ils opèrent, et permis d'offrir plus de valeur à leurs clients, à moindre coût. Même si le siècle de l'ère du jugaad en Occident – le XIXème siècle – semble loin derrière, la boucle semble se boucler. Certaines entreprises commencent à en apprécier et à en adopter à nouveau les principes. Dans les prochains chapitres, nous allons voir que des entreprises occidentales avant-gardistes – y compris des sociétés françaises – appartenant à divers secteurs, telles que 3M, Accenture, Alcatel, Apple, Air Liquide, Danone, Facebook, GE, Google, Lafarge, L'Oréal, IBM, PepsiCo, Procter & Gamble, Renault-Nissan, Saatchi & Saatchi + Duke, Siemens, SNCF, ou Wal-Mart, ont déjà adopté les principes du jugaad, pour leur plus grand profit, et comment ces entreprises combinent l'esprit frugal et durable du jugaad avec des approches traditionnelles de l'innovation structurée pour générer une croissance radicale.

Les dirigeants d'entreprise ne sont cependant pas les seuls à redécouvrir l'esprit du jugaad dans les pays occidentaux. Dans le chapitre 9, nous décrivons la façon dont un mouvement de fond, dirigé par des citoyens créatifs, des entrepreneurs avant-gardistes ou de capital-risque et des organisations à but non lucratif, gagne du terrain dans les sociétés occidentales. En outre, les gouvernements et universités soutiennent l'écosystème jugaad. Par exemple, le White House Office of Social Innovation and Civic Participation et le principe de participation civique, mis en place par le président Obama début 2009, visent à permettre aux entrepreneurs de terrain à travers toute l'Amérique de concevoir des solutions venant d'en bas (*bottom-up*) pour répondre aux défis socio-économiques de leurs communautés locales. Il en est de même pour l'université de Stanford, avec son programme « Entrepreneurial Design for Extreme Affordability », qui vise à former de futurs ingénieurs et dirigeants d'entreprise sur les façons de développer des produits de qualité à faible coût – tels qu'un incubateur pour bébé revenant à moins de 2 % du coût d'un incubateur traditionnel. Cet écosystème émergent crée non seulement un environnement pour permettre aux innovateurs jugaad de prospérer, mais aide également les firmes occidentales dans leurs efforts pour adopter le jugaad. En rejoignant cette vague, les entreprises occidentales peuvent accélérer leur processus d'adoption interne du jugaad et profiter grandement de celui-ci.

Nous expliquons enfin par des exemples comment des pans entiers des économies occidentales – de l'éducation à la santé en passant par l'énergie, l'industrie, le commerce ou encore les services financiers – pourraient être régénérés en adoptant le jugaad. Au cœur de cette vision se trouvent les six principes fondamentaux de l'innovation jugaad, que nous allons explorer dans les chapitres suivants.

CHAPITRE 2

PRINCIPE UN

Rechercher les opportunités dans l'adversité

« Il m'a fait du bien d'être un peu desséché par la chaleur et trempé par la pluie de la vie. »
Henry Wadsworth Longfellow

Dans les années 1980, Tulsi Tanti déménage à Surat, dans l'État indien du Gujarat, afin de mettre en place une usine textile. Comme d'autres entrepreneurs en Inde, Tanti se trouve alors confronté à un certain nombre de freins en termes d'infrastructure. Le pire d'entre eux est l'alimentation en électricité. Coûteuse et imprévisible, l'énergie s'est avérée être un obstacle majeur à la croissance. Les marges bénéficiaires de Tanti étaient seulement d'environ 5 %, tandis que l'énergie représentait 40 à 50 % des coûts totaux d'exploitation.

Au lieu de céder au pessimisme, Tanti se concentre sur la recherche d'une solution. Il commence à expérimenter différents types de chaudières. Il évalue différents types de groupes électrogènes. Il essaye différentes combinaisons de chaudières et de générateurs. Enfin, il se rend compte que tout cela dépend, d'une manière ou d'une autre, d'un carburant, gaz ou essence. Aussi se lance-t-il à la recherche d'une source d'énergie alternative, à la fois fiable et durable.

En 1990, il investit dans deux éoliennes pour approvisionner son unité textile en électricité. Il devient vite évident que c'est la solution adéquate. Il a maintenant une alimentation électrique qui est littéralement pulsée par de l'air. Une fois l'investissement initial dans les turbines couvert, ses coûts d'exploitation seront faibles et prévisibles, l'énergie sera distribuée à coût nul, et sans limites.

Avec le temps, Tanti commence à entrevoir les implications plus larges de sa solution. Le vent a un potentiel bien supérieur à celui qui est nécessaire pour alimenter les seules fabriques indiennes de textile. Il peut répondre à la demande mondiale d'approvisionnement régulier en énergie à un prix abordable : 44 % des Indiens vivent à l'écart de tout réseau électrique et, dans le monde entier, plus de 1 400 millions de personnes n'ont pas accès à l'électricité[1]. Tanti considère cet immense défi comme une opportunité inexploitée, dont il se saisit en créant Suzlon Energy en 1995.

« En tant qu'entrepreneur, dit Tanti, je crois fermement qu'au cœur de chaque défi se cache une opportunité. Les entrepreneurs constituent une catégorie de gens capables de transformer les obstacles en solutions rentables[2]. » Cette déclaration illustre assez bien l'essence de l'esprit résilient qui stimule l'innovation jugaad.

Suzlon est aujourd'hui le cinquième plus grand fournisseur mondial de solutions d'énergie éolienne. La société emploie plus de 13 000 personnes et offre une gamme complète de solutions éoliennes dans plus de trente pays sur les six continents. En l'espace de deux décennies, grâce à cette innovation, Tanti a fait qu'un approvisionnement irrégulier et coûteux en énergie se transforme en une offre abondante, qui bénéficie à des millions de gens à travers le monde. En réfléchissant à cette croissance fulgurante, Tanti explique : « Le voyage qu'on appelle Suzlon, entamé il y a seize ans, a été ma solution face à un obstacle. Les débuts ont été modestes, les chances étaient minces, mais mes rêves étaient grands. Et quand les rêves sont poursuivis avec conviction et courage, ils deviennent non seulement une réalité, mais également une force qui vous guide et façonne votre vie et celle des gens autour de vous. »

Les innovateurs jugaad comme Tulsi Tanti sont aptes à relever les défis difficiles que les marchés émergents engendrent et à les transformer en autant d'occasions d'apprendre, innover et croître. Ces innovateurs cherchent et trouvent des réponses, y compris dans les circonstances les plus défavorables, en faisant preuve de résilience, d'ingéniosité et d'aptitude face au risque. La recherche d'opportunités dans l'adversité est souvent le premier et le plus important des six principes que les innovateurs jugaad doivent appliquer. Après tout, les innovateurs jugaad rencontrent l'adversité dès le début de leur parcours. S'ils sont incapables d'appliquer ce principe, ils ne pourront probablement pas découvrir et appliquer les cinq autres principes du jugaad.

Un état d'esprit jugaad résilient peut également permettre aux dirigeants occidentaux de transformer systématiquement les obstacles en une opportunité d'innovation et de croissance. Dans ce chapitre, nous montrons de quelle façon les organisations occidentales peuvent abandonner les pratiques qui ont fonctionné à une époque, désormais révolue, de relative prévisibilité, et trouver de nouvelles façons de réussir dans un futur où l'adversité et le changement seront la règle. Dans un premier temps, commençons par explorer pourquoi et comment les entrepreneurs jugaad recherchent des opportunités dans l'adversité.

UN ENVIRONNEMENT DIFFICILE NOURRIT LA RÉSILIENCE

Les entrepreneurs des économies émergentes sont confrontés à l'adversité à chaque instant. Prenons le cas de l'Inde, un cas d'école. Le démarrage d'une entreprise y est une tâche cauchemardesque ; cela prend en moyenne 165 jours (contre 9 aux États-Unis). Obtenir les autorisations nécessaires pour construire un simple entrepôt est complexe, prend du temps (cela implique 34 procédures en 227 jours) et s'avère coûteux (16 fois le revenu par habitant du pays)[3]. Diriger une entreprise est encore plus difficile. Les droits de propriété sont souvent flous ou difficiles à vérifier, notamment en raison des problèmes majeurs qu'engendre l'acquisition de terrains. La structure fédérale de l'Inde, où il y a actuellement 47 lois et 157 règlements administratifs nationaux qui affectent directement le marché du travail indien, rend la réglementation du travail restrictive ou complexe – ou les deux à la fois – et truffée de pièges[4]. L'embauche et le licenciement des travailleurs présentent d'autres obstacles non moins insurmontables. Enfin, de nouvelles taxes peuvent être imposées et appliquées à tout moment.

En plus de toute cette bureaucratie, les bouleversements politiques sont une réalité de la vie quotidienne. Un gouvernement local avec une politique favorable aux entreprises peut tomber du jour au lendemain et être remplacé par un autre qui favorisera l'agriculture au détriment de l'industrie. Un terrain qui a été accordé à une entreprise pour construire une usine peut être confisqué et restitué à ses propriétaires d'origine ou devenir source de litiges sans fin. Les affaires judiciaires sont coûteuses et peuvent traîner pendant des années, souvent sans qu'une solution claire puisse être entrevue.

Mais il n'y a peut-être pas de plus grand obstacle en Inde pour créer une entreprise que son manque d'infrastructures. Comme dans d'autres marchés émergents tels que la Chine, les pays d'Afrique ou le Brésil, les entrepreneurs jugaad n'ont pas accès à la plupart des infrastructures de base qui sont tenues pour acquises dans les pays occidentaux. Les routes sont fortement encombrées et peuvent être en mauvais état, quand elles ne sont pas inexistantes. 40 % des villages indiens ne sont pas équipés de routes capables de résister aux aléas climatiques[5]. Par ailleurs, les systèmes d'éducation et de formation étant rudimentaires, le personnel qualifié est difficile à trouver. L'accès aux soins de santé est inégal ; bien des travailleurs qui tombent malades peuvent rester sans emploi pendant de longues périodes[6].

Les marchés émergents comme l'Inde font également face à des pénuries aigües de ressources : naturelles, humaines et financières. Il peut être difficile d'y lever des capitaux. Les banques sont généralement conservatrices, et le capital-risque ainsi que les réseaux d'investisseurs de type *business angels* sont sous-développés. En conséquence, les innovateurs jugaad ne peuvent pas se permettre d'investir dans des équipements hautement capitalistiques. Ils servent aussi généralement un marché qui est économiquement défavorisé : 80 % des Indiens vivent avec moins de 2 dollars par jour, 26 % des Brésiliens vivent en dessous du seuil de pauvreté, 230 millions de ménages africains ne sont pas bancarisés – c'est-à-dire qu'ils n'ont pas de compte en banque – et près de 40 % des paysans chinois n'ont pas accès à des traitements médicaux de base[7/8/9]. L'ampleur de la rareté dans les marchés émergents est telle que la façon dont les innovateurs y répondent constitue le deuxième principe de jugaad : faire plus avec moins (nous en parlons dans le chapitre 3).

Tenter de travailler dans un environnement aussi hostile pourrait épuiser l'énergie de l'entrepreneur le plus résistant. Pourtant, les innovateurs jugaad ne se laissent pas décourager par la dure réalité qui les entoure. C'est cette rigueur même qui leur procure un état d'esprit particulièrement résistant, cet environnement extérieur extrême qui semble accroître leur détermination à réussir. Comme Tulsi Tanti, plutôt que de devenir des victimes passives des circonstances, les innovateurs jugaad sont amenés à prendre en charge les événements extérieurs et à les orienter dans la direction de leur choix. Pour eux, si l'adversité existe, c'est avant tout dans la tête.

Thomas Müller, psychologue qui s'est spécialisé dans la gestion de crises, observe que, lors d'une crise, certaines personnes tentent simplement de revenir à la façon dont les choses étaient avant. Au cours de ce processus, ils font des compromis à des fins de sécurité. D'autres, au contraire, résistent à la pression et se demandent : « Si je vais un peu plus loin, quelles opportunités puis-je exploiter[10] ? » Les entrepreneurs jugaad appartiennent à cette deuxième catégorie. Confrontés à l'adversité, ils ne s'y retranchent pas mais embrassent les difficultés et en tirent des enseignements.

Armés de patience, de persévérance et d'une volonté d'apprendre, les innovateurs jugaad s'efforcent de répondre aux rudes réalités auxquelles ils sont confrontés et d'y trouver des opportunités de croissance et d'expansion. Ce faisant, ils sont capables de créer un monde meilleur, non seulement pour eux mais aussi pour leurs communautés.

PASSER DU VERRE À MOITIÉ VIDE AU VERRE À MOITIÉ PLEIN

Les innovateurs jugaad ont trois façons de trouver des opportunités dans l'adversité : recadrer les obstacles en autant d'atouts, faire travailler les contraintes en leur faveur, s'adapter constamment à un environnement changeant et improviser des solutions répondant aux défis rencontrés en cours de route. Dans cette section, nous examinons ces stratégies une à une et donnons des exemples spécifiques pour chacune d'entre elles.

La première stratégie des innovateurs jugaad, et peut-être la plus importante, est le recadrage, c'est-à-dire le changement de la lentille à travers laquelle nous percevons les situations auxquelles nous sommes confrontés. Les innovateurs jugaad voient et interprètent le monde différemment de nous[11]. Leur capacité à changer de focus signifie qu'ils sont susceptibles de voir le verre à moitié plein, même quand tout le monde le voit à moitié vide. En clair, les innovateurs jugaad sont des alchimistes modernes qui transforment mentalement l'adversité en opportunité.

O. P. Bhatt, ancien président de la State Bank of India (SBI), la plus grande et la plus ancienne banque indienne, avec plus de 200 000 employés et 20 000 succursales à travers le pays, est un bon exemple d'alchimiste jugaad. Banquier de longue date et nommé président de la SBI en 2006, il était profondément conscient de l'immense potentiel créatif des employés de la SBI et cherchait des moyens pour le libérer. Mais il savait aussi que, à bien des égards, ses mains étaient liées. La SBI est partiellement détenue par le gouvernement indien, dont les bureaucrates, réputés pour leur aversion au risque, bloquent chaque décision d'embauche et de licenciement (en fait, il est pratiquement impossible de licencier quelqu'un une fois qu'il ou elle obtient un emploi dans une entreprise publique indienne). Prasad Kaipa, un coach de dirigeants qui a conseillé Bhatt, souligne : « Dès le début, il était clair pour Bhatt qu'il ne pourrait ni embarquer dans le bateau les bonnes personnes, ni débarquer les mauvaises. Il était évident aussi qu'il n'aurait pas les moyens financiers pour motiver ses managers et les amener à prendre des risques pour conduire des projets innovants (lui-même était payé moins de 1 000 dollars par mois)[12]. »

Ces difficultés, bien qu'importantes, n'ont pas arrêté Bhatt. Au contraire, il a utilisé une approche jugaad pour réveiller le génie existant au sein de la SBI. Il s'est appuyé tout d'abord sur ses remarquables compétences en matière de communication afin de raviver les sentiments de fierté des employés vis-à-vis de la SBI, une banque qui avait deux cents ans d'histoire prestigieuse. Puis, grâce à un programme de formation interne appelé *Parivarthan* (« transformation » en sanskrit), il a inculqué un sens nouveau de l'engagement personnel à tous les niveaux de la banque. Avec le temps, le programme a commencé à porter ses fruits : les employés de la SBI se sont sentis de plus en plus responsables (*empowered*), ont fait preuve de plus de créativité, et développé le service à la clientèle à un niveau sans précédent. Partout dans le pays, les employés ont commencé à concevoir des solutions audacieuses et ingénieuses face aux problèmes qu'ils avaient toujours rencontrés sans avoir jamais obtenu de soutien pour y répondre, ou même éprouvé le désir d'y répondre. Par exemple, dans la ville de Hyderabad, M. Sivakumar, chef local des opérations de la SBI, a lancé en cinq mois un service de réponse aux plaintes des clients par SMS employant quatre personnes pour traiter sept mille plaintes, construisant ainsi une base de clients fidèles et réceptifs aux futures initiatives commerciales de la banque[13].

En transformant une situation apparemment défavorable en une opportunité, Bhatt a stimulé l'esprit créatif de ses employés. Et les résultats ont été au rendez-vous. En quatre ans, la part de marché de la SBI est passée de 16,5 à 19 %, la banque a doublé le prix de son action et renforcé la satisfaction de ses clients, tout cela sur un marché mature et très concurrentiel.

Durant cette période, la SBI a également remporté de nombreux prix internationaux pour son excellente performance.

Comme le montre l'histoire de Bhatt, les innovateurs jugaad ne trouvent pas les opportunités *en dépit* de l'adversité ; pour eux, l'adversité *est* souvent l'opportunité. Ils ne perçoivent pas les contraintes ou les obstacles comme dissuasifs ou rédhibitoires, mais comme un stimulus créatif. En effet, leur créativité commence à se manifester dès qu'ils sont confrontés à un défi apparemment insurmontable.

La deuxième manière pour les innovateurs jugaad de puiser dans l'adversité est de faire en sorte que les contraintes travaillent *pour eux* plutôt que *contre eux*. Dans le premier chapitre, nous avons introduit Kanak Das, innovateur jugaad originaire de Morigaon, un village de l'Assam, au nord-est de l'Inde. Comme beaucoup d'Indiens, Das se rend au travail à vélo. Dans sa région, comme dans de nombreuses régions en Inde, les routes sont pleines de nids-de-poule et de bosses qui non seulement lui provoquent des problèmes de dos, mais aussi le ralentissent considérablement. Das savait qu'il y avait peu (voire pas) de solutions pour améliorer la qualité de ces routes. Il s'est donc posé une question typiquement jugaad : « Est-ce que je ne peux pas trouver un moyen de rendre mon vélo plus rapide sur ces routes défoncées ? » Il a donc modernisé son vélo et fait en sorte que chaque fois que la roue avant heurte une bosse, un amortisseur comprime l'énergie et la libère dans la roue arrière. En convertissant l'énergie de l'amortisseur en une force de propulsion, il a obtenu que son vélo roule plus vite sur les routes cahoteuses.

« Faire travailler les bosses pour vous », c'est ainsi que le professeur Anil Gupta, de l'Institut indien de gestion d'Ahmedabad (IIMA), caractérise la solution ingénieuse de Das.

Gupta, ardent défenseur des innovations de terrain en Inde, constate : « Vous avez des voitures hybrides qui aujourd'hui dégagent de l'énergie à partir des freins, mais pas à partir des amortisseurs : il s'agit d'un tout nouveau concept dont Kanak Das a été l'inventeur[14]. » La National Innovation Foundation, dont Gupta est vice-président exécutif, a aidé à breveter l'invention de Das. Qui sait où cela peut mener ? Dans un avenir pas trop lointain, les cyclistes du monde entier pourraient bénéficier de l'innovation jugaad de Kanak Das. D'ores et déjà, des élèves ingénieurs du MIT s'inspirent de l'invention de Das pour apprendre à convertir l'énergie générée par les amortisseurs d'une voiture en une force d'accélération[15].

La troisième manière de rechercher les bonnes occasions dans l'adversité utilisée par les innovateurs jugaad, relève de leur promptitude à saisir les opportunités qui se présentent. Non seulement Kanak Das et O. P. Bhatt *pensent différemment* face à l'adversité, mais ils ont aussi *agi rapidement* pour adapter leurs modèles et stratégies face aux défis de leur environnement. Les innovateurs jugaad ne sont pas attachés à des modèles économiques anciens et ils acceptent d'abandonner des solutions dépassées si les conditions l'exigent. Cette capacité à s'adapter en permanence et à se réinventer – et à mettre clairement l'accent sur l'avenir – est essentiel pour la survie à long terme des innovateurs jugaad.

Enrique Gómez Junco, ingénieur mexicain devenu entrepreneur jugaad, est un bon exemple d'une telle adaptabilité[16]. Dans les années 1980, Junco souhaitait créer une société dans le domaine des énergies durables. En 1988, il crée une société, Celsol, qui vend des panneaux thermosolaires à des entreprises mexicaines, en particulier des hôtels. Mais il peine à se faire une place au sein de ce marché très réglementé, subventionné et dominé par des entreprises en position de monopole, ainsi qu'à trouver des capitaux pour financer Celsol. Plutôt que de renoncer à son projet, Junco met fin à Celsol et lance une nouvelle entreprise, Optima Energía, en 2000. Le plan initial était de vendre des technologies énergétiques à des propriétaires et gérants d'immeubles pour les aider à utiliser plus efficacement l'électricité et à faire des économies sur les coûts d'énergie. Ces technologies économes en énergie apportent également un avantage environnemental étant donné que les bâtiments commerciaux représentent 7 % des émissions de dioxyde de carbone dans le monde. Mais il échoue une fois encore. Le modèle économique proposé par Optima n'impressionne pas beaucoup les gérants, car il les contraint à faire de gros investissements initiaux, pour de faibles retombées à court terme. Ce nouveau revers le fait une nouvelle fois changer de perspective. Il se rend compte qu'en tant qu'ingénieur, il est amoureux de la technologie pour elle-même mais qu'il a oublié ses clients dans la foulée. En effet, il réalise que ses clients ne se souciaient pas tellement de savoir s'il s'agissait d'une technologie de pointe ; ce qu'ils voulaient, c'était faire des économies. Immédiatement, Junco comprend qu'il doit se repositionner : au lieu d'être un fournisseur de *technologie* de niche, constituant un risque élevé, il doit devenir un fournisseur de *solution* énergétique à faible risque et fiable de bout en bout.

Fort de cette vision, Junco prend donc un nouveau départ en 2004, et réinvente le modèle économique de son entreprise. Plutôt que de vendre une simple technologie, Optima va offrir une solution intégrée à des gérants de bâtiments commerciaux réticents au risque. Plus précisément, Optima propose au client un contrat basé sur la performance, susceptible de lui faire économiser jusqu'à 50 % de ses coûts d'énergie, sans que ce dernier n'ait à investir un sou. Optima financerait directement l'installation de la technologie appropriée en partenariat avec de grandes institutions financières, y compris des institutions internationales comme la Banque mondiale et sa filiale, l'International Finance Corporation (IFC)[17]. Le client rembourse ensuite en dix ans l'investissement en capital auprès d'Optima, grâce aux économies initiales générées par le projet. Tous les profits supplémentaires seraient ensuite répartis entre Optima et le client. Cette solution économique a connu un franc succès, en particulier auprès des grands hôtels des stations touristiques gourmandes en énergie situées le long de la côte du golfe du Mexique.

Après avoir réinventé deux fois son business model, Junco a enfin réalisé son rêve de réduire les coûts énergétiques de ses clients tout en protégeant l'environnement[18]. Depuis sa création, Optima a conseillé plus de cent vingt clients différents et mis en œuvre ses solutions clés en main dans plus de cinquante installations. L'entreprise a permis à ses clients d'économiser 100 millions de dollars, 16 millions de mètres cubes d'eau, 230 millions de kilowatts d'électricité, 41 millions de litres de gaz naturel et 14 millions de litres de diesel. Junco est actuellement en train de vendre sa solution intégrée dans d'autres secteurs, notamment l'industrie manufacturière et les services publics (par exemple les municipalités), où le montant des économies d'énergie qui pourraient être réalisées est estimé à 7 milliards de dollars, rien qu'au Mexique[19].

Optima a démarré comme fournisseur de technologies propres mais a évolué pour devenir un fournisseur de services financiers dans le secteur de l'énergie. L'adaptabilité de Junco lui a permis de surmonter l'adversité. Pour ses efforts inlassables de promotion de la construction écologique et de fourniture d'énergie propre au Mexique, Junco a été sélectionné par le World Economic Forum comme l'un des 100 leaders mondiaux de demain. Il a également reçu le prix Wharton Infosys Business Transformation en 2006[20].

Les entrepreneurs jugaad tels que Junco considèrent l'innovation – et la vie en général - comme une expérience potentiellement infinie. Le couple essai-erreur est une partie importante du processus ; les échecs et les réussites ne sont que les étapes d'un long voyage. L'esprit jugaad permet aux innovateurs comme Junco d'adapter, de faire évoluer en permanence et de réinventer leurs idées au fil du temps.

Pour résumer : les innovateurs jugaad sont des experts de la reformulation des problèmes, qu'ils transforment en autant d'opportunités par rapport auxquelles ils se repositionnent constamment ; ils font travailler les contraintes pour eux et s'adaptent aux circonstances changeantes en improvisant des solutions en cours de route. Les innovateurs jugaad élaborent ces stratégies en réponse aux formes parfois extrêmes d'adversité qu'ils rencontrent dans les marchés émergents. Mais quelle est la pertinence de ces stratégies pour les entreprises des économies occidentales, compte tenu de la nature très différente de leur environnement ? L'adversité est de plus en plus présente dans l'environnement occidental, voyons ce que cela implique pour les dirigeants d'entreprises des pays développés.

ENTREPRISES OCCIDENTALES, PRÉPAREZ-VOUS À AFFRONTER L'ADVERSITÉ !

On pourrait facilement prétendre que la capacité des innovateurs jugaad à se repositionner face à l'adversité et à s'adapter à un environnement en constante évolution n'est pas pertinente pour les innovateurs, les entrepreneurs et les hommes d'affaires occidentaux. Après tout, les pays occidentaux sont prospères, les entreprises occidentales et leurs dirigeants n'ont pas à se battre dans un environnement politique et économique imprévisible ou à s'inquiéter des carences dans les infrastructures et des limitations de ressources. Par rapport aux économies émergentes, le monde occidental est relativement stable, ou du moins il l'a été jusqu'à présent, car de nombreux signes indiquent qu'il est en passe de connaître une période prolongée de turbulences et de changements douloureux. Examinons les principales sources d'adversité auxquelles les entreprises occidentales sont dès à présent confrontées :

- *Une aggravation de la situation macro-économique.* Les économies nord-américaines et européennes, déjà anémiques, pourraient bientôt devenir comateuses alors que la demande ne parvient pas à reprendre, en dépit de plans de relance qu'on ne compte plus. Le Fonds monétaire international (FMI) a prédit que l'économie américaine allait croître de seulement 2 % en 2013 et il s'attend à ce que la croissance de la zone euro soit négative avec un taux de -0,2 %[21]. Cette faible croissance va limiter l'accès au capital pour les entreprises dans les années à venir. Globalement, ce climat macro-économique anémié va forcer les entreprises occidentales, petites et grandes, à trouver dans la décennie à venir de nouvelles façons d'utiliser à bon escient les rares capitaux disponibles.
- *Une avalanche de nouvelles réglementations à venir.* En plus des secteurs de la santé et des services financiers, d'autres industries, de l'automobile à l'alimentation en passant par l'énergie, sont susceptibles de faire face, dans les années à venir, à une foule de nouvelles réglementations. Par exemple, les constructeurs américains ont accepté à contrecœur un plan de l'administration Obama visant à adopter des normes fédérales strictes d'économie de carburant qui multiplient par deux les objectifs d'efficacité, les faisant passer à cinquante-quatre miles par gallon (23 kilomètres par litre) à l'horizon 2025[22]. Ces nouvelles exigences réglementaires sont des contraintes supplémentaires pour les entreprises et les obligent, dans la décennie à venir, à changer radicalement leurs pratiques actuelles et même leurs modèles économiques.

• *Des changements tectoniques de la démographie.* Les entreprises européennes doivent composer avec une main-d'œuvre vieillissante. Par exemple, l'Allemagne va perdre cinq millions de travailleurs – soit 12 % de son effectif total – au cours des quinze prochaines années en raison des départs à la retraite[23]. Les entreprises américaines doivent, elles, faire face à une diversité croissante des travailleurs (main-d'œuvre multigénérationnelle et multiethnique) et des consommateurs. Cela mettra une pression sur le recrutement et la capacité à retenir le personnel et rendra difficiles les réponses aux besoins variés d'une clientèle hétérogène.

• *La révolution des réseaux sociaux.* La croissance explosive des médias sociaux tels que Facebook et Twitter, qui permettent des interactions improvisées, informelles et décentralisées entre des centaines de millions d'utilisateurs dans le monde, met en cause l'orthodoxie des entreprises enfermées dans la communication hiérarchique, dans des méthodes de planification linéaire et des approches insulaires de l'innovation.

• *La raréfaction des ressources naturelles s'accélère.* Les ressources naturelles telles que le pétrole et l'eau, jusqu'ici bon marché et abondantes dans les pays occidentaux, deviendront plus rares dans les années à venir. Selon un rapport publié par le Ceres, des secteurs tels que l'agriculture, l'agro-alimentaire, les hautes technologies et les produits pharmaceutiques pourraient être durement touchés par les pénuries d'eau. Par exemple, un arrêt lié à l'eau dans une usine de semi-conducteurs exploitée par Intel ou Texas Instruments pourrait représenter une perte de chiffre d'affaires de 100 à 200 millions de dollars sur un seul trimestre. Cette sombre perspective a conduit le président de Nestlé, Peter Brabeck-Letmathe, à faire ce commentaire : « Je suis convaincu que nous allons manquer d'eau bien avant que nous soyons à court de carburant. » Cette pénurie croissante obligera les entreprises à trouver des méthodes durables pour générer plus d'énergie ou de nourriture en utilisant moins de ressources, celles-ci devenant de plus en plus coûteuses[24].

• *La concurrence impitoyable des marchés émergents.* Sur les marchés nord-américains et européens, les entreprises occidentales font face à une concurrence féroce de la part des économies émergentes à faible coût. Par exemple, les sociétés chinoises de produits de consommation comme HTC et Haier donnent du fil à retordre à Nokia et Whirlpool en introduisant des téléphones cellulaires aux fonctionnalités étendues et des appareils électroménagers à bas prix qui attirent indéniablement les consommateurs occidentaux, de plus en plus sensibles aux prix.

Tous ces défis génèrent des contraintes au sein de l'environnement dans lequel opèrent les firmes occidentales. Ces contraintes pourraient paralyser les dirigeants occidentaux et leurs processus de décision, mais elles pourraient également les galvaniser en les incitant à innover. Ils apprendraient alors à regarder les obstacles auxquels ils sont confrontés non pas comme des défis rédhibitoires (des « risques », selon les consultants en management) mais comme une occasion unique d'innover et de grandir, exactement comme Tulsi Tanti, O. P. Bhatt et d'autres innovateurs jugaad l'ont fait.

Cependant, c'est plus difficile qu'il n'y paraît. Face à des défis difficiles à relever, les entreprises occidentales ont tendance à adopter l'une des quatre réponses suivantes : elles évitent ou ignorent l'adversité ; elles tentent de l'aborder de front ; elles utilisent les anciens cadres de référence ; ou, enfin, elles pensent trop petit ou trop graduellement. Toutes ces réponses sont contre-productives dans l'environnement économique actuel. Voici pourquoi :

• *Ne pas remarquer ou ignorer l'adversité jusqu'à ce qu'il soit trop tard.* Les dirigeants occidentaux ne parviennent souvent pas à lire ce qui est pourtant écrit sous leurs yeux, à cause d'une forme d'inertie ou d'un excès de confiance en soi. Gary Hamel, auteur du livre *The Future of Management*, note que de nombreux dirigeants occidentaux n'ont pas accordé suffisamment d'attention aux signes avant-coureurs des grands bouleversements démographiques, technologiques et réglementaires, et sont ainsi passés à côté de grandes opportunités pour innover de façon proactive[25]. Au lieu de cela, les dirigeants réagissent généralement aux problèmes une fois seulement que les choses sont devenues hors de contrôle et que leur entreprise est au pied du mur. Par exemple, juste après les attentats terroristes du 11 septembre 2001, alors que l'économie américaine faisait plonger les constructeurs automobiles américains dans le rouge, ces derniers ont refusé de reconnaître qu'un changement structurel dans les comportements des consommateurs américains se produisait. Ces derniers étaient à la recherche non seulement de voitures moins chères – que GM et Ford offraient à grand renfort de rabais et de financement à 0 % – mais aussi de meilleures voitures, économes en carburant et respectueuses de l'environnement. Or les constructeurs américains n'avaient pas investi assez tôt dans l'innovation et avaient perdu du terrain face à leurs rivaux allemands et japonais, qui, eux, avaient été visionnaires.

• *Affronter l'adversité, plutôt que de chercher à en tirer parti.* Lorsqu'ils sont confrontés à de sévères contraintes, les dirigeants occidentaux tentent souvent de les neutraliser plutôt que de trouver un moyen de les retourner à leur avantage. Par exemple, ils sont nombreux à choisir de s'opposer aux contraintes réglementaires et de faire pression pour les faire abroger ou les retarder. Pensons, par exemple, aux grandes sociétés pharmaceutiques qui font face à un tarissement de leur portefeuille de nouveaux médicaments, un nombre significatif de brevets venant à échéance de manière imminente, ou encore à la concurrence des fabricants de génériques des pays émergents, alors que le gouvernement américain est soucieux de réduire les coûts de santé. Bon nombre de ces entreprises ont choisi le lobbying pour garder leur modèle intact, et ont cherché à étendre la durée des brevets ou à freiner la concurrence étrangère plutôt que de réagir de manière innovante à ces défis, par exemple en repensant fondamentalement leurs modèles économiques.

• *Traiter les problèmes nouveaux avec les anciens cadres de référence.* Les dirigeants qui réussissent ressemblent souvent à des généraux de la dernière guerre. Ils affrontent de nouveaux combats en utilisant des stratégies qui ont permis de gagner dans le passé mais qui sont sans effets dans les conditions actuelles. Par exemple, les entreprises de biens de consommation continuent de s'appuyer sur des stratégies traditionnelles de marketing de masse comme la publicité télévisée, alors qu'il est clair que les consommateurs veulent s'engager avec les marques dans un dialogue à double sens grâce aux médias sociaux tels que Facebook et Twitter[26].

• *Penser petit face à de grands défis.* Selon Adam Richardson, auteur de *Innovation X* et directeur de la création chez frog, société globale de conception et de conseil en innovation, la plupart des dirigeants jouent la sécurité lorsqu'ils sont confrontés à des bouleversements du marché[27]. Ainsi, en réponse à une hyper compétition ou à l'évolution rapide du marché ou des technologies, ils sont plus enclins à adopter des innovations incrémentales et à lancer des produits similaires à ceux qui existent déjà sur le marché plutôt qu'à se tourner vers des horizons non exploités, des marchés difficiles à conquérir dans un premier temps. Prenons l'exemple de Borders, qui a reconnu très tôt le potentiel d'Internet, mais n'a pas su l'exploiter suffisamment. Ses initiatives de commerce électronique se sont avérées tièdes, au mieux. En fait, lorsque le site Borders.com a été lancé en 1998, il a permis aux lecteurs de vérifier la disponibilité des livres mais pas réellement de les acheter.

Amazon a finalement imposé sa domination, et Borders a cessé son activité en 2011.

Bien qu'il soit tentant de considérer l'adversité comme un problème réservé aux marchés émergents seulement, de plus en plus de signes semblent indiquer qu'elle se déplace désormais vers les marchés occidentaux. Et même si les entreprises occidentales et leurs dirigeants reconnaissent cet état de fait, ils risquent de ne pas y faire face efficacement pour les raisons que nous venons d'évoquer. Pour éviter les pièges contenus dans ces quatre réponses, et transformer les défis en opportunités, il serait bon que ces dirigeants s'inspirent de l'état d'esprit d'innovateurs jugaad tels Tulsi Tanti, O. P. Bhatt, Kanak Das ou Enrique Gómez Junco. Étudions maintenant leur façon de faire.

APPRENDRE À CAPITALISER SUR L'ADVERSITÉ

Les dirigeants occidentaux peuvent systématiquement transformer l'adversité en une opportunité d'innover et croître, en adoptant la mentalité souple des innovateurs jugaad et leurs stratégies d'adaptation.

Reconnaître que le verre est toujours à moitié plein

Les dirigeants occidentaux peuvent apprendre des innovateurs jugaad comment tirer parti des obstacles, en les considérant comme autant d'opportunités et d'incitations à innover. Mais on ne peut voir le verre à moitié plein tant que l'on opère dans un état de crainte. La peur ne fait qu'obscurcir les perspectives et inhiber les réactions. Au contraire, quand ils sont confrontés à des crises et à des défis, les dirigeants doivent cultiver un sentiment de sérénité et faire preuve de ce que Justin Menkes, auteur de *Better Under Pressure*, appelle « un optimisme réaliste[28] ».

Menkes, qui travaille pour la société de recrutement de cadres Spencer Stuart, a étudié la candidature de plus de deux cents candidats à des postes de dirigeant et interrogé une soixantaine de dirigeants d'entreprise en activité ou retraités. Il a constaté que la qualité essentielle permettant aux dirigeants de réaliser leur potentiel (et celui de leur organisation) était « l'optimisme réaliste », c'est-à-dire la capacité à reconnaître clairement les risques qui menacent la survie tout en restant convaincu que l'entreprise l'emportera. En d'autres termes, à la vue de nuages noirs, un P.-D.G. qui réussit ne sort pas immédiatement le parapluie mais cherche plutôt à identifier la couronne d'argent autour du nuage, tout comme le font les innovateurs jugaad.

À titre d'exemple, de nombreux dirigeants du classement Fortune 500 se sentent menacés par la croissance explosive des médias sociaux (à cette date, plus de 400 millions de tweets sont envoyés chaque jour et Facebook dispose de plus de 1 milliard de membres), surtout après avoir vu les dégâts causés par Wikileaks. Ils sont simplement soucieux de la façon dont les médias sociaux, lorsqu'ils sont placés entre de mauvaises mains, peuvent être utilisés pour répandre de fausses rumeurs sur les marques et ruiner ainsi leur réputation en quelques heures. A contrario, dès l'an 2000, bien avant que Twitter et Facebook n'aient vu le jour, la direction de Procter & Gamble a identifié l'énorme potentiel des réseaux sociaux. Elle a adopté sans réserve ces outils comme une nouvelle plateforme d'engagement social sur laquelle bâtir et maintenir un dialogue constructif avec les consommateurs dans l'économie numérique du XXIème siècle. Dans le passé, lors de l'élaboration de nouveaux produits, les équipes R&D de Procter & Gamble avaient l'habitude de s'appuyer sur des sondages et groupes de discussion, très chronophages, ainsi que sur les prototypes physiques pour tester leurs nouvelles idées. À présent, la société utilise des médias sociaux comme Affinnova pour tester des dizaines d'idées de nouveaux produits avec des centaines de clients votant en ligne pour leurs fonctionnalités préférées. Grâce à cette collaboration en temps réel avec les clients, Procter & Gamble peut rapidement éliminer les idées de produits non rentables et affecter les ressources nécessaires au développement des concepts de produits appréciés par les clients[29].

Procter & Gamble a également détourné à son avantage la puissance du marketing viral des réseaux sociaux en convertissant des clients satisfaits en véritables ambassadeurs de la marque dans le cyberespace grâce au marketing de bouche à oreille. Par exemple, la société a lancé Vocalpoint, communauté en ligne de plus de 600 000 mères socialement engagées, où elle peut aller puiser les tout premiers commentaires sur ses nouvelles campagnes de promotion avant de les lancer à l'échelle nationale. Ceci permet de s'assurer que chaque message publicitaire va droit au but dès le début. Les membres de Vocalpoint génèrent également un buzz positif sur les réseaux sociaux pour les produits à venir de Procter & Gamble[30]. Grâce à cette nouvelle façon de se positionner sur les médias sociaux et à leur rentabilité, Procter & Gamble a non seulement optimisé la fidélité de ses clients, mais a également mis en place des pratiques novatrices en matière d'engagement social, bien avant ses concurrents. L'entreprise a même développé ses compétences en marketing social pour créer Tremor, un logiciel vendu à d'autres entreprises telles que Kellogg, Sears ou MasterCard, qui cherchaient à exploiter la puissance du bouche à oreille pour dynamiser leur marque[31].

Prendre conscience des conditions extrêmes : un terreau pour l'innovation extrême

S'ils s'inspirent des innovateurs jugaad, les dirigeants occidentaux devraient saisir les conditions extrêmes – changements technologiques massifs, réglementations draconiennes ou menaces concurrentielles survenant à l'improviste – comme autant d'occasions de développer des innovations radicales qui bouleverseront l'industrie et formeront des nouveaux marchés. Marc Benioff, P.-D.G. fondateur de salesforce.com, est un innovateur de ce type. En 1999, il fonde salesforce.com dans son appartement de San Francisco avec une vision audacieuse : il veut faire de son logiciel d'entreprise – un de ceux que les entreprises utilisent pour gérer les interactions avec la clientèle – un produit abordable et accessible à davantage d'entreprises. Il envisage d'utiliser Internet comme plateforme pour offrir aux entreprises son logiciel, le présentant comme un service et non plus comme un produit. L'idée était que les entreprises souscrivent à des applications logicielles hébergées par salesforce.com sur le principe du « pay-as-you-go » et qu'elles y accèdent grâce à un navigateur Web plutôt que de les installer sur les ordinateurs. Cela évitait des droits de licence coûteux et des coûts élevés de maintenance facturés par les gros fournisseurs de logiciels comme Oracle, Siebel ou SAP.

Mais en 2001, alors que salesforce.com est sur le point de décoller, la bulle Internet éclate et le marché boursier s'effondre. Les grandes sociétés perçoivent aussitôt Benioff comme un entrepreneur « dot-com » surfait et refusent d'acheter sa solution SaaS (Software as a Service). Benioff et sa start-up sont ridiculisés par les grandes entreprises concurrentes, qui mettent en doute la sécurité et la capacité d'évolution de SaaS. En avril 2001, Tom Siebel, P.-D.G. et fondateur de Siebel, fournisseur de grandes entreprises de logiciels, avait même prédit que salesforce.com serait en faillite en 2002[32].

Benioff a cependant tenu bon face à l'adversité, entrevoyant une lueur d'espoir dans les nuages noirs qui entouraient les entreprises américaines au début des années 2000. Il s'est rendu compte que ses clients potentiels, petites comme grandes entreprises, sensibles aux coûts, étaient confrontés à des défis spécifiques. En particulier : ils avaient du mal à extraire davantage de valeur de leurs investissements logiciels sans se ruiner ; ils voulaient que les solutions logicielles dont ils disposaient s'adaptent rapidement à un environnement en constante évolution. Malheureusement, les entreprises étaient aux prises avec des logiciels trop chers à entretenir et manquant de souplesse, et elles avaient du mal à conceptualiser une solution alternative.

Sentant une opportunité, Marc Benioff commence à populariser les avantages du modèle SaaS auprès de clients potentiels, au lieu de vanter les vertus de salesforce.com. Il démontre avec passion la valeur de SaaS, non seulement aux grands acheteurs économes mais aussi aux cadres dirigeants à la recherche de solutions flexibles. Par exemple, il explique aux dirigeants d'entreprise comment, avec l'explosion des appareils mobiles, le modèle SaaS peut permettre à leurs employés d'accéder à leurs applications métier n'importe où, n'importe quand, ce qui ne peut être fait avec le modèle traditionnel de logiciels centralisés. Benioff promeut également inlassablement le modèle SaaS auprès des médias, des cabinets d'analystes financiers et d'autres personnalités influentes dans le secteur des industries de haute technologie. Finalement, des signes de dégel commencent à poindre vis-à-vis de SaaS : les grandes entreprises se mettent à adhérer à la vision de Benioff et salesforce.com.

Grâce à la communication persistante de Benioff en faveur du modèle SaaS, un mouvement a pris naissance dans le secteur de la technologie. De plus en plus de développeurs de logiciels, reconnaissant les avantages de SaaS, se sont mis à produire de nouvelles applications utilisant ce modèle. Un nouvel écosystème de logiciels était né, rendant le modèle autosuffisant[33].

Salesforce.com était confortablement positionné pour diriger ce mouvement SaaS et il l'a fait. La base d'abonnés de Salesforce.com a augmenté de 1 500 % au cours des sept années suivantes, et elle dessert actuellement plus de 100 000 clients[34]. Avec une croissance moyenne annuelle de 36 % au cours des dernières années, salesforce.com prévoit d'atteindre des revenus annuels de 3 milliards de dollars au cours de son exercice 2013[35]. Benioff a développé pour salesforce.com « une vision de 10 milliards de dollars » qu'il doit, selon lui, à la « réussite de ses clients[36] ».

Le mouvement SaaS initié par Benioff a évolué et est maintenant connu sous le nom de « cloud computing » ou « informatique en nuage » (un nom approprié, si l'on considère qu'il est né de la capacité de Benioff à entrevoir une lueur d'espoir à travers chaque nuage). Le marché du cloud computing, qui était de 40 milliards de dollars en 2010, devrait grimper à 241 milliards de dollars d'ici 2020[37]. Les principaux fournisseurs de logiciels qui ont d'abord ridiculisé le modèle économique de salesforce.com ont depuis sauté dans le train en marche, notamment le grand rival de salesforce.com, Siebel, racheté par Oracle en 2005.

Benioff estime que des conditions extrêmes peuvent générer des innovations révolutionnaires : « Salesforce.com est un exemple vivant de la façon dont des entrepreneurs et des entreprises résilients peuvent transcender les difficultés extrêmes auxquelles ils sont confrontés et les transformer en opportunités de réussite[38]. »

Construire un capital psychologique pour stimuler la résilience et la confiance

Les dirigeants ne peuvent pas construire une organisation résiliente sans une main-d'œuvre également résiliente. Red Luthans, professeur de comportement organisationnel à l'université du Nebraska-Lincoln, l'exprime à sa façon : « La vraie valeur d'une entreprise n'est plus dans ses actifs corporels ni même dans ses procédés technologiques. Elle réside dans son capital humain et dans le capital psychologique qui le sous-tend, et qui est inimitable. N'importe qui peut acheter de la technologie ou obtenir de l'argent sur les marchés financiers, mais nous ne pouvons pas acheter la motivation, l'engagement, la confiance, la résilience, l'espoir et l'optimisme[39]. »

Il ne suffit pas, quand on est chef d'entreprise, d'être optimiste, résilient et adaptable. Il faut également savoir *responsabiliser les employés à tous les niveaux*, pour qu'ils pensent et agissent comme des innovateurs jugaad, prenant les difficultés à bras-le-corps, acceptant les risques, prêts à tirer parti des défis plutôt qu'à les ignorer. Franck Riboud, P.-D.G. de Danone, l'un des plus grands fournisseurs mondiaux de produits laitiers et d'eau en bouteille, est un dirigeant de ce type, désireux de stimuler le capital psychologique de son entreprise. Il estime que son entreprise, âgée de 92 ans, est confrontée à deux défis majeurs : d'une part, la demande des consommateurs du monde entier, qui réclament des produits alimentaires nutritifs, sains, abordables et issus d'une production durable ; d'autre part, le besoin d'innover et d'adopter de nouveaux modèles économiques pour capter efficacement la croissance explosive sur les marchés émergents tels que le Mexique, l'Indonésie, la Chine, la Russie et le Brésil, d'où proviendront les plus grandes opportunités d'affaires dans les prochaines décennies. Ces deux défis rendent très complexe l'environnement dans lequel Danone opère, créant simultanément plus de contraintes et plus d'opportunités nouvelles. Comme Riboud l'explique : « Notre avenir dépend de notre capacité à explorer et inventer de nouveaux modèles économiques et de nouveaux types d'entreprise[40]. »

Pour naviguer dans cet environnement complexe, Riboud reconnaît que Danone a besoin d'une main-d'œuvre plus adaptable, dotée d'un état d'esprit résilient. Pour réussir dans un monde « multipolaire » caractérisé par de multiples centres de croissance, Riboud transforme progressivement Danone – une entreprise très traditionnelle, dont la plupart des pouvoirs de décision ainsi que les activités de R&D sont concentrés en Europe – en *une organisation polycentrique* avec un système décisionnel décentralisé et un réseau de R&D distribué à l'échelle globale[41]. Une telle structure polycentrique a l'avantage de donner le pouvoir aux managers de première ligne dans le monde entier, surtout dans les marchés émergents en forte croissance comme la Chine et le Brésil. Cela leur permettra de relever les défis locaux et d'en saisir toutes les opportunités et, tout comme le font les innovateurs jugaad, de concevoir des solutions solides adaptées aux conditions locales tout en partageant des idées innovantes et les meilleures pratiques à travers des réseaux *peer-to-peer*[42]/[43]. Contrairement à d'autres multinationales qui contraignent les employés à travers le monde à faire les choses « *the right way* » (en utilisant des processus rigides et hautement standardisés), Riboud motive sa force de travail mondiale pour faire « *the right thing* » (en valorisant les valeurs d'ouverture, d'enthousiasme et d'humanisme à l'échelle de toute la société)[44]. En décentralisant la prise de décision et les opérations de R&D, ce qui a permis la collaboration et le partage des connaissances entre les unités régionales, et le maintien d'un standard élevé de responsabilité sociale et environnementale, Danone a été en mesure d'accroître sa flexibilité organisationnelle et de se développer avec succès dans les pays émergents, qui représentent 60 % de sa croissance à venir[45].

Ce n'est pas tout. Le véritable objectif de Riboud, en créant une structure organisationnelle polycentrique et multipolaire, est d'initier une véritable *révolution culturelle* au sein de l'équipe de direction de Danone. Alors que les économies occidentales entrent dans un âge de rareté et de complexité, Riboud veut cultiver parmi ses managers occidentaux une toute nouvelle façon de penser et d'agir sous contrainte, un état d'esprit résilient tel que celui qui prévaut dans les pays émergents comme le Brésil et la Chine. Riboud explique ainsi : « Jusqu'à récemment, nous avions supposé que les pays riches seraient la principale source d'innovation. À ce que je vois, ce sont les pays à forte croissance qui doivent en fait nous inspirer[46]. » Par exemple, pour construire une micro-usine de produits laitiers au Bangladesh, la même quantité de capital est nécessaire que pour acheter une maison en France, un constat qui a motivé les dirigeants occidentaux de Danone à adopter des solutions radicalement nouvelles pour réduire les coûts d'exploitation dans les grandes usines traditionnelles, sans compromettre la qualité. Riboud estime qu'en adoptant une attitude souple, les dirigeants occidentaux de Danone peuvent non seulement réduire les coûts de fabrication, mais aussi améliorer considérablement la conception des produits, le marketing et la distribution dans toute l'entreprise.

Ces dernières années, en dépit de conditions de marché difficiles, Danone a publié des résultats financiers qui ont dépassé les objectifs : avec un chiffre d'affaires en hausse de près de 7,8 % en 2011, l'entreprise est parmi les plus performantes de l'industrie alimentaire dans le monde. Riboud est convaincu que Danone a trouvé le bon modèle économique pour réussir dans le monde complexe d'aujourd'hui. Plus important encore, il estime que la culture unique de Danone, qui met l'accent sur le pragmatisme, la capacité d'adaptation et les décisions locales, ce qu'il appelle « être rapide tout en gardant les pieds sur terre », est un énorme avantage dans des circonstances défavorables. Fait intéressant, parmi les six grands marchés émergents que cible Danone, on trouve les

États-Unis ! Contrairement à d'autres dirigeants occidentaux qui se lamentent sur une économie américaine moribonde, Riboud voit aux États-Unis d'énormes opportunités pour ses yaourts, car leur consommation par habitant est encore faible par rapport à celle du marché européen[47].

Aborder les grands défis avec un état d'esprit de croissance

Selon Carol Dweck, professeur de psychologie à l'université de Stanford, la plupart des dirigeants fonctionnent avec l'un des deux états d'esprit suivants : figé (*fixed mindset*) ou de croissance (*growth mindset*). Les dirigeants à l'état d'esprit figé croient que leurs qualités – et celles des autres – sont gravées dans le marbre, si bien que face aux nouveaux défis, ils s'en tiennent aux solutions déjà testées avec succès. En revanche, les dirigeants armés d'un état d'esprit de croissance estiment que l'effort encourage l'épanouissement et l'amélioration de nos qualités. Les innovateurs jugaad sont dotés de cet état d'esprit : ils se concentrent avec confiance sur la construction de l'avenir, plutôt que de s'accrocher à la sécurité du passé.

Dans un environnement des affaires de plus en plus complexe et empreint de contradictions, il est essentiel que les chefs d'entreprise cultivent un état d'esprit de croissance. Ceci est important car, lorsque les dirigeants font face à l'adversité avec une mentalité figée, leurs esprits sont obscurcis par la peur ou l'orgueil, et ils ont tendance à innover graduellement, leurs efforts ne donnant alors que des résultats limités. Au lieu de cela, un état d'esprit de croissance permet aux dirigeants d'aborder les défis, même les plus grands, avec un optimisme et une curiosité qui leur permettront de générer des innovations de rupture, qui fourniront des résultats durables. Ceux-là sont prêts à lâcher les anciens modèles économiques et à adopter de nouvelles méthodes garantissant des succès à long terme.

IBM est une entreprise qui a réussi à cultiver un état d'esprit de croissance parmi ses dirigeants. Elle a célébré son centenaire en juin 2011. La société a survécu à deux guerres mondiales, à la Grande Dépression, à la crise pétrolière des années 1970, au boom Internet et à son *bust* (retournement), et même à la récession économique mondiale actuelle. Au cours du siècle dernier, les dirigeants de l'entreprise se sont appuyés à plusieurs reprises sur cet état d'esprit de croissance pour conduire de manière proactive des stratégies de rupture, et, ce faisant, ont réussi à réinventer complètement son modèle économique, maintes et maintes fois. Ainsi, IBM est passé avec succès de la vente de tabulateurs aux machines à écrire puis aux unités centrales pour PC en réseau, enfin à des logiciels et services, passant d'une technologie à une autre[48]. Le contraste est saisissant avec HP, le grand concurrent d'IBM dans la Silicon Valley, dont les dirigeants semblent avoir attendu trop longtemps pour réinventer un modèle économique vieux de 70 ans. Avec les cours boursiers en chute libre et une crise de leadership, la direction de HP a sérieusement envisagé de vendre son activité PC fin 2011 mais elle a finalement décidé de la conserver[49]. La direction d'IBM a été plus proactive. Bien que la société ait inventé le PC, elle a reconnu au début des années 2000 que son activité PC avait rapidement été banalisée par le modèle informatique émergent, basé sur Internet. En 2004, l'ancien P.-D.G. d'IBM, Sam Palmisano, a pris la décision radicale de vendre l'activité PC, libérant ainsi des ressources afin que l'entreprise puisse monter en gamme sur la chaîne de valeur de l'industrie high-tech[50]. Voici comment Palmisano explique sa décision : « En 1981, le PC était une innovation. Vingt ans plus tard, il avait perdu beaucoup en termes de différenciation. Il était temps de passer à autre chose. Cette entreprise [IBM] s'est toujours tournée vers l'avenir. Ce mouvement continu vers l'avant est, en fait, inhérent au modèle de valeurs d'IBM. Les frontières de l'innovation ne cessent de se déplacer (…) nous obligeant à ne pas rester tranquillement assis[51]. »

S'appuyer sur le pouvoir des réseaux pour faire face aux grandes menaces concurrentielles

Plutôt que d'utiliser exclusivement les ressources internes, les dirigeants d'entreprise peuvent tirer des bénéfices de la collaboration avec leurs clients, leurs partenaires et même leurs concurrents pour créer des solutions innovantes. Prenez Pfizer : Ian Read, son P.-D.G., est sorti du moule R&D de la grande industrie pharmaceutique et a essayé de penser et d'agir comme un innovateur jugaad flexible. Sous la direction de Read, pour ne pas dépendre exclusivement de la R&D interne, Pfizer multiplie les alliances de R&D avec des partenaires externes. À certains égards, la société n'a pas le choix, car elle est confrontée à un double problème : son portefeuille de produits en cours de développement se tarit et elle subit des pressions de plus en plus fortes aux États-Unis et en Europe, visant à freiner l'explosion des dépenses de santé. Faisant ce constat, Read fait une coupe de 24 % dans les dépenses propres de R&D, un acte considéré comme sacrilège par les analystes de Wall Street, et transfère les économies réalisées au profit de nouveaux partenariats avec des laboratoires universitaires et des entreprises de biotechnologie dynamiques dans le monde entier[52].

En résumé, il existe plusieurs manières pour les entreprises occidentales et leurs dirigeants de trouver des opportunités dans l'adversité :

- Reconnaître que le verre est toujours à moitié plein.
- Prendre conscience que des conditions extrêmes sont un terreau fertile pour « l'innovation extrême ».
- Renforcer le capital psychologique pour accroître la résilience de l'entreprise.
- Aborder les grands défis avec un état d'esprit de croissance.
- Exploiter la puissance des réseaux pour faire face aux grandes menaces concurrentielles.

Bien que de nombreux dirigeants et leurs entreprises aient eu recours à une ou plusieurs de ces stratégies d'adaptation, bien peu les ont employées de façon systématique au fil du temps, à l'exception toutefois de 3M, qui a connu plusieurs dirigeants légendaires. Depuis plus de 110 ans, la société met en application ces stratégies pour tourner l'adversité à son avantage et stimuler la croissance de façon continue. Pour comprendre comment la société et ses dirigeants ont su chercher et trouver de nouvelles opportunités dans l'adversité, et ce de façon soutenue et sur une si longue période, nous allons étudier le cas 3M.

COMMENT L'ESPRIT JUGAAD DE 3M A RÉSISTÉ À LA RÉCESSION

Fondée en 1902, l'entreprise 3M en est venue à incarner l'ingéniosité américaine. Pendant un siècle, ses inventeurs féconds ont concocté des produits révolutionnaires qui font désormais partie de la culture américaine : Scotch®, Scotchgard™, Thinsulate™, Post-it®. Des innovateurs jugaad de 3M comme Art Fry – qui a inventé le Post-it – ont créé des dizaines de produits utiles, qui ont facilité la vie de millions de consommateurs à travers le monde[53].

Deux chiffres peuvent résumer cet esprit novateur 3M : 30 % et 15 %. Deux chiffres sacro-saints pour les employés et la direction de 3M. À ses débuts, en voyant que ses produits devenaient obsolescents très vite, 3M s'est fixé comme objectif de générer 30 % de ses revenus totaux annuels à partir de nouveaux produits introduits au cours des cinq années précédentes. Cet objectif – connu dans la société comme « l'indice de vitalité de nouveaux produits » – a contribué à créer une culture d'« innover-ou-périr » maintenant un sentiment d'urgence constant chez les concepteurs et les ingénieurs de 3M, qui ne cessent de développer des centaines de nouveaux produits chaque année (actuellement 3M dispose d'un portefeuille de 75 000 produits). Fait intéressant, à ce jour, certains des produits les plus réussis de 3M ont été inventés par les ingénieurs au cours de leur « temps libre ». En effet, il y a longtemps de cela, en 1948, bien avant que l'idée ait été popularisée par des entreprises de la Silicon Valley comme Google, 3M lançait son fameux programme « 15 % » ; cette initiative permettait aux employés de 3M d'utiliser 15 % de leur temps de travail rémunéré pour poursuivre des projets personnels, tout particulièrement pour développer des innovations jugaad[54]. L'objectif du programme 15 % était d'assouplir la culture d'entreprise, de la rendre plus flexible et ouverte au risque, permettant ainsi aux salariés de détecter rapidement les nouvelles opportunités de marché et d'y répondre sur un mode dynamique à partir de la base (*bottom up*). Le management de 3M a été entièrement solidaire des nombreuses innovations non conformistes qui sont sorties de ce programme, qu'elles réussissent sur le plan commercial (comme les produits Post-it) ou non.

Après avoir fait ses preuves en tant qu'innovateur exceptionnel pendant près d'un siècle, 3M a connu une baisse de résultats dans les années 1990. Le fabricant du Midwest était devenu trop grand, satisfait, réticent au risque, se reposant sur ses lauriers au lieu de façonner l'avenir d'une façon créative. Son cours boursier en a pris un coup, et son chiffre d'affaires ainsi que ses bénéfices ont commencé à décliner. Devant une telle situation, les dirigeants d'entreprise peuvent jouer la sécurité et chercher des changements graduels (dans un état d'esprit figé), ou bien chercher des opportunités dans l'adversité en tournant celle-ci à l'avantage de l'entreprise. Dans le cas de 3M, un dirigeant doté d'un état d'esprit de croissance aurait renforcé la tradition jugaad et l'aurait utilisée pour élaborer une solution radicale.

Mais en 2001, 3M embauche Jim McNerney pour relancer l'avenir de 3M. Ce nouveau P.-D.G., qui a travaillé précédemment chez GE, apporte avec lui une discipline du management et s'efforce de rationaliser la structure des coûts gonflée de 3M en mettant en œuvre la technique de gestion Six Sigma. Ceci renforce considérablement la rentabilité de l'entreprise : ses marges d'exploitation passent entre 2001 et 2005 de 17 % à 23 %. La méthode très structurée du Six Sigma, qui met l'accent sur la prévisibilité et l'uniformité, fait des merveilles dans les usines 3M en rendant les systèmes de production plus rentables. Au début, il semble que cette approche relance la société, mais elle a en réalité l'effet inverse quand McNerney décide de l'appliquer aux laboratoires de R&D pour standardiser et systématiser le processus d'innovation et le rendre plus rapide et plus rentable. Six Sigma a sans aucun doute bouleversé la tradition jugaad de libre créativité de 3M, cessant de valoriser le capital psychologique de ses innovateurs, dont l'ingéniosité et la résilience face à l'adversité s'étaient forgées sur plusieurs décennies. Plutôt que de rêver à des produits révolutionnaires et de les créer, les ingénieurs de 3M sont devenus frileux, jouant la sécurité en apportant des innovations incrémentales répondant à des objectifs de performance Six Sigma. Le management de 3M a d'ailleurs commencé à repousser les idées radicales proposées par ses innovateurs jugaad. En conséquence, le chiffre d'affaires de 3M et sa réputation d'innovateur de premier plan ont commencé à pâlir. En 2005, la part des revenus provenant de nouveaux produits est tombé du traditionnel 30 % à seulement 21 %. Son classement dans la liste des sociétés les plus innovantes du Boston Consulting Group a reculé peu à peu, passant de numéro un en 2004 au septième rang en 2007[55]. L'esprit jugaad de 3M était sur le déclin.

George Buckley, qui remplace McNerney à la tête de la société en 2005, met la priorité sur la relance de la culture du risque jugaad de 3M. Il commence en particulier à limiter les initiatives Six Sigma et rétablit le fameux programme 15 % qui donnait plus de flexibilité à ses ingénieurs et la liberté de développer des idées radicales sans crainte de représailles. Buckley reconnaît : « Peut-être que l'une des erreurs que nous avons faites – et c'est un des dangers de Six Sigma – est d'avoir commencé à valoriser le conformisme, au détriment de la créativité. De cette façon, vous pouvez saper, je pense, le cœur et l'âme d'une société comme 3M[56]. »

Buckley a dû bouger très vite, car plusieurs produits de 3M commençaient à être dépassés ou tout simplement banalisés. L'entreprise était notamment confrontée à une concurrence croissante sur ses principaux segments de produits. Mais elle se trouvait face à un défi encore plus grand : l'évolution rapide des préférences de ses clients, dans un monde numérique où l'esthétique compte autant pour les consommateurs que la valeur fonctionnelle des produits qu'ils achètent. Cette nouvelle réalité a permis aux leaders de 3M de se rendre compte que, même si l'entreprise était encore tout à fait performante dans l'ingénierie des produits, elle devait désormais apprendre à les concevoir d'une manière beaucoup plus attrayante.

Sentant une opportunité dans cette situation de crise, 3M décide d'allier le design aux performances techniques. Pour conduire cette transformation et diriger la stratégie design, la société recrute Mauro Porcini. Cet Italien de 37 ans, flamboyant et passionné, qui relève aujourd'hui directement du directeur de la R&D pour la division grand public et bureautique de 3M, dirige une importante équipe qui tente de rendre les produits de l'entreprise, anciens et nouveaux, plus attrayants, sans sacrifier leurs performances techniques[57]. Nous l'avons rencontré au siège de 3M, à Saint Paul, dans le Minnesota. Le décor de son élégant bureau, aux murs de couleur blanc cassé et couloir de couleur fuchsia, constitue une oasis de créativité en comparaison avec les cabines marron cloisonnées du reste de l'immeuble. Porcini, qui se démarque également par son esthétique vestimentaire, nous a expliqué les défis actuels auxquels 3M était confrontée et comment son équipe tentait de les aborder : « Les consommateurs « n'achètent » plus seulement des produits, mais sont plutôt à la recherche de nouvelles *expériences*, qui leur fassent plaisir. Ils veulent établir un lien affectif avec les produits qu'ils achètent, même s'il s'agit d'un équipement ménager ordinaire ou de produits de bureau. Ce défi constitue pour nous une opportunité de repenser la façon dont nous développons des produits. Nous apprenons à accorder plus d'attention à l'esthétique, plutôt que d'être obsédés par l'excellence fonctionnelle. Nous sommes aussi en train de changer la manière dont nous travaillons avec nos consommateurs. Lorsque vous les écoutez, vous vous contentez de réagir à des besoins, quand vous entrez en empathie avec eux, vous anticipez leurs besoins, mais quand vous les aimez vraiment, vous les surprenez en leur présentant des produits qu'ils ne pouvaient même pas imaginer[58]. »

D'après Porcini, Apple a de l'amour pour ses clients, car en alliant un design supérieur à une excellente technologie, la société ne cesse, à la sortie de chaque nouveau produit, de surprendre et de passionner ses consommateurs : « Des sociétés comme Apple et Target[59] ont prouvé qu'un bon design peut aider à capter non seulement une plus grande part de marché, mais aussi l'esprit des consommateurs et même une partie de leur cœur. Le nouveau challenge de 3M est de trouver des façons d'accroître la partie « cœur » de ses consommateurs grâce à un design supérieur qui permettra à ses produits de se différencier sur un marché encombré[60]. »

L'équipe de designers jugaad de Porcini a carte blanche pour rajeunir la signature de certains produits de 3M, leur donner une allure audacieuse et même sexy. Par exemple, elle a donné un coup de jeune au distributeur de Scotch, vieux de cinquante ans, en lui rajoutant un talon haut. Porcini lui-même a redessiné un projecteur multimédia en le rendant plus effilé, de sorte que le consommateur ait « envie de toucher » : le succès a été instantané. Parmi les produits primés que Porcini a contribué à développer chez 3M, on trouve le projecteur de poche MPro150, le distributeur de Scotch Pop-Up avec bandes prédécoupées, et le Scotch anti-poils. Les designers de Porcini sont maintenant activement impliqués dès le début dans les nouveaux projets de R&D, exerçant donc une influence à la fois sur les commerciaux et les techniciens, en amont du développement de nouveaux produits. Porcini commente avec ironie : « 3M était une entreprise reconnue pour *ses ingénieurs hors pair*, nous voulons aussi maintenant être célèbres pour nos *designers hors pair*[61/62]. »

Écrasé sous le rouleau compresseur des Six Sigma au début des années 2000, 3M a relancé son esprit jugaad en redonnant à ses employés une plus grande liberté créatrice et en conjuguant excellence fonctionnelle (cerveau gauche) et sensibilité pour le design (cerveau droit). Ces efforts ont porté leurs fruits. Ils ont aidé à reconstruire le capital psychologique des innovateurs de 3M, qui, à leur tour, ont montré de la résilience face aux défis à venir. Bien que le chiffre d'affaires de 3M ait chuté suite à la récession de 2009, il a augmenté depuis de 15 % pour atteindre 26,7 milliards de dollars en 2010, constituant un des taux de croissance les plus élevés jamais atteints en plus de cent ans d'histoire. En 2010, 3M a dégagé un bénéfice d'exploitation record de 5,9 milliards de dollars, avec une marge de 22,2 %, et a une fois de plus généré 30 % de ses revenus grâce à ses nouveaux produits – pourcentage qui pourrait même atteindre les 35 % en 2012. 3M lance aujourd'hui environ 1 200 nouveaux produits par an. George Buckley constate avec satisfaction : « Même dans les pires moments économiques de notre histoire, nous avons lancé plus d'un millier de nouveaux produits par an[63]. » 3M semble avoir trouvé une formule de croissance régulière adaptée à notre âge post-industriel, comme en témoigne une enquête de 2011 menée par Booz & Company auprès de dirigeants du monde entier, qui ont classé 3M troisième entreprise la plus innovante du monde, après Apple et Google[64].

CONCLUSION

L'environnement économique de plus en plus complexe est à l'origine de toutes sortes de nouveaux défis pour les entreprises. Elles doivent savoir faire preuve de résilience pour tourner l'adversité à leur avantage, une nouvelle compétence que les dirigeants d'entreprise ont le devoir d'apprendre d'urgence. Bien qu'il soit difficile d'adopter, sur le modèle de 3M, autant de stratégies différentes pour transformer les obstacles en opportunités, ce n'est certainement pas impossible. 3M ainsi que d'autres sociétés occidentales, comme nous l'avons vu, le prouvent : un leadership fort est un atout essentiel pour obtenir des stratégies résilientes efficaces.

« Chercher les opportunités dans l'adversité » n'est que le premier des principes jugaad que les dirigeants occidentaux, et leurs organisations, doivent appliquer pour réussir dans un monde imprévisible et en constante évolution. De toutes les formes d'adversité que les économies émergentes et les entreprises occidentales rencontrent, aucune n'est aussi menaçante pour leur survie et leur croissance que la « rareté ». Comment les innovateurs jugaad peuvent-ils répondre à cette rareté grâce au principe jugaad du « faire plus avec moins » ? Quels enseignements peuvent en tirer les dirigeants occidentaux ? Tels sont les sujets de notre prochain chapitre.

Entretien avec Elie Ohayon, président de Saatchi & Saatchi + Duke

« Oser prendre des risques »

La question la plus critique pour les dirigeants occidentaux dans les 20 années à venir sera de savoir comment créer une croissance « intelligente ». Car durant les 20-25 dernières années, la majorité des profits ont été générés grâce aux gains de productivité (réductions de coût, délocalisation…). Mais il y a une limite aux gains de productivité que l'on peut obtenir. Pour réussir le pari d'une croissance intelligente, les entreprises n'auront d'autre choix que de miser davantage sur l'innovation.

Malheureusement, les entreprises occidentales ont longtemps pratiqué l'innovation incrémentale et non l'innovation de rupture, qui est indispensable pour survivre aux grandes mutations socio-économiques et technologiques d'aujourd'hui. Comment pouvez-vous répondre à une concurrence qui fonctionne à la vitesse de la lumière ? La réponse est simple : il faut innover en permanence.

Nous rentrons dans une ère où les consommateurs font de plus en plus d'arbitrages. Ils sont de moins en moins intéressés par des solutions sophistiquées et complexes. Au contraire, ils veulent de l'innovation qui soit simple et utile. Ils disent : « Si un produit (ou service) est d'assez bonne qualité et à un prix beaucoup moins cher, pourquoi m'en priver ? » Par conséquent, les grandes marques doivent apprendre à créer de l'innovation qui soit claire, nette, évidente, et qui contribue à l'amélioration de la vie des gens.

Dans les pays développés, juste après la Deuxième Guerre mondiale, la posture des entreprises était la *réponse aux besoins* (c'était l'ère de la production de masse) ; puis, les entreprises ont appris à *créer des besoins* (l'ère des médias de masse). Même aujourd'hui, les entreprises occidentales continuent de raisonner en termes de création de besoins. Par conséquent, elles passent un temps très long à développer de nouveaux produits, et conduisent ensuite plusieurs tests de marché, tout aussi coûteux en temps. Une telle approche de l'innovation, longue et séquentielle, risque d'être décimée par les nouvelles technologies, comme le Smartphone, et l'émergence des réseaux sociaux comme Facebook. On est en effet passé de l'ère du progrès continu à l'âge du présent perpétuel (*Age of Now*). Et c'est même mieux que ça, on est en plein dans l'âge du maintenant ou jamais (*Age of Now or Never*) : les consommateurs impulsifs armés d'un Smartphone veulent non seulement des réponses individualisées, mais ils les veulent tout de suite – sinon, la fenêtre d'opportunité pour les servir vous est irrévocablement fermée.

Ce qui est fascinant, c'est que les pays émergents, qui sont encore dans la phase de la « réponse aux besoins », sont en même temps en train de faire un grand bond en avant dans l'adoption des technologies avancées, comme le mobile (l'Inde a déjà 900 millions d'utilisateurs). Ce croisement unique entre « réponse aux besoins primaires » et « nouvelles technologies » va générer dans ces pays des solutions radicalement innovantes qui seront très personnalisées et offriront aux utilisateurs d'énormes gains en termes de coût et de temps.

Il est temps de transformer la façon même dont les entreprises innovent. L'ancienne l'approche était : « J'ai une idée géniale ; je vais mettre 10 ans pour la développer et une fois qu'elle sera mise sur le marché, tu verras que j'avais raison. » La nouvelle approche doit être : « J'ai une idée, je vais la mettre sur le marché de manière frugale, recevoir un feedback rapide, itérer sur mon développement et relancer ce cycle. » Cette nouvelle approche est beaucoup moins gourmande en temps et en ressources financières.

C'est un peu l'approche suivie par les start-up de la Silicon Valley. Elles lancent tout d'abord un produit avec des fonctionnalités minimales qui offre suffisamment de valeur pour qu'un consommateur puisse juger de sa qualité et réagir. Ensuite, en fonction du feedback préliminaire des clients, ces start-up améliorent leurs produits de manière incrémentale. Cette approche itérative est plus simple, plus rapide, plus efficace, et plus utile. Prenez Facebook : le jour ou Mark Zuckerberg a mis la première version de son logiciel sur le marché, il ne s'est pas dit : « Je vais créer un réseau social de 1 milliard d'utilisateurs. » Ce réseau social s'est créé de manière organique. Et le logiciel Facebook a connu plusieurs itérations avant de devenir ce qu'il est aujourd'hui. Facebook est un logiciel dynamique et « vivant ».

Mais cette approche d'innovation frugale et flexible de la Silicon Valley ne pourra prendre racine au sein d'une grande organisation que si cette dernière tolère le risque. La barrière numéro 1 à l'innovation c'est l'aversion au risque. Ne pas avoir le courage d'accepter l'échec vous fait repousser aussi longtemps que possible la prise de décision (de lancer le produit sur le marché) ; les décideurs multiplient les tests de marché et continuent à vouloir ajouter des fonctionnalités ; à la fin, on finit par créer un produit « monstrueux », qui ne répond à aucune attente sur le marché. Il est donc impératif d'avoir un leadership courageux qui soutienne et accompagne les équipes d'innovation et les encourage à prendre des risques et à tirer les leçons des échecs. Mais la bonne nouvelle est qu'en adoptant la méthode d'innovation frugale et flexible – l'approche jugaad – pratiquée à la fois par les entrepreneurs des pays émergents et ceux de la Silicon Valley, les grandes entreprises occidentales peuvent réduire drastiquement le coût de l'échec et générer une croissance « intelligente ».

Nestlé est une entreprise qui a osé prendre des risques en investissant dans le projet Nespresso. La compétence clé de Nestlé est de vendre des produits de masse. Or Nespresso représentait une gamme de produits premium destinée au départ à une niche. Nestlé aurait très bien pu tuer dans l'œuf le projet Nespresso. Mais Peter Brabeck-Letmathe, ancien president de Nestlé, a vu le vrai potentiel de Nespresso et a donc créé une unité séparée pour développer et commercialiser ce produit de rupture. Les dirigeants de cette nouvelle unité ont aussi démontré leur goût du risque et leur agilité d'esprit quand ils ont décidé de repositionner Nespresso pour le marché grand public (Nespresso était initialement destiné au marché B2B). Cette prise de risque a bien servi Nestlé, vu le succès phénoménal de Nespresso qui, rien qu'en France, représente 5 % du volume de café vendu et 20 % en valeur.

Le monde des agences de publicité dont nous faisons partie est lui aussi en train de subir de profonds bouleversements. Notre métier est déstabilisé par les mutations technologiques digitales et connaît une grande rupture. Aujourd'hui, les agences et les annonceurs n'ont plus le monopole de l'information sur les marques et les produits – et les campagnes top down n'influencent plus les consommateurs et leurs décisions d'achat de la même façon qu'il y a 20 ans. La preuve : la source d'information numéro 1 pour les produits, ce sont les réseaux sociaux, et la raison numéro 1 d'achat est la recommandation des amis et de la famille. En gros, on peut passer son temps à dire à nos clients que le monde change, mais si on ne change pas sa propre organisation, ça ne sert à rien.

L'objectif de mon agence demeurera toujours le même : comment apporter à mes clients mes idées les plus créatives, celles qui vont toucher leurs cibles et aider à forger la relation la plus forte possible avec leurs clients. Mais la manière d'arriver à cet objectif aujourd'hui n'est plus la même qu'il y a 10 ans.

Dans les agences, on continue de travailler avec des structures et des procédés hérités des années 1940-1950 : fonctions très spécialisées opérant en silos et processus de développement séquentiel et chronophage. Ce modèle taylorien fonctionnait à merveille dans un monde stable où vous essayiez de promouvoir un produit (disons la lessive) à travers quatre canaux maximum (télé, radio, presse, affichage). Aujourd'hui, le monde est beaucoup plus complexe et dynamique : une marque couvre des dizaines de marchés différents et les messages promotionnels peuvent être déclinés à travers des centaines de canaux. La mission de la publicité n'est plus d'influencer les consommateurs mais de les engager dans des conversations. Mais comment le faire de manière efficace ? Voilà la vraie question compte tenu des milliers de points de contact possibles avec les consommateurs et des millions de conversations possibles.

Depuis deux ans, je fais bouger les choses au sein de Saatchi & Saatchi afin que l'on fasse preuve d'agilité dans ce monde en pleine mutation. Par exemple, nous organisons nos équipes pour qu'elles travaillent toutes sur le même projet de manière transversale. Cette structure collaborative facilite la transparence dans la communication entre les fonctions. Cela permet par exemple à nos créatifs de mieux comprendre les objectifs globaux dès le départ. Cette approche permet aussi de compresser les cycles de développement pour intégrer le plus vite possible nos clients dans le process et de tester rapidement des concepts sur le marché afin d'obtenir un feedback instantané.

De plus, surtout grâce à notre fusion avec Duke, nous disposons maintenant de talents et d'expertises complémentaires qui nous permettent de mieux anticiper et répondre aux changements technologiques. Par exemple, nous avons maintenant des « creative technologists » qui assument deux rôles complémentaires. D'une part, ils font de la veille technologique et peuvent identifier des logiciels ou des start-up prometteuses, que l'on pourrait intégrer dans nos futures offres ; d'autre part, ils peuvent nous aider à optimiser et concrétiser nos idées créatives dans les temps et dans les budgets grâce à des solutions technos qu'eux seuls connaissent. De la même façon, il y a dix ans, nous n'avions pas de responsables de réseaux sociaux ; aujourd'hui, nous ne pourrions pas nous en passer !

Cette réorganisation de notre entreprise a porté ses fruits en termes de vitesse accrue d'exécution. Dans notre métier, le temps vaut de l'or. Plus vous économisez en temps, plus vous gagnez en compétitivité. De plus, les opportunités sont éphémères : il faut savoir les saisir rapidement. Donc l'agilité et la vélocité sont de grandes sources de compétitivité. C'est d'ailleurs pour cela que j'ai rattaché Duke à Saatchi & Saatchi. Quand je rencontre mes clients, je ne présente pas mon entreprise comme une agence de pub mais comme une plateforme ouverte de développement d'idées. Cette ouverture à la fois aux consommateurs et aux partenaires externes est essentielle ; sinon on ne peut pas innover rapidement. Notre métier de base restera le même (la conception) mais nous allons de plus en plus « ouvrir » l'exécution aux talents et experts les plus pointus selon les projets afin de gagner en agilité et en qualité.

CHAPITRE 3

PRINCIPE DEUX

Faire plus avec moins

« Si j'avais un dollar à dépenser, j'investirais dans la résolution du principal problème actuel : l'économie de la rareté. »
Jeffrey Immelt, P.-D.G. de GE[1]

Gustavo Grobocopatel est un agriculteur argentin d'origine russo-juive de la quatrième génération. Pendant trois générations, sa famille a suivi un modèle agricole de subsistance. Le rêve de Grobocopatel était de sortir de ce moule et de faire quelque chose de plus ambitieux. Mais sa vision a été entravée par un manque de moyens[2].

Tout d'abord, Grobocapatel a eu du mal à se procurer de grands lopins de terre. Bien que l'Argentine soit vaste, dotée d'un sol riche et d'un climat favorable, les terres agricoles sont effectivement difficiles à trouver ; seulement 10 % d'entre elles sont arables et une grande partie est contrôlée par quelques propriétaires qui hésitent à s'en séparer[3].

Ensuite, Grobocopatel a été confronté à une pénurie de main-d'œuvre qualifiée. L'agriculture est un travail intensif qui requiert de nombreux bras, pour fertiliser, planter et entretenir les terres.

En Argentine, ce type de main-d'œuvre n'est disponible qu'en quantité limitée, elle n'est pas organisée et est dispersée dans tout le pays, de sorte qu'il s'avère coûteux d'embaucher des travailleurs, en particulier au pic de la saison des récoltes[4].

Enfin, Grobocopatel n'avait pas de capital pour acheter le matériel agricole dont il avait besoin pour cultiver à grande échelle sans avoir à recourir à de la main-d'œuvre. Les possibilités de financement des nouvelles entreprises sont très limitées en Argentine[5].

Au lieu de renoncer, Grobocopatel a conçu et mis en œuvre un modèle économique ingénieux. Il a *loué* des terres plutôt que de les acquérir. Il a réglé le problème de la pénurie de main-d'œuvre en *sous-traitant* toutes les étapes de l'activité agricole à un réseau spécialisé de prestataires de services, ou en les confiant à des travailleurs indépendants qu'il n'a engagé que lorsque c'était nécessaire. Enfin, il a surmonté les difficultés liées au coût des équipements et à l'accès au capital en *louant* le matériel auprès d'un réseau de petites entreprises locales.

En tirant parti intelligemment d'un réseau de 3 800 petites et moyennes entreprises agricoles, la société de Grobocopatel, Los Grobo, « légère en capital », s'est révélée capable de faire « plus avec moins ». En surmontant le scepticisme de ses pairs, cet entrepreneur jugaad a prouvé la valeur de son modèle. En 2010, Los Grobo est devenu le deuxième producteur de céréales en Amérique latine ; il cultive plus de 300 000 hectares, commercialise 3 millions de tonnes de céréales par an et génère 750 millions de dollars de chiffre d'affaires, le tout sans posséder une once de terre ni le moindre engin agricole. Après avoir réussi en Argentine, Los Grobo exporte maintenant son modèle agricole frugal au Brésil, en Uruguay et au Paraguay, où il aide les agriculteurs à produire plus avec moins en s'adaptant aux différents contextes locaux.

Les marchés émergents regorgent d'innovateurs comme Grobocopatel. Face à la rareté dans tous les domaines, ces innovateurs jugaad ont maîtrisé l'art de faire plus avec moins. Dans ce chapitre, nous allons examiner la mentalité des innovateurs jugaad et présenter des exemples d'entreprises qu'ils dirigent afin de mieux comprendre comment ils créent plus de valeur avec moins de ressources. De nombreux facteurs empêchent les entreprises occidentales d'adopter le « faire plus avec moins ». Pourtant, cette approche devient un impératif pour les raisons que nous avons évoquées précédemment. En effet, il est clair que les sociétés occidentales qui réussissent à adopter des méthodes d'innovation frugale sont susceptibles, dans les temps difficiles qui s'annoncent, de se positionner très avantageusement face à des concurrents.

LA RARETÉ EST MÈRE DE L'INVENTION

Même pour un observateur non averti, ce qui frappe chez les innovateurs jugaad des pays émergents est leur état d'esprit *frugal*. Ces entrepreneurs et managers – qu'ils viennent d'Argentine, du Brésil, de Chine, d'Inde, du Kenya, du Mexique ou des Philippines – sont constamment à la recherche de nouvelles méthodes pour faire plus avec moins et offrir une plus grande valeur aux consommateurs, à moindre coût. Pourquoi cet état d'esprit est-il si bien ancré chez les innovateurs jugaad ? Il représente une réponse rationnelle à la rareté généralisée dans leur environnement. Comment se fait-il que les innovateurs jugaad soient si doués pour faire « plus pour moins cher » ? Pour eux, être frugal n'est pas un luxe, c'est la clé de la survie. Alors que dans la Silicon Valley, les entrepreneurs opèrent généralement dans un environnement abondant en ressources, les entrepreneurs jugaad sont confrontés à la pénurie dans tous les domaines.

Premièrement, ils doivent composer avec la rareté du capital : la disponibilité en ressources financières est fortement contrainte dans les économies émergentes. Les banques sont prudentes, et les réseaux d'investisseurs en capital-risque ou de *business angels* sont sous-développés. Par exemple, 80 % des entrepreneurs sud-africains ont des difficultés à accéder au crédit[6]. Les innovateurs jugaad ne peuvent donc pas se permettre d'investir dans des équipements de R&D, très coûteux. Cela se vérifie notamment en Inde qui ne consacre que 0,8 % de son PIB à la R&D (contre 3 % dans les pays développés), et dont la part du secteur privé dans ces dépenses n'est que de 20 %[7].

Deuxièmement, les innovateurs jugaad, nous l'avons vu, doivent faire face à la rareté des ressources naturelles. Dans les pays émergents, les matières premières, l'eau et l'électricité sont chères et difficiles à obtenir de façon régulière. Cela rend le lancement et la gestion des nouvelles entreprises, en particulier dans le secteur manufacturier, coûteux et compliqués.

Troisièmement, les entrepreneurs jugaad font face à une pénurie de talents et de gens qualifiés. Les pays émergents comme l'Inde, le Brésil ou la Chine ont d'énormes populations, mais les professionnels suffisamment qualifiés pour installer, utiliser et maintenir des équipements complexes et spécialisés sont en nombre insuffisant. Selon une enquête menée par Manpower, 67 % des entreprises en Inde et 57 % au Brésil ont des difficultés à trouver des techniciens, des commerciaux, des ingénieurs ou des informaticiens qualifiés. Il est également difficile de vendre des dispositifs médicaux complexes dans les zones rurales en raison du manque de médecins qualifiés, ou de vendre des PC dans les écoles de villages où les enseignants n'ont pas de formation informatique[8].

Enfin, les innovateurs jugaad sont confrontés à une pénurie d'infrastructures de qualité dans les pays émergents. Avec des routes en mauvais état et des moyens de transport limités, il est difficile de livrer en temps et en heure des marchandises et des services dans des lieux reculés. Le coût d'une telle prestation devient un défi de taille, ce qui limite de facto l'accès aux marchés dans les économies émergentes.

En plus de la pénurie généralisée, les innovateurs jugaad doivent également composer avec une clientèle exigeante et frugale. Les consommateurs de base ont un très faible revenu disponible. À titre d'exemple, 300 millions d'Indiens gagnent moins de 1 dollar par jour. Bon nombre d'entre eux font très attention à ce qu'ils achètent, forçant les innovateurs jugaad à repenser radicalement les niveaux de prix : leurs offres doivent être extrêmement abordables. De plus, ces consommateurs, même s'ils ont de bas salaires, n'en ont pas moins de grandes exigences. Compte tenu de leurs fortes aspirations, ils rejettent les nouveaux produits qui n'offrent pas une valeur sensiblement supérieure à ceux qui existent déjà.

Enfin, la base des consommateurs dans les pays émergents est immense mais aussi très diversifiée. Des marchés comme la Chine, le Brésil ou l'Inde représentent des millions de consommateurs. Mais ces consommateurs ne constituent pas du tout un groupe homogène. Pour offrir plus de valeur à une clientèle vaste et diversifiée, les innovateurs jugaad doivent aussi trouver des moyens astucieux pour mettre en œuvre des économies d'échelle et de gamme dans tout ce qu'ils produisent.

La rareté généralisée et la nature exigeante des consommateurs font des innovateurs jugaad des maîtres de la frugalité. Examinons comment ils parviennent à « faire plus avec moins ».

ÊTRE DÉBROUILLARD DANS UN ENVIRONNEMENT OFFRANT PEU DE RESSOURCES

Les innovateurs jugaad sont en mesure d'obtenir plus avec moins en appliquant les principes de frugalité dans toutes leurs activités et à chaque étape de la chaîne de valeur. Ils sont économes dans leur façon de concevoir les produits, dans la fabrication, dans la livraison, et dans la maintenance et l'après-vente. Leur sens de la frugalité apparaît non seulement dans l'utilisation parcimonieuse qu'ils font du capital et des ressources naturelles, mais aussi dans la façon d'optimiser leur temps et leur énergie : plutôt que de tout faire eux-mêmes, ils s'appuient largement sur des prestataires partenaires pour effectuer une multitude d'opérations, économisant ainsi du temps et de l'énergie. Voici quelques approches employées par les innovateurs frugaux jugaad.

Réutiliser et recombiner

Plutôt que de créer quelque chose d'entièrement nouveau, en partant de zéro, les innovateurs jugaad vont préférer réutiliser ou chercher de nouvelles combinaisons de technologies et de ressources existantes, à la fois pour trouver des solutions nouvelles et les commercialiser. Par exemple, Zhongxing Medical, fabricant chinois de dispositifs médicaux, a emprunté la technologie Digital Direct X-ray (DDX) à sa société mère (Beijing Aerospace) – qui ne l'utilisait pas de manière efficace – et l'a repensée pour des applications quotidiennes telles que la radiographie des poumons. Résultat, ses machines à rayons X ne coûtent que 20 000 dollars à fabriquer, contre 150 000 dollars pour l'équivalent chez GE ou Philips (qui utilisent le DDX uniquement pour des applications haut de gamme). En créant des applications grand public à faible coût à partir d'une technologie sous-utilisée, Zhongxing a conquis 50 % du marché chinois des machines à rayons X, contraignant son rival GE à réduire ses prix de 50 %, tandis que Philips, incapable de rivaliser, s'est retiré de ce segment de marché en Chine[9].

Dans les pays africains, les innovateurs jugaad mettent à profit les réseaux existants de téléphonie cellulaire pour concevoir des modèles économiques frugaux fournissant des services (de santé, bancaires…) abordables à un plus grand nombre de personnes. Au Kenya, par exemple, seulement 10% de la population a accès aux services bancaires. Pourtant, la pénétration du mobile est supérieure à 50 %. Sentant une opportunité, Safaricom, fournisseur de services de télécommunications locales détenu à 40 % par la société britannique Vodafone, a lancé en 2007 un service appelé M-PESA. Il s'agit d'un système de messagerie SMS qui permet de faire des achats, d'épargner et de transférer de l'argent par téléphone mobile à un coût bien inférieur au coût des services de transfert comme Western Union, et ceci sans avoir de compte bancaire. Les utilisateurs de M-PESA peuvent convertir de l'argent liquide en monnaie électronique, qu'ils ont la possibilité de stocker sur leur téléphone portable auprès des centaines de centres M-PESA, y compris des commerces familiaux de village qui agissent comme agents M-PESA. En recevant des espèces d'un utilisateur M-PESA, les agents du réseau transfèrent l'équivalent en monnaie électronique (e-money) sur le téléphone de l'utilisateur. Ce dernier peut alors transférer par SMS la totalité de cette monnaie électronique soit à un agent M-PESA soit à un autre utilisateur de M-PESA. Toute la monnaie électronique en circulation est garantie par l'argent réel détenu sur un compte bancaire et géré par Safaricom. Le système est protégé contre la fraude tout en évitant aux utilisateurs d'avoir leur propre compte bancaire. À ce jour, plus de quatorze millions de Kenyans – soit 68 % de la population adulte du pays – ont adhéré à M-PESA. C'est beaucoup plus que le nombre de personnes titulaires d'un compte en banque[10] ! Les travailleurs qui ont migré dans les villes kenyanes utilisent maintenant systématiquement M-PESA en toute sécurité et à moindre coût pour transférer leur salaire à leur famille, qui demeure dans des villages éloignés[11].

Rester frugal en capital

Une deuxième stratégie des innovateurs jugaad pour obtenir plus avec moins est d'utiliser les actifs des autres comme leviers pour intensifier leurs modèles économiques. C'est précisément ce que Gustavo Grobocopatel fait en Argentine. Il n'est guère le seul : de nombreux entrepreneurs jugaad des pays émergents choisissent un modèle économique léger en capital, avec aussi peu d'immobilisations que possible dans leur bilan. Ainsi, au lieu de posséder du matériel, ils le louent ou le partagent. Cette approche permet non seulement d'alléger leur structure de coûts mais surtout de répondre aux fluctuations de la demande sans avoir à investir dans des actifs supplémentaires.

Les sociétés indiennes de téléphonie mobile comme Bharti Airtel ont utilisé cette stratégie frugale, non seulement pour démarrer, mais aussi pour faire de leurs réseaux l'un des plus vastes et compétitifs du monde. Au début des années 2000, alors que le téléphone portable connaît un essor fulgurant en Inde, la société Airtel manque à la fois de capital et de technologies alors qu'elle doit développer rapidement ses opérations. Sans se décourager, le président d'Airtel, Sunil Mittal, décide d'utiliser une approche jugaad : sans complexe, il externalise l'ensemble des activités – hormis le marketing – les confiant à des partenaires qui ont le capital, la technologie, voire les deux[12]. Aujourd'hui, IBM gère les infrastructures informatiques d'Airtel tandis qu'Ericsson et Nokia-Siemens Networks (NSN) gèrent les infrastructures de réseau. Le cas Airtel constitue le premier exemple d'une société indienne externalisant ses opérations vers des entreprises occidentales, pour le bénéfice de tous.

Avec près de 250 millions d'abonnés dans le monde aujourd'hui, Airtel est le plus grand service de télécommunications « sans actifs » dans le monde. Il est également le premier fournisseur de téléphonie mobile qui a osé externaliser toute son infrastructure réseau (la plupart des opérateurs télécoms préfèrent en général le posséder et le gérer en interne compte tenu de son caractère stratégique). Son modèle de fonctionnement frugal lui permet d'offrir une meilleure valeur à ses clients, à moindre coût. En transformant des coûts fixes de technologie en coûts variables, Airtel a non seulement réussi à obtenir plus pour moins cher, mais il l'a également fait à une vitesse vertigineuse, à un moment où le réseau Airtel gagnait près de dix millions d'abonnés par mois.

Tirer parti des réseaux de distribution existants

La troisième stratégie des innovateurs jugaad pour faire « plus avec moins » consiste à résoudre le problème du « dernier kilomètre », c'est-à-dire la difficulté d'atteindre à moindre frais des personnes vivant dans des endroits difficiles d'accès. Plutôt que d'investir dans des réseaux logistiques coûteux, ils utilisent les réseaux existants. Ils s'appuient en particulier sur des partenaires de terrain dans les communautés locales pour toucher plus de clients et personnaliser leurs offres. Ces partenaires distributeurs sont souvent eux-mêmes des micro-entrepreneurs. En se servant des puissants réseaux sociaux existants, auxquels les consommateurs locaux font confiance, les innovateurs jugaad peuvent compenser le mauvais état des infrastructures physiques dans les pays émergents.

Plus important encore, en mobilisant des entrepreneurs locaux comme partenaires dans la distribution, les innovateurs jugaad assurent leur propre viabilité financière tout en créant de nouveaux débouchés économiques pour les gens des communautés locales. Par exemple, le fabricant de dentifrice Colgate Palmolive a renforcé son réseau logistique pour servir les villages les plus reculés d'Inde en créant un réseau de jeunes issus des communautés locales, qui utilisent leur vélo pour transporter quelques produits d'hygiène buccale. Ces vendeurs vont de village en village avec leurs « micro-magasins sur roues », résolvant ainsi le problème du « dernier kilomètre ». Cette solution coûte moins cher à Colgate que la mise en place d'unités de distribution spécifiques dans ces villages. De plus, il procure des avantages aux communautés locales : l'amélioration de la santé et de l'emploi pour des jeunes[13].

Autre exemple, celui de MicroVentures – cofondé en 2006 aux Philippines par Bam Aquino, neveu de l'ancienne présidente Corazon Aquino –, qui s'est lancé dans un large éventail de produits de consommation et de services accessibles aux consommateurs de « la base de la pyramide » (socio-économique), ou BOP (*base of the pyramid*)[14]. Plutôt que de mettre en place son propre réseau de distribution – tâche coûteuse et presque impossible étant donné la fragmentation du marché BOP, réparti entre des milliers de villages – MicroVentures s'est servie d'un réseau logistique existant composé de 800 000 magasins de quartier comme levier. Ces minuscules magasins, appelés « sari-sari », qu'on trouve dans l'ensemble des 7 000 îles de l'archipel philippin, sont dirigés par des femmes entrepreneurs qui les gèrent comme une extension de leurs propres maisons[15]. MicroVentures a utilisé un modèle connu, celui de la franchise de conversion, qui consiste à convertir un réseau de magasins existants, gérés indépendamment, en un réseau connu sous une marque, en l'occurrence le programme Hapinoy[16]. En convertissant les magasins sari-sari existants en magasins communautaires portant la marque Hapinoy, MicroVentures a très rapidement élargi son réseau de distribution : 10 000 magasins sari-sari ont ainsi rejoint le programme Hapinoy depuis 2007. Bam Aquino estime même que leur nombre pourrait aller jusqu'à 100 000 dans les années à venir. Il est intéressant de noter qu'un certain nombre de magasins sari-sari qui ont rejoint le programme Hapinoy sont également membres de CARD IRM, la plus grande institution de microfinance des Philippines, avec qui MicroVentures a établi une synergie partenariale.

Les femmes qui possèdent des magasins sari-sari profitent de nombreux avantages en rejoignant le programme Hapinoy :

1. Elles payent moins cher leur approvisionnement en produits parce que MicroVentures peut négocier des prix de gros auprès des fabricants de biens de consommation en agrégeant la demande des magasins Hapinoy.
2. Elles peuvent générer beaucoup plus de revenus en proposant une plus grande variété de biens et de services à valeur ajoutée, tels que le paiement par mobile, fournis par des partenaires de MicroVentures.
3. Elles apprennent à gérer et développer leurs activités de façon plus professionnelle car elles reçoivent une formation personnalisée de la part de MicroVentures dans des domaines tels que la gestion des stocks, le marketing, le leadership et le développement personnel.

Aquino explique : « Plutôt que de construire un réseau logistique à partir de zéro, notre modèle d'entreprise s'appuie sur le réseau humain des femmes micro-entrepreneurs qui possèdent les magasins sari-sari. En s'appuyant sur une infrastructure de distribution locale existante, nous avons créé une solution durable qui profite à tous les membres des communautés BOP. Premièrement, leurs consommateurs accèdent à une plus grande variété de biens et de services abordables. Deuxièmement, les propriétaires de magasins sari-sari dans les villages augmentent sensiblement leurs revenus en rejoignant le programme Hapinoy, grâce auquel elles améliorent leur propre vie et apportent une contribution significative à leurs communautés. Et troisièmement, un nombre croissant de micro-producteurs dans les villages peuvent désormais étendre leur marché en rejoignant notre réseau de distribution. Notre vision est de transformer le programme Hapinoy en un équivalent social de l'iPad : une plateforme permettant aux membres du réseau [les femmes micro-entrepreneurs] d'accéder à des centaines d'applications sociales – c'est-à-dire des produits et des services offerts par nos partenaires. Les membres de notre réseau peuvent choisir les applications spécifiques [produits/services] qui offrent le plus d'avantages à leurs communautés locales[17]. »

AIDER LES CLIENTS À OBTENIR PLUS

En s'appuyant sur un modèle frugal, les innovateurs jugaad s'efforcent non seulement de réduire leurs propres coûts, mais aussi de transmettre de la valeur aux consommateurs. Ainsi, contrairement à leurs homologues occidentaux, ils ne cherchent généralement pas à séduire leurs clients avec des fonctionnalités gadget ou les plus récentes technologies, mais ils apportent des solutions minimalistes qui offrent une valeur supérieure et améliorent la vie des gens. Autrement dit, ils aident leurs clients en leur offrant des produits et services de qualité à des prix très abordables.

En 2010, par exemple, Cummins Infosystems KPIT, société indienne de services en ingénierie électronique, également prestataire de services informatiques, a lancé Revolo, un système d'alimentation hybride parallèle à moindre coût pour les voitures. Revolo a été créé par Tejas Kshatriya, ingénieur de KPIT Cummins, qui en a eu l'idée alors qu'il était coincé dans un embouteillage à Bombay en 2008. Le kit Revolo installé dans un véhicule à essence permet de le convertir en véhicule hybride. Ce kit de conversion comprend une batterie rechargeable, un moteur électrique et une poulie, qui peuvent être installés dans la plupart des voitures en six heures seulement par un garagiste certifié par KPIT Cummins.

Revolo fonctionne de façon optimale en circulation urbaine discontinue car il capte l'énergie cinétique générée à chaque fois que les freins sont actionnés et la stocke dans ses batteries pour une utilisation ultérieure. Les tests montrent que la technologie améliore l'efficacité énergétique de plus de 35 % et réduit les émissions de gaz à effet de serre d'au moins 30 %. Plus important, pour un prix compris entre 1 300 et 3 250 dollars sur le marché indien (environ 5 000 dollars sur les marchés occidentaux), le système Revolo coûte 80 % de moins que les autres systèmes hybrides[18]. Revolo peut être installé sur n'importe quelle voiture, quels que soient sa marque et son âge, sans interférer avec la configuration du constructeur automobile. KPIT estime qu'une utilisation quotidienne moyenne de 50 kilomètres permet d'amortir le kit en moins de deux ans. C'est clairement un jeu gagnant-gagnant pour les propriétaires de voitures et les constructeurs automobiles. Ravi Pandit, directeur général de KPIT Cummins, fait remarquer : « Avec Revolo, nous avons trouvé une solution abordable pour transformer une voiture à essence en véhicule hybride respectueux de l'environnement, économe en carburant mais aussi de haute performance.

Avec Revolo, les propriétaires de voitures obtiennent plus de valeur à moindre coût[19]. »

KPIT Cummins négocie actuellement des accords de licence avec plusieurs constructeurs automobiles américains et européens désireux de proposer Revolo en service après-vente tout en explorant la possibilité de l'intégrer à long terme dans leurs futurs modèles. La production à grande échelle de Revolo devrait démarrer en 2013[20]. Il est intéressant de noter que le développement de cette technologie a coûté moins de 2 millions de dollars à KPIT, beaucoup moins que le développement d'une nouvelle voiture, qui s'élève en moyenne à un milliard de dollars[21].

Comment les innovateurs jugaad évaluent-ils la valeur apportée à leurs clients et jusqu'à quel point ces derniers sont-ils prêts à payer pour cette valeur ajoutée ? Plutôt que de considérer ces questions de façon abstraite, comme dans un laboratoire de R&D, les innovateurs jugaad passent du temps sur le terrain, observent et interagissent avec leurs clients potentiels pour identifier leurs besoins latents et leurs exigences. C'est alors seulement qu'ils se concentrent sur les éléments essentiels les plus pertinents d'une solution destinée à des clients uniques à tous égards. En d'autres termes, ils cherchent d'abord à déterminer la pertinence d'une solution. Armés de cette connaissance sur les *besoins* des clients plutôt que sur leurs *désirs*, les innovateurs jugaad créent de toutes pièces un produit ou un service approprié, ainsi qu'un modèle économique capable de répondre à ces besoins. Très souvent, ils n'y parviennent pas en un seul essai mais par tâtonnements, et après une expérimentation rapide, ils finissent par trouver l'ensemble des caractéristiques et le modèle économique susceptibles d'offrir la meilleure valeur au meilleur prix sur leur marché.

Un autre exemple jugaad va nous permettre d'illustrer cette démarche. Vingt millions de bébés naissent chaque année dans le monde prématurément ou avec un faible poids, et quatre millions d'entre eux meurent, la plupart dans les pays en développement. Ceux qui survivent souffrent souvent de déficiences intellectuelles, de diabète ou de maladies cardiaques quand ils atteignent l'âge adulte. Bon nombre de ces décès et de ces maladies pourraient être évités si ces bébés prématurés étaient simplement gardés au chaud. Malheureusement, les solutions actuelles pour réchauffer les bébés dans les pays en développement sont soit coûteuses – les incubateurs vendus dans les pays occidentaux coûtent jusqu'à 20 000 dollars et nécessitent de l'électricité, précisément rare dans les pays en développement –, soit dangereuses – c'est le cas lorsque les bébés sont placés sous des ampoules nues.

Jane Chen, Linus Liang, Naganand Murty et Rahul Panicker ont cofondé Embrace pour apporter une solution à ce problème. Ils ont eu l'idée d'un modèle d'incubateur frugal alors qu'ils suivaient le programme « Entrepreneurial Design for Extreme Affordability » de l'université de Stanford. Après avoir mis au point le prototype d'une première version simplifiée d'incubateur traditionnel électrique, ils se sont rendus au Népal pour le tester dans un hôpital urbain. Mais ils ont vite constaté que 80 % des bébés qui meurent prématurément dans un pays en développement comme le Népal naissent à la maison, dans des villages loin des hôpitaux bien équipés et, surtout, sans un accès régulier à l'électricité.[22]

Cette observation les a amenés à reconsidérer fondamentalement leur cible, c'est-à-dire leurs usagers, d'une part les médecins et d'autre part les parents de ces bébés. Ils ont alors cherché à identifier les caractéristiques des produits qui apporteraient le plus de valeur à ces utilisateurs. Cette enquête a conduit à concevoir un incubateur portable – il ressemble à un minuscule sac de couchage – qui a l'avantage d'offrir aux mères une plus grande mobilité et un contact plus intime avec leurs bébés. Le sac contient une poche PCM (Phase-Change Material), un matériau similaire à la cire, qui garde les bébés au chaud pendant six heures à une température corporelle normale. Non seulement cet incubateur est facile à utiliser, mais le temps nécessaire pour qu'il soit chaud n'excède pas trente minutes (la poche PCM est chauffée grâce à un appareil électrique portable livré avec le produit). En outre, cette conception concorde bien avec la pratique recommandée des « soins kangourou », qui consiste à tenir le bébé contre son corps (d'où le nom de la société, « Embrace »)[23]. Plus important encore, l'incubateur portable Embrace coûte moins de 2 % du prix des incubateurs disponibles sur les marchés occidentaux.

En 2011, Embrace a introduit ce produit en Inde, où 1,2 million de bébés prématurés décèdent chaque année. Les premiers résultats ont été très encourageants. Au préalable, une étude effectuée sur une vingtaine d'enfants avait validé la sécurité et l'efficacité du système, puis une étude clinique plus poussée avait été faite sur 160 bébés prématurés. Par exemple, un bébé d'un peu moins d'un kilo né dans un village près de Bangalore, dans le sud de l'Inde, a été maintenu dans l'incubateur Embrace pendant vingt jours et a commencé à prendre du poids, à la grande joie de ses parents, qui avaient auparavant perdu deux bébés.

Embrace utilise des techniques rapides pour collecter les commentaires de ses clients ruraux sur toute nouvelle fonctionnalité de ses produits et sur le ciblage des caractéristiques qu'ils jugent eux-mêmes de la plus haute pertinence et d'une grande valeur. Par exemple, après avoir remarqué que les mères dans les villages indiens n'avaient pas confiance dans les afficheurs numériques qui indiquent la température, Embrace a remplacé l'échelle numérique par des symboles indiquant « OK » ou « Pas OK ». Par ailleurs, Embrace prévoit de livrer une future version de son produit destinée à des mères qui vivent dans des villages reculés n'ayant cette fois pas du tout d'électricité : dans cette version, la poche PCM sera chauffée et donc « rechargée » par un dispositif fonctionnant avec de l'eau chaude.

Embrace expérimente également des solutions de prix différentes – par exemple, la possibilité de louer – pour rendre son produit abordable dans des pays comme l'Inde, où des centaines de millions de personnes vivent dans des villages avec moins de 2 dollars par jour. « Les entrepreneurs tombent souvent amoureux de leur idée, produit ou modèle économique d'origine, et ne veulent pas écouter leurs clients », explique Chen. « Nous n'avons pour notre part aucun état d'âme, nous n'hésitons pas à modifier les caractéristiques et les prix de nos produits jusqu'à trouver une solution qui offre la meilleure valeur et au moindre coût à nos clients. Pour nous, l'innovation est un processus dynamique qui ne finit jamais[24]. »

Embrace est en train de négocier des partenariats avec des multinationales pharmaceutiques et d'équipements médicaux telles que GE. L'entreprise travaille également avec des ONG locales et se greffe sur leurs réseaux de distribution étendus pour rendre les incubateurs aussi accessibles que possible au plus grand nombre d'hôpitaux et de cliniques en Inde et dans d'autres pays. Enfin, Embrace teste son incubateur à l'hôpital pour enfants Lucile Packard de l'université de Stanford. Les entrepreneurs pensent qu'il y a un grand marché pour les produits Embrace aux États-Unis, où les taux de mortalité infantile sont parmi les plus élevés du monde développé. L'entreprise s'est fixé un objectif ambitieux : sauver la vie de plus de 100 000 bébés au cours des trois prochaines années, et prévenir des maladies chez plus de 700 000 bébés.

En somme, les innovateurs jugaad sont en mesure de trouver de l'abondance dans la rareté et de la partager avec les consommateurs confrontés à cette même rareté. Les innovateurs jugaad peuvent manquer de ressources financières, naturelles ou technologiques, mais ils compensent en trouvant des moyens ingénieux pour exploiter les réseaux sociaux, en apprenant à connaître intimement les consommateurs pour créer et offrir plus de valeur à moindre coût. À bien des égards, ils incarnent la phrase de Theodore Roosevelt : « Toutes les ressources dont nous avons besoin se trouvent dans nos esprits. »

BIENVENUE DANS L'ÈRE DE L'AUSTÉRITÉ

Si de prestigieuses institutions occidentales telles que GE ou l'hôpital pour enfants Lucile Packard à Stanford adoptent les incubateurs à bas coût d'Embrace, alors qu'ils ont accès à un grand nombre d'incubateurs occidentaux de haute performance, c'est qu'elles reconnaissent qu'une approche frugale est de plus en plus cruciale pour survivre en période d'austérité. Il est intéressant d'examiner les facteurs spécifiques qui façonnent cette nouvelle culture de l'austérité dans les économies occidentales.

- *De plus en plus de clients frugaux.* La récession a rendu les consommateurs occidentaux des classes moyennes beaucoup plus exigeants sur les prix qu'ils ne l'étaient dans les années fastes. De même, sur les marchés B2B (business-to-business), le pouvoir se déplace des acheteurs qui recherchent des gadgets et des fonctionnalités sophistiquées vers des acheteurs qui privilégient la juste valeur. Par exemple, dans les hôpitaux, les acheteurs d'équipements ne sont plus les médecins (qui, généralement, favorisent les technologies de pointe très chères), mais des gestionnaires plutôt soucieux des coûts[25].

• *La diminution des ressources naturelles.* Parce que le pétrole et l'eau nécessaires à la production d'énergie et de denrées alimentaires deviennent de plus en plus rares, les entreprises occidentales cherchent des moyens plus efficaces pour utiliser ces ressources quand elles sont disponibles. En outre, les consommateurs occidentaux sont de plus en plus respectueux de l'environnement et votent avec leur porte-monnaie pour des éco-marques qui emploient les ressources naturelles avec plus de modération.

• *La réglementation publique.* Les hommes politiques sont obligés de composer avec les groupes de pressions financiers et environnementaux. Par exemple, pour faire face à son énorme déficit budgétaire, le gouvernement américain demande aux grandes entreprises pharmaceutiques de concevoir davantage de médicaments accessibles à moindre coût. De même, la réglementation de plus en plus stricte en matière d'environnement oblige les constructeurs automobiles américains à développer des voitures moins gourmandes en carburant et émettant donc moins de gaz à effet de serre.

• *La concurrence à bas prix en provenance des pays émergents.* Dans toutes les industries, les entreprises occidentales sont confrontées à la concurrence des sociétés *low-cost* des pays émergents. Par exemple, les compagnies pharmaceutiques occidentales sont menacées par les fabricants de médicaments génériques en provenance du Brésil et d'Afrique du Sud – qui produisent et vendent moins cher –, les constructeurs automobiles occidentaux sont concurrencés par les constructeurs chinois et indiens qui produisent des véhicules électriques abordables et des voitures ultra-compactes ; enfin, les sociétés occidentales de téléphonie mobile comme Nokia et Apple sont concurrencées par des fabricants chinois de téléphones portables tels que HTC et Huawei.

• *La compétition des start-up occidentales innovantes.* Des start-up occidentales proposant des solutions à forte valeur ajoutée pour des consommateurs soucieux du prix font leur apparition dans tous les secteurs, de l'hôtellerie-restauration aux biens de consommation en passant par la mode. Ces start-up volent littéralement des clients aux grands acteurs traditionnels. Par exemple, Warby Parker, start-up fondée par quatre diplômés du MBA de la Wharton School (université de Pennsylvanie à Philadelphie) alors qu'ils étaient encore à l'école, tente de briser un oligopole – imprégné de l'ancienne philosophie du « plus pour plus » – dans le secteur de l'optique. La start-up propose des verres correcteurs de grande qualité pour seulement 95 dollars, une petite fraction du prix proposé par les fabricants de lunettes haut de gamme[26]. De plus, elle fournit davantage de valeur aux consommateurs car elle leur permet d'essayer des montures à la maison et leur propose de contribuer à une bonne cause en faisant don d'une paire de lunettes à chaque paire vendue.

Dans les pays occidentaux, les consommateurs frugaux et les concurrents réécrivent les règles d'engagement des fabricants et des distributeurs en les poussant à développer des produits et des services abordables et respectueux de l'environnement. En conséquence, les entreprises de ces pays sont contraintes de repenser leur façon de répondre aux aspirations et aux besoins de leurs clients, soucieux d'une juste valeur. Mais cela ne sera pas facile.

POUR LA PLUPART DES ENTREPRISES OCCIDENTALES, « PLUS » EST TOUJOURS « MIEUX »

En cette ère nouvelle de la rareté, les entreprises occidentales doivent apprendre à produire plus de valeur avec moins de ressources. Cependant, malgré les avantages du « faire plus avec moins », elles font face à des obstacles importants pour adopter cette approche.

Pour commencer, le *top management* de nombreuses entreprises est encore adepte de la stratégie gagnante ancienne du « plus pour plus ». Pour différencier leurs produits et faire face à la concurrence, ces grandes entreprises occidentales ont pris l'habitude de consacrer des sommes énormes à la R&D pour développer des produits souvent trop sophistiqués et surtout chers, pour lesquels les consommateurs devaient payer le prix fort. Jusqu'à présent, cette stratégie a fonctionné, parce que les consommateurs étaient en mesure de payer ces prix, et que ceux-ci permettaient en retour aux sociétés de récupérer leurs investissements massifs en R&D. Cependant, cette approche du « *bigger is better* » n'est plus viable, car les sociétés occidentales sont confrontées à des contraintes de ressources et les consommateurs se détournent des produits chers au profit d'offres d'un meilleur rapport qualité/prix.

Or, non seulement les directions sont encore liées à la stratégie du « plus pour plus », mais les cadres supérieurs des entreprises occidentales ne sont pas incités à rechercher des opportunités dans les segments à faible revenu, qu'ils perçoivent comme trop petits, non rentables, ou les deux. En outre, les marges que les entreprises peuvent réaliser dans ces segments de marché sont généralement faibles, même si le nombre de consommateurs potentiels dans ces segments à faible revenu peut être important ; ce sont des marchés qui nécessitent un investissement et du temps pour se développer et grandir. Les cadres supérieurs, pressés par les actionnaires d'obtenir des résultats trimestriels, n'ont donc pas la motivation nécessaire pour faire des investissements à long terme sur des marchés en croissance.

Du côté de la R&D, les ingénieurs occidentaux en sont venus à associer complexité et progrès. Ces ingénieurs viennent travailler chaque matin avec le désir de repousser les limites de la technologie. Pour bon nombre d'entre eux, « faire moins » signifie faire un pas en arrière plutôt qu'en avant ; par conséquent, ils ont tendance à concevoir des produits surchargés de fonctionnalités – dont les clients ne veulent pas nécessairement – et qui coûtent donc plus cher. Prenons un exemple relatif à l'automobile : la façon la plus efficace de faire des voitures bon marché et économes en carburant est de les rendre plus légères. Mais la poursuite de la technologie pour elle-même et la nécessité de différencier les voitures les unes des autres, a abouti, avec le temps, à les alourdir. Plus exactement, les concepteurs n'ont cessé d'ajouter aux voitures une infinité d'accessoires et de gadgets électroniques qui ont augmenté leur poids, et donc leur consommation de carburant, les rendant de facto plus, et non moins, coûteuses.

Allant à l'encontre de cette tendance, John Maeda, président de la Rhode Island School of Design, déclare : « Il n'est pas nécessairement bénéfique d'ajouter plus de fonctionnalités technologiques simplement parce que nous le pouvons. Les ingénieurs en R&D doivent faire de la simplicité frugale le principe de base de leur philosophie. Ils doivent concevoir pour le « monde réel » en pratiquant ce que j'appelle « l'incrémentation radicale », qui consiste à faire plus avec moins. Ne serait-il pas plus judicieux si, plutôt que de féliciter leurs équipes de R&D à coup de « Waouh ! Vous avez vraiment travaillé dur pour obtenir ce nouveau produit avec toutes ces options incroyables », les patrons disaient à leurs ingénieurs : « Waouh ! Vous n'avez presque rien fait et pourtant développé un produit minimaliste et qui ajoute de la valeur. Félicitations ! [27] » (Le chapitre 5 aborde la question de l'importance de la simplicité dans la conception de nouveaux produits et services.)

Les ingénieurs sont peut-être ceux qui créent des produits plus chers en accumulant des fonctionnalités complexes et des gadgets que les clients ne veulent pas, mais les directeurs des ventes jouent aussi un rôle dans cette dérive : le plus souvent, ils aiment vendre des produits chers. En fait, ils n'ont pas de motivation pour vendre des produits abordables, craignant que ces produits détournent les consommateurs de leurs offres plus chères, qui sont celles qui leur font gagner des commissions importantes. En outre, une idée fausse très répandue circule parmi les responsables des ventes, selon laquelle le marché des produits à faible prix est un marché de « niche », qui ne mérite pas, par conséquent, qu'on lui consacre du temps et des efforts. Ils ont du mal à reconnaître que même les clients traditionnels se détournent désormais des produits haut de gamme et recherchent des solutions abordables offrant une meilleure valeur à moindre prix. 78 % des consommateurs en ligne aux États-Unis se disent prêts, pour des biens personnels, à passer de leur marque actuelle à une autre dès lors que son prix sera plus bas[28]. D'après d'autres enquêtes, 22 % des clients des magasins « tout à un dollar » gagneraient 70 000 dollars ou plus par an. Lorsque l'Amérique des classes moyennes commence à fréquenter les magasins économiques ou d'occasions, la tendance est claire. (Dans le chapitre 6, nous explorons l'impact de la contraction de la classe moyenne américaine et européenne sur les entreprises.)

Malgré ces changements dans le comportement des consommateurs, les responsables du marketing dans les grandes entreprises continuent à assimiler le low-cost à une qualité médiocre, et craignent que la promotion d'offres à faible prix ne porte atteinte à l'image de marque de leur société. Mais dans cette nouvelle ère d'austérité, avec une classe moyenne qui diminue rapidement, ces responsables doivent reconsidérer l'expression « en avoir pour son argent », qui prévaut désormais même dans les segments milieu et haut de gamme des marchés.

Ainsi, les entreprises occidentales font face à un dilemme : elles sont confrontées à un nombre croissant de consommateurs économes réclamant des solutions abordables, mais leur culture d'entreprise et les systèmes d'incitation ne sont pas conçus pour faire « plus avec moins ». Avec l'accroissement de la rareté partout dans le monde, les chefs d'entreprise des pays occidentaux n'auront pas le choix : ils devront serrer les dents et inculquer un état d'esprit frugal dans leurs organisations. Une approche jugaad pourrait bien être la bonne façon de procéder à une telle transformation.

COMMENT LES ENTREPRISES OCCIDENTALES PEUVENT TROUVER L'ABONDANCE DANS LA RARETÉ

Pour réussir à l'ère naissante de la rareté, les dirigeants occidentaux doivent revoir leur approche de la R&D avec détermination, ainsi que leurs modèles économiques, systèmes d'incitation commerciale et de marketing, qui ont tous été conçus pour gagner à l'ère de l'abondance. Plutôt que de céder aux demandes de Wall Street de recherche de profits à court terme, les dirigeants des entreprises occidentales doivent restructurer leurs organisations pour renforcer leur capacité à long terme à concevoir et à fournir des solutions abordables et durables pour des consommateurs économes. Voici quelques suggestions pour entreprendre de tels changements systémiques.

Lier la rémunération des dirigeants seniors à la performance frugale

Il ne suffit pas pour les dirigeants d'adopter un état d'esprit frugal et de s'efforcer de faire plus avec moins. Ils doivent également encourager leurs cadres à faire de même, par exemple en liant la rémunération des cadres supérieurs à des indicateurs de performance visant à stimuler la frugalité. Prenons le cas de Ramón Mendiola Sánchez, P.-D.G. de Florida Ice & Farm Co., producteur et distributeur d'aliments et de boissons au Costa Rica qui est profondément engagé dans le développement durable. En 2008, Mendiola met en place un tableau de bord équilibré avec un ensemble d'indicateurs clés de performance (KPI) pour suivre la façon dont son entreprise réduit sa consommation de ressources naturelles, comme l'eau, tout en fournissant plus de valeur aux clients et aux autres parties prenantes. Il lie ces KPI à la rémunération de ses cadres supérieurs afin de les motiver : 50 % ou plus de leur salaire sera lié à leurs capacités à remplir – ou dépasser – les objectifs des KPI. Mendiola donne l'exemple puisqu'il lie 65 % de sa propre rémunération au tableau de bord, qui combine des indicateurs financiers, sociaux et environnementaux pour calculer un « triple bilan économique », ou PPP (pour Personnes, Planète et Profit).

Cette stratégie a été couronnée de succès : depuis sa mise en œuvre, les cadres supérieurs de Florida Ice & Farm ont trouvé des façons créatives de faire plus avec moins en motivant leurs équipes afin d'améliorer les procédés de fabrication et de distribution et d'aider les collectivités locales à mieux préserver les ressources naturelles. Sous la direction de Mendiola, Florida Ice & Farm a réduit la quantité d'eau nécessaire à la production d'un litre de boisson : de 12 litres elle est passée à 4,9 litres et l'objectif est d'atteindre 3,5 litres. L'entreprise a également éliminé les déchets solides de toutes ses activités et est en bonne voie pour atteindre un autre objectif, qui est de devenir « neutre en eau » d'ici 2012 et « neutre en carbone » d'ici 2017[29]. Dans le même laps de temps, Florida Ice & Farm a réalisé un taux de croissance annuel moyen de 25 % entre 2006 et 2010, soit deux fois le taux de croissance moyen réalisé par les autres industries dans ce secteur. Mendiola constate : « Par le biais des incitations, nous motivons nos employés à tous les niveaux pour faire preuve de créativité et inventer des moyens économes et durables afin de fournir une valeur beaucoup plus grande à tous nos partenaires, et cela en utilisant beaucoup moins de ressources naturelles, donc en économisant des sommes considérables[30]. »

Les dirigeants doivent exiger de la R&D qu'elle fasse plus avec moins

La récession oblige de nombreux dirigeants occidentaux à réduire leurs dépenses de R&D avec l'espoir d'augmenter leurs performances dans l'innovation à moindre coût. Mais cela n'arrive que lorsque les ingénieurs et les scientifiques sont exposés à des projets stimulants qui les incitent à faire plus avec moins. Par exemple, dans les années 1990, Louis Schweitzer, ancien P.-D.G. de Renault, s'est rendu en Russie, où il a constaté que des voitures à bas prix comme la Lada, qui ne coûtait alors que 6 000 euros (7 800 dollars), se vendaient mieux que ses propres modèles à 12 000 euros (15 600 dollars). À la suite de cette visite, M. Schweitzer a lancé un défi à ses équipes de R&D pour qu'elles mettent au point une voiture moderne, fiable et à moins de 6 000 euros. Schweitzer explique : « En voyant ces voitures vétustes, j'ai trouvé inacceptable que le progrès technique ne permette pas de développer une bonne voiture pour 6 000 euros. J'ai rédigé un cahier des charges en trois mots – moderne, fiable et abordable –, et j'ai ajouté que tout le reste était négociable[31]. » Le résultat a été la Logan, une voiture sans fioritures au prix de 5 000 euros, qui, depuis son lancement en 2004, et notamment au moment de la récession, est devenue la vache à lait de Renault, autant sur les marchés européens que dans de nombreux pays en développement. Fait intéressant, le successeur de Schweitzer, Carlos Ghosn, qui a inventé le terme « ingénierie frugale » en 2006, est en train de pousser l'équipe R&D en France à faire encore plus avec moins pour concurrencer efficacement les constructeurs automobiles des marchés émergents tels que Tata Motors, qui a lancé en 2009 la voiture Nano à 1 500 euros (2 000 dollars)[32].

Les responsables marketing doivent créer des marques distinctes pour leurs produits abordables

Pour réduire les problèmes de dilution de la marque et assurer une meilleure couverture du marché, les sociétés occidentales ont besoin de créer des marques distinctes pour les différents segments de marché. Étant donné qu'elles ont déjà des marques bien établies pour les segments de prix plus élevés, elles doivent en développer des distinctes pour leurs segments abordables. Par exemple, le groupe Starwood a ouvert deux chaînes d'hôtels abordables mais chics – Aloft et Element – pour répondre aux besoins de consommateurs attentifs aux prix[33]. De même, dans une tentative d'atteindre les consommateurs plus « grand public », la designer haut de gamme Vera Wang a récemment adopté une approche à trois niveaux pour sa marque : la gamme supérieure comprend ses collections de mariage et de luxe, la gamme intermédiaire, sa ligne éponyme, est vendue à des prix abordables, et la gamme inférieure comprend des marques à prix budget comme Simply Vera, qui se vendent comme des petits pains dans la grande distribution[34]. De la même façon, des restaurateurs haut de gamme et des chefs étoilés ont maintenant des lieux à bas prix pour fournir des produits gastronomiques à des prix abordables. À New York, les traditionnels camions utilisés pour la vente de hot-dogs, vendent désormais des pinces de homard, de la crème glacée artisanale Van Leeuwen et même des plats sophistiqués conçus par des chefs célèbres.

Créer pour les commerciaux des systèmes d'incitation à vendre des produits abordables

Les entreprises occidentales devraient reconnaître que l'innovation jugaad ne consiste pas seulement à concevoir des produits abordables, mais aussi à vendre ces produits avec succès. Le succès n'arrivera pas tant que les commerciaux ne seront incités qu'à vendre des articles chers. Il faut au contraire aligner les mesures d'incitation à la vente avec leur stratégie de faire plus avec moins. Ces entreprises peuvent y parvenir en réorganisant leur force de vente autour des lignes de la marque, avec des vendeurs différents selon les segments, bas et haut de gamme. Cela permettra également de réduire toute résistance interne basée sur la peur de la cannibalisation. Mieux encore, une saine concurrence interne entre les divisions pourraient inciter les responsables des ventes et du marketing des différentes marques à être plus innovants dans la façon dont ils gagnent et conservent leurs clients respectifs. Pendant des décennies, Procter & Gamble a maintenu une structure commerciale unique, vendant des produits haut de gamme à des consommateurs de classe moyenne. Cependant, à l'heure où le pouvoir d'achat de la classe moyenne diminue, l'entreprise a restructuré sa force de vente : deux groupes distincts ciblent désormais les segments à revenus élevés et ceux à faibles revenus[35].

Concevoir de toutes pièces des solutions abordables

Les équipes R&D devraient cesser leur quête de « produits parfaits » ultra sophistiqués et se concentrer plutôt sur le développement de solutions « satisfaisantes ». Par « satisfaisantes », nous n'entendons pas des versions édulcorées de produits haut de gamme existants, ce qui pourrait laisser les clients frustrés et insatisfaits. Et même si une telle approche de simplification pourrait aider à réduire les coûts à court terme, les entreprises devraient en payer le prix ultérieurement car les concepteurs auraient à retourner à leur table de travail pour régler des problèmes liés à ces « solutions miracles ». Les ingénieurs occidentaux ont plutôt besoin de créer des solutions abordables de toutes pièces. Les marchés émergents peuvent les aider en cela : ils offrent aux ingénieurs occidentaux un terrain d'entraînement sur lequel pratiquer une telle innovation frugale. En effet, quelques avant-gardistes occidentaux utilisent déjà, dans tous les secteurs, leurs équipes R&D dans les pays émergents, notamment l'Inde et la Chine, pour développer des solutions minimalistes susceptibles d'offrir plus de valeur à leurs clients. Par exemple, les ingénieurs R&D de GE Healthcare en Inde sont parvenus à élaborer des solutions alternatives d'électrocardiographe (ECG), moins coûteuses que le haut de gamme, afin de servir les populations locales dont les moyens sont limités. Pour cela, ils n'ont pas démonté les produits existants de GE, ils sont retournés à leur planche à dessin et, sur la base d'une observation approfondie des consommateurs, ils ont développé le MAC i, un ECG portable avec des fonctionnalités de base et une batterie longue durée dont le prix tourne autour de 500 dollars, un vingtième du coût des ECG disponibles dans les pays occidentaux[36]. Autre exemple, le modèle Nokia 1100, un téléphone portable ultra low-cost avec une interface simple et une lampe de poche pour aider les utilisateurs à suivre leur chemin dans l'obscurité, a été conçu dès le départ pour les marchés émergents. Ce produit a rencontré un énorme succès en Inde et en Afrique, où des millions de personnes vivant sans électricité trouvent précieuse une fonction aussi simple qu'une lampe de poche.

Engager le dialogue sur la durabilité avec les consommateurs éco-responsables

Les médias sociaux tels que Facebook et Twitter ont donné naissance à des communautés de consommateurs bien informées et puissantes à travers le monde. Souvent, les consommateurs qui participent à ces communautés se rassemblent sur des pages de fans de produits ou des sites créés par d'autres consommateurs, en marge de l'entreprise qui offre ces produits. Ils sont la plupart du temps jeunes, frugaux et soucieux de l'environnement. Ils ne sont pas seulement à la recherche d'une bonne affaire ; ils recherchent aussi des produits qui entrent dans leur système de valeurs personnel et sont prêts à les mettre en concurrence. Ces communautés de consommateurs peuvent aider à promouvoir leurs marques préférées, ou entraîner a contrario la disparition des marques qu'ils n'aiment pas. Les entreprises doivent s'engager de manière proactive avec ces communautés sur des questions telles que la durabilité et la rareté des ressources, et utiliser un tel engagement pour trouver des moyens de faire plus avec moins de ressources naturelles. Les communautés de consommateurs peuvent aider les entreprises non seulement à élaborer leurs propres stratégies, mais aussi à renforcer leur image de marque et à se différencier de leurs concurrents. Parce que la plupart des entreprises ont toujours du mal à comprendre comment collaborer avec les communautés d'internautes, les entreprises qui réussissent à le faire peuvent se démarquer de la concurrence et gagner une fidélité à leur marque sur le long terme.

Un engagement partenarial fort

Engager un partenariat avec des acteurs extérieurs clés est un puissant moyen pour permettre aux entreprises de tirer un meilleur parti de leurs finances limitées en R&D. Ces partenaires peuvent en effet apporter de meilleures idées que celles qui circulent dans les entreprises, aider à développer des idées de manière plus efficace, plus rentable, ou encore permettre de commercialiser ces idées plus largement et à moindre coût. Un exemple remarquable : Procter & Gamble (P&G). En 2000, A. G. Lafley, alors directeur général de P&G, notait que « pour chaque chercheur de P&G, il y a 200 scientifiques et ingénieurs ailleurs dans le monde qui sont tout aussi bons, soit un total de 1,5 million de personnes dont nous pourrions utiliser les talents[37] ». Lafley voulait puiser dans cette matière grise mondiale afin que P&G innove plus largement, plus radicalement et plus rapidement, mais sans avoir à investir davantage dans la R&D interne. Pour cela, il a lancé un défi à ses équipes internes de R&D : en dix ans, P&G devait passer du statut de société de R&D (recherche et développement) à une organisation de C&D (connexions et développement) capable d'acquérir à l'extérieur jusqu'à 50 % de ses nouvelles idées de produits. Pour atteindre cet objectif ambitieux, Lafley a élargi l'ancien modèle de R&D de P&G en l'ouvrant à un large éventail de créatifs externes parmi les clients, les fournisseurs, les universités, les sociétés de capital-risque ou encore les think-tanks. Dans une situation précise, P&G a trouvé une solution externe rentable et rapide en réponse au problème de l'impression de quiz à l'encre comestible sur des chips Pringles. Plutôt que de résoudre le problème en interne (comme elle l'aurait fait dans le passé, pour un coût élevé), l'entreprise a utilisé ses liens avec les universités du monde entier pour finalement identifier un professeur à Bologne, en Italie, qui avait déjà mis au point un système d'impression sur pizza et sur pain. P&G a ensuite travaillé avec ce professeur pour adapter sa solution sur des chips. Cette collaboration a abouti à un succès commercial du produit sans avoir engendré d'énormes dépenses en R&D.

Les stratégies que nous venons d'évoquer sont parmi les plus communément adoptées par les entreprises occidentales qui s'inspirent de l'approche jugaad de l'innovation. Ce sont aussi celles que nous recommandons de plus en plus aux dirigeants occidentaux qui nous demandent notre avis sur l'intégration d'une approche frugale – faire plus avec moins – dans leurs organisations. Parmi toutes les invitations à procéder à l'application des principes jugaad que nous avons reçues en tant que consultants, l'une est particulièrement mémorable.

PEPSICO : UNE APPROCHE RAFRAÎCHISSANTE DU FAIRE « PLUS AVEC MOINS »

En janvier 2010, nous avons déjeuné avec Indra Nooyi, P.-D.G. de PepsiCo Inc., l'une des femmes les plus puissantes du monde selon le magazine *Fortune*[38]. Nooyi avait lu un article dans *Bloomberg Businessweek* qui faisait état de nos recherches sur le jugaad, et elle souhaitait vivement discuter de la façon dont PepsiCo pouvait diffuser cette mentalité efficace et novatrice dans ses activités[39].

L'innovation jugaad était certainement au sommet des préoccupations de Nooyi, et cela pour une raison stratégique : les produits de PepsiCo sont fabriqués, transformés ou vendus dans plus de 200 pays, ils couvrent une large gamme de consommateurs dont les besoins évoluent en permanence ; étant donné que l'environnement macro-économique est en constante évolution, PepsiCo doit être prêt à adapter et à diversifier ses produits pour répondre aux besoins d'un marché mouvant, surtout à l'aune des changements chez les consommateurs, dont la demande pour des aliments sains et nutritifs est croissante.

Comprenant le potentiel certain du marché global des aliments conditionnés à haute valeur nutritive – pas loin de 500 milliards de dollars et en croissance rapide – PepsiCo, la deuxième plus grande société d'alimentation et de boissons du monde, a élargi sa gamme de produits pour inclure des aliments et des boissons qui offrent des apports nutritifs[40]. Aujourd'hui, PepsiCo propose des aliments et des boissons qui sont « bons pour vous » (avec des marques telles que Quaker et Tropicana), en complément de ses offres « faites-vous plaisir » (avec des marques comme Pepsi ou Lay) et « meilleur pour vous » (Pepsi Max zéro calorie et Propel Zero). Cette expansion dans les produits à l'impact nutritionnel positif s'inscrit dans la droite ligne du principe directeur de PepsiCo : *Performance with Purpose* (donner du sens à la performance).

Pour PepsiCo, « Performance with Purpose » signifie offrir une croissance durable en investissant dans un avenir plus sain pour les gens et la planète. Ce principe directeur recouvre plus précisément quatre domaines : performance financière, durabilité humaine, durabilité environnementale et soutenabilité des talents.[41]. C'est cet effort de développement durable, à la fois financier et social, qui stimule l'innovation jugaad chez PepsiCo.

Nooyi a attiré les talents recherchés pour permettre l'expansion de PepsiCo dans le domaine de la nutrition. Elle a ainsi nommé Mehmood Khan, médecin de formation, directeur scientifique de PepsiCo et P.-D.G. de sa branche GNG (Groupe Global Nutrition)[42]. Le docteur Khan a travaillé à la célèbre clinique Mayo en tant que directeur de l'unité de diabète, d'endocrinologie et de nutrition, et comme médecin consultant en endocrinologie. Le rôle transversal de Khan, unique dans l'industrie alimentaire mondiale, lui permet de traduire la science de la nutrition – dont il est un expert – en produits commercialement viables. L'objectif de Khan à la tête de GNG est de faire croître le portefeuille de produits « bons pour vous » en augmentant la quantité de céréales complètes, fruits, légumes, noix, graines et produits laitiers à faible teneur en matières grasses dans le portefeuille global de PepsiCo, avec un objectif de 30 milliards de dollars de chiffre d'affaires net d'ici 2020. Par exemple, l'équipe GNG de Khan étudie des petits-déjeuners préparés qui allient fruits, produits laitiers et des céréales comme l'avoine.

Dans le but d'identifier des pratiques commerciales frugales, PepsiCo a également mis en place en Inde fin 2010 le « Global Value Innovation Center ». Voici comment Tanmaya Vats, qui dirige cette nouvelle unité, explique son mandat : « Nous voulons découvrir des pratiques commerciales de rupture qui peuvent considérablement réduire le coût des opérations dans notre chaîne d'approvisionnement, dans la fabrication comme dans la distribution. Nous cherchons des moyens radicaux pour réduire *l'intensité du capital* dans notre modèle économique, en développant par exemple des biens d'équipement efficaces et respectueux de l'environnement qui offrent beaucoup plus de valeur et coûtent néanmoins considérablement moins que les solutions disponibles actuellement[43]. » Plutôt que de réinventer la roue, l'unité de Vats a lancé de larges partenariats avec des innovateurs jugaad du monde entier, tels que des institutions universitaires, des chercheurs, des entrepreneurs, et des experts des secteurs qui ont déjà inventé ou contribué à inventer des solutions jugaad. Une fois qu'une innovation jugaad prometteuse est identifiée pour réduire *l'intensité du capital*, l'unité de Vats va ensuite travailler avec diverses unités de métier chez PepsiCo pour aider à l'adopter et à la déployer au niveau mondial.

Nooyi utilise également une approche de bas en haut (bottom-up) pour faire face à la rareté. Elle développe l'autonomie de ses employés dans les différentes régions du monde afin qu'ils puissent développer des solutions uniques pour surmonter la rareté croissante dans les chaînes d'approvisionnement locales.

L'eau est une des ressources essentielles à l'activité de PepsiCo. Favoriser l'utilisation plus rationnelle de l'eau est donc une nécessité pour l'entreprise si elle veut à la fois accroître de manière durable les rendements de ses produits et garantir un accès à l'eau potable à ceux qui vivent dans les régions subissant un manque d'eau récurrent. En Inde, la pénurie sévère d'eau incite les membres de l'équipe de PepsiCo India à étudier les moyens de réduire la consommation d'eau tout au long de la chaîne d'approvisionnement. Par exemple, ils ont développé une technique agronomique respectueuse de l'environnement appelée « ensemencement direct » des rizières. Voici comment fonctionne le semis direct. Traditionnellement, en Inde, le riz est cultivé en semant des graines dans une petite pépinière, où elles germent. Les plants sont ensuite transférés manuellement dans le champ et poussent avec quatre à cinq pouces d'eau (100-150 ml d'eau) à leur pied durant six à huit semaines, principalement pour empêcher la croissance des mauvaises herbes. Le semis direct, en revanche, évite les trois opérations gourmandes en eau – le puddlage (compactage du sol pour réduire les fuites d'eau), la transplantation et la pousse en pleine eau –, économisant ainsi en moyenne 30 % des besoins habituels en eau, soit environ 900 kilolitres d'eau par hectare. En outre, le semis direct permet de réduire les émissions de gaz à effet de serre de 70 %[44]. En substance, le semis direct permet aux agriculteurs d'augmenter les rendements tout en réduisant l'apport en eau et le temps passé. Pour développer ce procédé, les membres de l'équipe de PepsiCo India se sont fortement appuyés sur jugaad. Par exemple, plutôt que de concevoir une machine à semis direct à partir de rien, ils ont transformé une machine importée servant à planter l'arachide et utilisant un tracteur et en ont fait un prototype qui a pu être construit par un petit fabricant local.

Impressionné par le succès de l'expérience du semis direct, le management de PepsiCo a sélectionné cette innovation et l'a répliquée à une plus grande échelle dans quelques États indiens. L'opération pilote, qui a duré trois ans, a été un succès énorme. Les agriculteurs étaient émerveillés devant les résultats, qui ont généré des économies de coûts de plus de 1 500 roupies (25 euros) par acre (4 000 m^2), augmentant d'autant leurs revenus. Pour la seule année 2010, grâce au semis direct, PepsiCo India a économisé plus de 7 milliards de litres d'eau, ce qui lui a permis de devenir « positive en eau » au sens où les économies en eau ont été supérieures à ce que PepsiCo consommait dans le reste de ses activités[45].

Nooyi encourage également une saine concurrence entre ses unités commerciales régionales pour qu'elles prennent en compte le principe du « faire plus avec moins »[46]. Par exemple, les deux cinquièmes environ de la consommation d'énergie des usines de boissons PepsiCo en Inde proviennent de sources renouvelables telles que la biomasse et les éoliennes. L'exemple jugaad mis en œuvre par l'équipe de PepsiCo India sert de source d'inspiration pour d'autres régions du monde, y compris aux États-Unis, où l'usine de PepsiCo Frito-Lay à Casa Grande, en Arizona, opère dans des conditions « proches du zéro » puisqu'elle fonctionne principalement sur des sources d'énergie renouvelable et de l'eau recyclée, approchant également le « zéro déchet »[47].

En fin de compte, la poursuite d'une utilisation efficace et responsable des ressources par PepsiCo est ce qui permet à l'entreprise de tenir sa promesse de « donner du sens à la performance », en appliquant des principes jugaad, comme le dit Nooyi : « Nous avons besoin d'apporter un état d'esprit frugal aux États-Unis, ce qui va permettre au pays de faire face à la rareté dans toutes sortes de domaines dans les prochaines décennies. PepsiCo et d'autres entreprises américaines ont besoin d'une réflexion jugaad pour trouver des solutions économiques et saines qui offrent une meilleure valeur à nos clients et doivent le faire d'une manière responsable[48]. »

En considérant la rareté comme une opportunité pour stimuler l'innovation de rupture – un attribut clé de la pensée jugaad –, Nooyi positionne PepsiCo dans une démarche lui assurant un succès durable dans une économie mondiale caractérisée par l'exigence de consommateurs éco-responsables, frugaux et soucieux de leur santé. En effet, si l'expérience de Nooyi avec le « faire plus avec moins » réussit, le modèle économique de PepsiCo va révolutionner le secteur des aliments et des boissons dans les années à venir.

CONCLUSION

Comme nous l'avons vu, parce que les marchés émergents font globalement face à la rareté sur une grande échelle, les innovateurs jugaad qui y opèrent sont les maîtres de la frugalité et de l'art de faire plus avec moins. Cependant, les entreprises occidentales sont aussi confrontées à la rareté, et de façon croissante, ainsi qu'à l'épuisement des ressources naturelles, ce dont les consommateurs sont également de plus en plus conscients. Pour survivre dans cet âge émergent de l'austérité et de la rareté, les dirigeants occidentaux ont besoin d'apprendre d'innovateurs jugaad tels que Gustavo Grobocopatel de Los Grobo (Argentine) ou Sunil Mittal de Bharti Airtel (Inde) comment obtenir « plus avec moins » en appliquant la frugalité à chaque maillon de la chaîne de création de valeur. Les dirigeants occidentaux peuvent aussi apprendre de Jane Chen (Embrace) et Ravi Pandit (KPIT Cummins) comment aider leurs clients à obtenir plus de valeur à moindre coût, en leur offrant des produits et services de qualité à des prix très abordables.

La pratique de la frugalité exige cependant un changement fondamental dans la façon dont les entreprises occidentales pensent et agissent. Leurs dirigeants devraient éviter l'approche traditionnelle de la R&D : « bigger is better ». Ils ont besoin de remanier profondément leurs structures de recherche et développement et leurs systèmes d'incitation pour créer et maintenir une culture frugale dans leur organisation, et pour pouvoir prôner le « faire plus avec moins », exactement comme le fait Indra Nooyi chez PepsiCo.

Toutefois, les innovateurs jugaad ne sont pas centrés uniquement sur la frugalité ou sur les réponses à l'adversité. Pour faire plus avec moins et transformer l'adversité en opportunité, ils s'appuient également sur un autre principe clé de l'approche jugaad : penser et agir avec flexibilité.

Entretien avec Jacques Challes, directeur international de l'innovation chez L'Oréal

Faire plus avec moins : l'exemple de Garnier Color Naturals

Pour être compétitifs dans les pays émergents comme l'Inde, la Chine ou le Brésil, nous innovons localement dans ces pays, nous repensons l'innovation pour ces pays et ces innovations sont parfois mondialisées.

J'ai un bon exemple en tête, avec la marque Garnier Color Naturals, qui a été inventée en Inde et qui est devenue le leader sur ce marché puis dans le reste du monde émergent. L'Oréal a de nombreuses marques en Inde mais notre réussite remonte à l'introduction de Garnier, qui correspondait mieux au marché indien que les produits de la gamme L'Oréal, beaucoup plus chers et perçus comme des produits de luxe. La marque Garnier a été introduite en 1995 et elle représente désormais 70 % de notre chiffre d'affaires en Inde alors que c'est l'inverse dans le monde occidental, où Garnier correspond plutôt à une entrée de gamme.

L'exemple de la coloration en Inde est tout à fait intéressant. Historiquement, les colorations se vendaient toujours dans des grosses boîtes comportant une bouillotte, un tube de coloration, un gros mélangeur et un petit shampoing pour supprimer les résidus. On mélangeait le tout, on s'appliquait la coloration obtenue et c'était terminé. Mais cette solution ne marchait pas bien en Inde pour plusieurs raisons : c'était trop cher ; les femmes trouvaient que c'était du gâchis de tout utiliser en une seule fois ou encore de jeter le gros mélangeur en plastique. Sans compter que le sachet de shampoing était en fait utilisé pour un shampooing normal. L'Inde est typiquement un pays où l'on déteste le gaspillage et où l'on est économe. En outre, les habitudes sont très différentes de celles d'un pays comme la France, par exemple. En Inde, les femmes ont de longs cheveux et ne souhaitent se colorer qu'une petite partie de la chevelure, par exemple les racines ; les hommes n'aiment pas les cheveux blancs et ont l'habitude, depuis très longtemps, de se colorer. La famille indienne devait donc jeter le surplus de préparation chimique car la solution ne se garde pas une fois mélangée, sans compter qu'il fallait jeter aussi la bouillotte ou le mélangeur. Bref, notre formule traditionnelle ne pouvait pas marcher.

Nos équipes indiennes ont donc réinventé le produit en conservant la même formule chimique mais en introduisant un plus petit tube de colorant, une petite bouillotte et un bol réutilisables. On a ainsi supprimé le gros mélangeur qui était vendu avec la boîte de coloration. Cette solution a permis à un couple de préparer le dimanche matin une petite quantité, utilisable pour les racines de madame d'abord, puis pour les cheveux de monsieur. Ceci nous a permis en outre d'abaisser fortement le prix de revient de ce produit, de l'ordre de 50 % environ. Nous avons lancé cette nouvelle solution en 2003 au prix de 100 roupies (1,4 euros). Bien que le leader indien des cosmétiques populaires, Godrej, vende, lui, ses sachets de coloration à 10 roupies (0,14 euros), et bien que nous n'ayons que 700 000 points de vente en Inde contre plus de 3 millions pour Godrej, notre Garnier Color Naturals est devenu en quelques années le numéro un du marché en valeur.

À travers cet exemple, nous avons suivi un processus de type jugaad : nos chercheurs indiens ont commencé par désassembler la solution occidentale de coloration ; ils l'ont ensuite déshabillée de tout ce qui n'était pas nécessaire ; ils ont alors obtenu un prix de revient moitié moins cher mais avec une qualité supérieure aux marques locales puisqu'on avait conservé la formule de base. On a en gros gardé la même qualité de la formule mais le processus de fabrication et le packaging ont été entièrement revus pour plus de simplicité et de frugalité. Grâce à cette innovation, nous sommes partis d'une part de marché ridiculement basse de 2 % pour atteindre aujourd'hui 20 %. Et le système ne s'arrête pas puisque la croissance régulière des revenus en Inde augmente mécaniquement notre part de marché. L'Inde est ainsi devenue aujourd'hui un des plus gros volumes de ventes de coloration dans le monde.

Le deuxième aspect du processus Jugaad est la généralisation de la formule aux autres marchés émergents dans le monde. Nous avons vu que ce type de solution correspondait par exemple parfaitement aux pays de l'Est après la chute du mur de Berlin, d'autant que notre prix de revient était beaucoup plus cher car on avait affaire à de plus petits marchés. Nous sommes maintenant en train de le lancer au Brésil.

Le troisième aspect jugaad concerne la communication produit. La formule traditionnelle était de prendre une grande star qui recommandait le produit à la télévision. Cette fois, l'innovation est venue de notre patron en République tchèque, qui avait découvert un « truc ». Il avait fait jouer une jeune présentatrice de télévision, pas très connue, à qui sa maman téléphone : « Dis- moi, je t'ai vue à la télévision, qu'est-ce que tu as fait à tes cheveux ? Tu vas les abîmer… Non maman, c'est de la coloration Garnier de qualité… Mais tu vas te ruiner… Non ça ne coûte que 2 euros, tu devrais essayer toi aussi… » Le « truc » était là : contrairement aux États-Unis, où la publicité est centrée sur la mère qui donne des conseils à ses filles, dans les pays émergents, ce sont les enfants qui conseillent les parents, pour la simple raison que les parents sont plus pauvres et donc plus économes que leurs enfants, alors que c'est l'inverse dans les pays développés. Cette publicité tchèque a fait le tour du monde en quelques mois. Nous avons ensuite filmé dans les studios de Prague dix publicités en dix langues en utilisant le même concept.

Bref, dans ce projet Color Naturals, tout a été fait à l'envers sans sacrifier à la qualité ni à l'image de la marque. Et j'aurais pu vous citer également le cas du khôl Colossal Kajal, un crayon khôl à un prix abordable et adapté au marché indien (il est résistant à l'humidité) qui est également un immense succès en Inde alors que la marque, Maybelline, avait du mal à percer sur le marché.

La qualité est quelque chose de fondamental pour une société comme L'Oréal. La carte à jouer pour L'Oréal n'est pas nécessairement celle d'aller chercher des opportunités à la base de la pyramide économique. D'autres peuvent le faire. Nous, nous sommes dans l'aspirationnel. Nous nous positionnons donc non pas tout en haut de la pyramide, car le marché est insignifiant, mais dans le milieu supérieur de la pyramide, et nous créons une aspiration pour les classes montantes par le simple jeu de la croissance des revenus. Aujourd'hui, notre coloration se vend 150 roupies (2,1 euros) en Inde, c'est-à-dire que le prix réel n'a pas bougé, mais des millions de consommateurs arrivent chaque année sur notre marché. Si les produits de Garnier sont adaptés aux prix locaux, les produits de la marque L'Oréal Paris, eux, restent aux mêmes prix que sur les marchés occidentaux, où la classe moyenne supérieure indienne avait l'habitude de se les procurer dans le passé, à l'occasion d'un voyage. Cette classe moyenne indienne au sens occidental compte déjà 50 millions de personnes. Si nous modifiions nos produits L'Oréal, nous perdrions notre image de marque de luxe.

Il est tout à fait vrai que les pays émergents renouvellent notre façon d'innover. Il y a d'abord un ensemble de contraintes tout à fait nouvelles, comme les revenus bas de la population ou les réseaux de distribution très médiocres, mais il faut surtout apprendre à faire très vite si l'on veut être bien positionné sur le « Next Billion » de consommateurs qui arrivent. Comment procéder ? À la place de la méthode séquentielle que nous suivions à Paris, nous avons créé des *task forces* transversales – une méthode très japonaise –, qui regroupent à la fois les gens chargés du packaging, de la logistique, des opérations industrielles ou encore du marketing. Cette méthode permet une beaucoup plus grande agilité du process grâce à un dialogue permanent permettant, par exemple, de prendre en compte la nature très particulière des cheveux indiens ou encore la température locale ; et ceci se fait sur place, car il est quasiment impossible de comprendre depuis Paris toutes ces particularités locales.

Dans les faits, nous n'avons pas été obligés de casser le moule L'Oréal de la recherche et développement. Il est certes révélateur que le nouveau patron de l'innovation soit l'ancien directeur des opérations en Inde. Mais le pragmatisme et le collaboratif sont en fait dans l'ADN de L'Oréal dès l'origine. La société L'Oréal n'est pas à l'origine une société de marketing ; elle a été créée par un ingénieur chimiste qui adaptait en permanence, par petites touches, ses produits, pour plaire à ses clients. Nous avons toujours été une société ingénieuse. Notre modèle économique repose notamment sur la combinaison de deux notes : individuante et individuelle. Dans la réalité, on fait autant confiance à ce que nous dit un ami ou un voisin qu'aux résultats de tests marketing effectués sur 100 personnes, même si nous les faisons aussi bien évidemment. Cela nous permet de découvrir des choses « hasardeuses », nées de l'observation de toutes ces petites notes glanées à gauche et à droite, auprès d'un coiffeur de quartier ou d'un chauffeur de taxi, par exemple.

CHAPITRE 4

PRINCIPE TROIS

Penser et agir de manière flexible

« On ne peut pas transformer une situation avec le même état d'esprit que celui qui l'a créée. »
Albert Einstein

Avec 62 millions de diabétiques à ce jour, qui devraient passer à une centaine de millions d'ici 2030, l'Inde a maintenant le plus grand nombre de personnes atteintes de diabète dans le monde, après la Chine[1]. La maladie est particulièrement fréquente dans les villages, où vivent 70 % des Indiens. Le docteur V. Mohan, expert en diabète de renommée mondiale, président du Centre des spécialités du diabète basé à Chennai – capitale du Tamil Nadu, État du sud de l'Inde –, a réagi à cette tendance alarmante. Mohan gère une clinique de télémédecine mobile qui se déplace dans certains des villages les plus reculés du Tamil Nadu. La prise en charge des patients en milieu rural est assurée par un réseau de médecins essentiellement urbains, soutenus par des travailleurs sanitaires communautaires et des techniciens ruraux. Ces derniers voyagent dans une camionnette équipée d'appareils technologiques de télémédecine qui permettent la transmission des tests de diagnostic par liaison satellite, y compris dans des zones éloignées de toute connexion Internet. Depuis leurs bureaux de Chennai, le docteur Mohan et ses confrères peuvent voir et communiquer à distance en temps réel avec leurs patients grâce à des moniteurs vidéo, tandis que les tests effectués dans la camionnette, notamment les analyses de la rétine, sont transmis en quelques secondes pour un diagnostic immédiat.

« Je me suis demandé pourquoi les patients devraient se déplacer chez le médecin et si je ne pourrais pas mettre en place un service qui permette aux médecins de consulter les patients à distance[2] », précise le docteur Mohan. Transformer cette vision en réalité supposait qu'il trouve de nouvelles solutions pour lever les divers obstacles auxquels il était confronté.

Il a décidé, par exemple, de ne pas utiliser de médecins ni d'infirmières « classiques » pour exécuter la plupart des opérations dans sa clinique mobile, car ceux-ci ont des rémunérations trop élevées ; les employer dans sa camionnette aurait menacé son modèle frugal. Même s'il avait réussi à attirer des spécialistes urbains de la santé, il aurait été difficile de les garder. Mohan a donc recruté des jeunes de petites villes n'ayant qu'un diplôme d'études secondaires (ou moins) à qui il a fait suivre une formation très ciblée afin qu'ils puissent remplir des fonctions spécifiques et utiliser l'équipement mobile. Parallèlement, il a formé un personnel local dans les villages pour assurer de simples soins de suivi pour ses patients diabétiques. Ce personnel pouvait, par exemple, aller de maison en maison vérifier que le malade avait réduit sa consommation quotidienne de sucre ou qu'il s'était rendu à la camionnette pour les soins de suivi. Ne pouvant se permettre de payer ces jeunes, Mohan les a convaincus de faire du bénévolat en mettant en avant leur sens des responsabilités à l'égard de leur communauté. Il leur a donné des uniformes blancs impeccables ainsi qu'un titre d'« ambassadeur du Centre de diabète du Docteur Mohan », une reconnaissance formelle.

Toutes ces initiatives ont amélioré leur position sociale au sein de leurs communautés et donc leur employabilité.

Enfin, contrairement aux autres organismes de santé qui ont accès aux technologies de communication coûteuses, auprès de fournisseurs comme Nokia ou Cisco, le docteur Mohan a dû improviser pour équiper ses véhicules de moyens de communication bon marché. Dans ce but, il s'est associé avec l'organisation indienne de recherche spatiale (ISRO, l'équivalent indien de la NASA), qui a produit et lancé des dizaines de satellites pour des applications sociales, et a obtenu gratuitement un accès aux communications par satellite pour son service ingénieux de télémédecine dans les zones reculées où aucun réseau mobile ou sans fil n'était disponible.

Les innovateurs jugaad comme le docteur Mohan font constamment preuve de flexibilité dans leur réflexion et dans leur action pour répondre aux problèmes apparemment insurmontables auxquels sont confrontées leurs sociétés. Ils adaptent ainsi en permanence leurs stratégies aux nouvelles contingences, à mesure que celles-ci surviennent. Dans ce chapitre, nous allons nous plonger dans l'état d'esprit des innovateurs jugaad pour comprendre pourquoi et comment ils pensent et agissent de manière flexible. Nous examinerons ensuite ce qui empêche les entreprises occidentales de penser et d'agir avec souplesse, et nous montrerons ce qu'elles gagneraient à surmonter les contraintes. Nous terminerons le chapitre par une réflexion sur la façon dont les entreprises occidentales peuvent adopter une telle flexibilité dans leurs propres initiatives d'innovation.

LES INNOVATEURS JUGAAD S'ADAPTENT POUR SURVIVRE

Toute personne qui a déjà essayé de se débrouiller dans la circulation routière en Inde (ou dans tout autre pays émergent, d'ailleurs) sait instinctivement l'importance de penser et d'agir avec agilité. L'imprévisibilité et la diversité des comportements sur les routes exigent une immense flexibilité. Les véhicules sont de toutes formes et de toutes tailles et roulent à tous les niveaux de vitesse. Les animaux et les piétons voisinent avec les autobus, les camions, les voitures, les scooters et les vélos. Quant à la topographie et la qualité des terrains, elles sont de qualité variable, les routes étant souvent défoncées ou en cours de réparation. Les véhicules sont susceptibles de rouler sur les voies (quand il y en a) mais aussi en dehors, en utilisant le klaxon (mais pas nécessairement) pour se signaler, ou tout autre moyen. Paradoxalement, une conduite disciplinée dans un tel environnement conduirait à un accident. La seule façon de survivre sur la route est d'accepter l'imprévisible et d'y répondre en étant réactif, à la fois en pensées et dans les actes.

L'environnement économique dans les marchés émergents ressemble à l'état des routes. L'extrême diversité, la volatilité et l'imprévisibilité de la vie économique dans ces pays exigent de la flexibilité de la part des innovateurs jugaad, de penser en dehors des sentiers battus, d'expérimenter et d'improviser : en un mot, ils doivent s'adapter ou disparaître. À bien des égards, dans les pensées et les actes des innovateurs jugaad, diversité, volatilité et imprévisibilité suscitent également la flexibilité.

Grâce à nos observations, nous avons identifié quatre critères principaux caractérisant la réflexion et l'action chez les innovateurs jugaad pour répondre aux problèmes auxquels ils font face dans leur environnement. Les voici.

Les innovateurs jugaad pensent l'impensable

Il y a une diversité ahurissante dans les économies émergentes. L'hétérogénéité des populations exige une pensée non linéaire et non conventionnelle. Les approches traditionnelles et les solutions à l'emporte-pièce, face à des défis si complexes, ont peu de chances de réussir. Les innovateurs jugaad osent de ce fait remettre en cause de nombreuses certitudes bien enracinées. Le docteur Mohan, par exemple, a remis en question une convention dans le système des soins de santé qui veut que ce soit le patient qui se déplace pour consulter le médecin, alors que l'inverse est tout à fait possible. Cette question radicale l'a surtout amené à envisager une solution originale qui permet aux médecins de consulter à distance.

Harish Hande est un autre entrepreneur jugaad indien qui a osé penser l'impensable avec succès. Hande, en fondant en 1995 la société Solar Electric Light Company (SELCO), avait pour objectif de fournir de l'énergie solaire aux populations pauvres de l'Inde rurale. Il remettait ainsi en cause trois mythes populaires : (1) les pauvres ne peuvent pas s'offrir de technologies durables, (2) les pauvres ne peuvent pas entretenir ces technologies, (3) les entreprises sociales ne peuvent pas être gérées comme des entités commerciales[3]. Hande a remis en cause avec succès ces trois mythes. Il a installé sa solution d'énergie solaire dans plus de 125 000 foyers ruraux, en faisant preuve de flexibilité, en particulier dans trois domaines : le financement de son entreprise, la tarification de ses services, et la distribution et la maintenance de ses installations.

Prenons le financement : Hande a commencé son activité en 1995 avec très peu de capital de départ, car les banques, conservatrices, et les sociétés de capital-risque, prudentes, considéraient que son modèle économique n'avait pas fait ses preuves, et encore moins dans une industrie aussi risquée que l'énergie solaire. Sans se décourager, Hande lance SELCO avec son propre argent, 30 dollars pour être précis. Il achète son premier système d'éclairage solaire, qu'il revend aussitôt. Avec ces revenus, il en achète d'autres, aussitôt revendus, et ainsi de suite. Cependant, Hande se heurte rapidement à un mur. En pénétrant plus avant dans l'Inde rurale profonde, il se rend compte que les consommateurs potentiels, qui pour la plupart ne gagnent pas plus de 2 dollars par jour, ne peuvent pas se permettre les coûts d'achat et d'installation de ses systèmes d'éclairage solaire. Même s'il avait trouvé une solution pour installer ces systèmes, il n'avait pas de solution économique pour les entretenir sur un marché rural aussi éclaté (des milliers de villages). Pour remédier à ces deux problèmes, Hande a fait preuve d'agilité dans sa réflexion et a improvisé une solution véritablement créative : faire intervenir un réseau de petites entreprises dans les communautés rurales. Ces entrepreneurs de terrain posséderaient et entretiendraient les panneaux solaires ainsi que les batteries, qu'ils pourraient recharger dans leurs magasins. Ces entrepreneurs loueraient ensuite chaque jour les batteries aux consommateurs, en fonction de l'utilisation réelle (*pay-per-use*) et se feraient également payer tous les jours. Ce modèle économique ingénieux fit de SELCO une solution abordable et accessible pour des milliers de clients ruraux qui ne pouvaient pas faire l'investissement initial. Ces clients sont des propriétaires de magasins de quartier, des petits agriculteurs et des femmes qui travaillent à domicile. L'approche SELCO a également incité les entrepreneurs locaux à distribuer et entretenir régulièrement ce type d'équipement. SELCO a ainsi réussi en quelques années à étendre la distribution de son système d'éclairage solaire à plus de 125 000 ménages. Il a à présent pour objectif de servir 200 000 ménages d'ici 2013[4]. Pour avoir pensé l'impensable – que des pauvres puissent utiliser et entretenir un système d'énergie renouvelable –, Hande a reçu en 2007 le Prix du meilleur entrepreneur social du World Economic Forum et, en 2011, le prix Ramon Magsaysay, considéré par beaucoup comme le prix Nobel d'Asie.

Les innovateurs jugaad ne planifient pas, ils improvisent

Les marchés émergents se caractérisent par une forte volatilité. Les conditions économiques sont en constante évolution. Les taux de croissance sont relativement élevés, et le paysage concurrentiel se renouvelle très souvent. De nouvelles lois et réglementations sont constamment introduites, dans un environnement politique mouvementé. Les innovateurs jugaad ont donc besoin d'expérimenter progressivement et doivent être prêts à essayer plusieurs options, plutôt que de s'en tenir à tout prix à l'approche adoptée initialement. Contrairement à leurs homologues de la Silicon Valley, les innovateurs jugaad n'essayent pas de tout anticiper ou de se fonder sur un business plan comprenant une feuille de route à moyen et long terme. Leurs stratégies sont émergentes plutôt que prédéterminées. Ils improvisent chaque étape en fonction des circonstances, avec passion, et une profonde connaissance du terrain, à la façon d'un groupe de jazz, en quelque sorte : tout est improvisé, fluide et dynamique. Le mode de pensée flexible des innovateurs jugaad et leur capacité à improviser les servent particulièrement bien lorsqu'ils sont confrontés à l'adversité.

Compte tenu de leur propension à l'improvisation, les innovateurs jugaad ne s'appuient pas sur des outils de prévision tels que la planification stratégique par scénarios, comme beaucoup d'entreprises occidentales le font pour évaluer les risques futurs. Ils croient plutôt en la loi de Murphy – tout ce qui est susceptible de mal tourner tournera mal – et de ce fait ne voient pas l'utilité d'anticiper chaque obstacle qui pourrait survenir en cours de route. Les innovateurs jugaad n'ont pas de plan B, sans parler d'un plan C. Au contraire, lorsqu'ils sont confrontés à un obstacle imprévu, ils comptent sur leur capacité innée à improviser une solution efficace pour y remédier, compte tenu des circonstances du moment.

Un bon exemple est celui de Tata Motors, le constructeur de la voiture Nano à 2 000 dollars (1 500 euros). La Nano a été conçue par Ratan Tata, alors président du groupe Tata (la société mère de Tata Motors), qui l'a conçue comme une alternative abordable, confortable et sûre aux dangereux deux-roues qui transportent très souvent des familles entières sur les routes indiennes. En 2006, Tata Motors annonce que la Nano sera fabriquée à Singur, au Bengale occidental, État de l'Inde orientale. L'usine devait être construite sur un terrain acquis auprès des paysans par le gouvernement de l'État dans le but de stimuler l'industrie locale. Tata Motors se prépare donc à lancer la construction des Nano dans l'usine de Singur dès la fin octobre 2008. En 2007 cependant, les paysans locaux commencent à protester contre l'acquisition des terres pour l'usine. Le différend dégénère rapidement en crise politique, prenant au dépourvu Tata Motors. Comme les protestations s'intensifient en 2008, Ravi Kant, alors directeur général de Tata Motors (et plus tard son vice-président), prend une décision audacieuse : il annule le plan initial de fabrication et déplace en urgence la production de la Nano à Sanand, dans le Gujarat, un État plus favorable aux industriels, à l'autre extrémité du pays.

Ravi Kant n'a pas embauché un consultant en management pour le conseiller sur la marche à suivre, il a simplement fait confiance à son instinct et a pris la bonne décision compte tenu des circonstances[5]. En quatorze mois seulement (par rapport aux vingt-huit mois prévus pour le site de Singur), Tata Motors a construit une nouvelle usine à Sanand, où la production des Nano peut commencer en juin 2010[6].

Un an plus tard, Ravi Kant et son équipe ont dû démontrer une nouvelle fois leur capacité à s'adapter aux circonstances, en rapide évolution : les Nano ne se vendaient pas aussi bien que prévu. Les ventes mensuelles étaient bien en dessous de la prévision optimiste de 20 000 unités. Plutôt que de se contenter de cette piètre performance, les leaders de Tata Motors ont improvisé un nouveau plan de commercialisation. Le modèle de distribution d'origine prévoyait que Tata Motors enverrait les voitures en kit à travers tout le pays à des entrepreneurs locaux qui assureraient ensuite l'assemblage final des Nano, à proximité des clients, créant ainsi des emplois dans des communautés locales. Avec des ventes stagnantes, cette première vision a dû être révisée : les cadres de Tata Motors sont retournés à leur table de travail et ont rapidement réorganisé la chaîne logistique de la Nano au profit d'un système plus simple, où la fabrication et l'assemblage seraient assurés sur le site du Gujarat, et la distribution à travers un réseau de revendeurs traditionnels dans tout le pays. Mais il y a eu encore un hic : les clients ruraux, tels que les agriculteurs, ne s'aventuraient pas dans les showrooms Tata des petites villes, entre autre parce qu'ils se sentaient intimidés par les concessionnaires en costume-cravate.

Cet échec a conduit Tata Motors à repenser ses showrooms en milieu rural pour les rendre plus informels, avec des vendeurs vêtus de façon ordinaire, qui pourraient proposer la Nano aux agriculteurs autour d'une tasse de thé (le fameux chaï indien). Tata Motors a également lancé une campagne de publicité à la télévision nationale et commencé à offrir des crédits à la consommation très attractifs pour attirer les consommateurs indiens économes. Finalement, la société a adapté sa stratégie marketing : au lieu de promouvoir la Nano comme « la voiture la moins chère du monde », ce qui a conduit les media du monde entier à l'appeller « la voiture des pauvres » expression pas très flatteuse même pour les consommateurs à la base de la pyramide économique, Tata Motors a positionné la Nano comme une marque « aspirationnelle » pour la classe moyenne ascendante indienne. En s'adaptant en permanence, en affinant son business model et en mettant en œuvre des changements en quelques semaines et non en quelques mois, Tata Motors a su faire décoller progressivement les ventes de Nano, bien que toujours plus faibles que prévu[7]. Il est en fait très probable que le succès futur d'une voiture aussi révolutionnaire dépendra de cette adaptation rapide et flexible des dirigeants de Tata Motors, comme ils l'ont d'ailleurs déjà prouvé dans le passé[8].

Les innovateurs jugaad empruntent plusieurs voies pour atteindre leur objectif

L'imprévisibilité est la norme sur les marchés émergents. En raison de la grande diversité des consommateurs et des changements rapides dans leurs habitudes de consommation, il est difficile de prédire comment ils vont répondre au lancement de nouveaux produits et services, et comment de nouvelles stratégies commerciales vont fonctionner, sur les marchés ruraux par exemple. Les innovateurs jugaad peuvent avoir une vision claire de là où ils veulent aller, mais ils doivent être prêts à essayer différentes voies pour y parvenir. Plus précisément, ils doivent être prêts à expérimenter en permanence afin d'atteindre leurs objectifs, et ils doivent être suffisamment souples pour passer rapidement d'une stratégie à une autre en cours de route.

Le docteur Mohan, par exemple, a expérimenté un grand nombre de voies pour atteindre avec frugalité mais de façon efficace les communautés rurales, que ce soient les consommateurs (en l'occurrence les patients) ou les employés. Quand il a envoyé les techniciens de son hôpital de ville travailler, au tarif de la ville qui plus est, dans des villages reculés, il a constaté que ces techniciens, très compétents, retournaient rapidement à leur travail en ville. Il a alors développé un programme de formation dans son hôpital situé en ville pour donner aux jeunes hommes et femmes des villages les compétences de base pour travailler dans le secteur de la santé. Après trois mois environ, ces professionnels nouvellement formés en soins de santé étaient prêts à retourner dans leurs foyers en milieu rural, et à y rester. Ceci a également contribué à réduire les coûts du modèle économique de Mohan, ainsi que le taux de rotation du personnel. Dans ses tentatives de travailler avec des partenaires non traditionnels pour développer une plateforme de télémédecine rentable, Mohan a vécu une expérience similaire ; bien qu'initialement il ait envisagé d'établir un partenariat avec des fournisseurs connus de technologies coûteuses, Mohan s'est finalement allié à l'ISRO (Organisation indienne de recherche spatiale) qui lui a fourni sa camionnette de télémédecine itinérante avec une liaison satellite gratuite vers sa clinique basée à Chennai.

Les innovateurs jugaad agissent avec rapidité et flexibilité

Sur les marchés émergents, les nouvelles menaces comme les opportunités peuvent surgir de façon totalement imprévue. Ceci force les innovateurs jugaad à ne pas seulement penser, mais aussi à agir avec flexibilité. En faisant preuve d'agilité, ils peuvent rapidement faire face aux obstacles imprévus et saisir des opportunités inattendues, liées par exemple à l'évolution des besoins des clients, plus rapidement que leurs concurrents. Un exemple très parlant à cet égard est celui de Zhang Ruimin. Zhang, déjà introduit dans le premier chapitre, est le P.-D.G. de Haier, société chinoise de biens de consommation qui suscite l'inquiétude de sociétés telles que GE et Whirlpool. Sous la direction de Zhang, Haier a connu, en l'espace d'une décennie, une progression considérable en Amérique du Nord et en Europe, grâce à la vente d'appareils de qualité à des prix bien inférieurs à ceux des fournisseurs occidentaux, notamment Whirlpool et GE. Armé de sa stratégie « value for money » (meilleur rapport qualité-prix), Haier a secoué le marché entier des biens de consommation, non seulement dans les secteurs traditionnels tels que les climatiseurs et les machines à laver, mais également dans des segments de niche comme les caves à vin électriques. Par exemple, Haier a lancé un refroidisseur de bouteilles de vin à 704 dollars, deux fois moins cher que celui de La Sommelière, leader sur ce marché. En deux ans, Haier a connu un bond de 10 000 % de ses ventes et contrôle désormais 60 % du marché américain (en valeur)[9].

Ce qui rend Haier si novateur, ce n'est pas seulement ses produits de qualité à un prix attractif, c'est aussi la structure flexible de son organisation. Zhang estime qu'à l'ère de l'Internet, les fabricants d'appareils tels que Haier ont besoin de passer d'une production de masse à la personnalisation de masse et doivent donc commencer à penser et à agir rapidement, comme le font Facebook et Google : « Désormais, on ne privilégie plus tant la promotion en termes de coût ou de prix avantageux que la différenciation des services, principalement centrée sur l'expérience des clients[10]. »

Pour détecter et répondre aux besoins de ses clients plus vite que ses concurrents, Zhang en est venu à une innovation jugaad : il a radicalement repensé l'organisation de Haier, qui emploie actuellement plus de 50 000 personnes dans le monde. Plus précisément, il a remplacé l'organisation pyramidale de Haier par un réseau faiblement structuré composé de plus de quatre mille unités autogérées et transversales (y compris la R&D, la chaîne d'approvisionnement, les ventes et le marketing) qui interagissent directement avec les clients et qui prennent des décisions de façon autonome. Chaque unité fonctionne comme un centre de profit indépendant qui est évalué en tant que tel. Zhang parle de cette innovation organisationnelle, grâce à laquelle les travailleurs, en première ligne, peuvent détecter et répondre à la demande des consommateurs, comme d'une opération ayant permis de « rendre petite une grande entreprise », et de conserver la flexibilité caractéristique d'une start-up[11].

Pour permettre à cette structure ascendante (*bottom-up*), axée sur les clients, de fonctionner, Zhang a inversé le rôle des managers, qui passent de commandeurs et superviseurs à supporters et fournisseurs, et s'assurent que les unités indépendantes ont les ressources nécessaires pour répondre aux demandes des clients, et ce aussi rapidement que possible (Zhang ne veut pas que les managers soient en charge des consommateurs car ils ne sont pas directement en contact avec eux)[12].

Cette flexibilité organisationnelle permet à Haier de réagir rapidement aux besoins changeants ou inattendus du client, et d'innover plus vite, mieux et moins cher que ses concurrents. Par exemple, en Chine, tout appel vers le centre national du service à la clientèle de Haier reçoit une réponse après trois sonneries et un technicien est dépêché sur place dans les trois heures, même le dimanche. Il y a quelques années, ce service a reçu l'appel d'un agriculteur d'un village reculé de la province du Sichuan qui se plaignait que le tuyau de vidange de sa machine à laver était constamment bouché. Le technicien Haier, dépêché sur place, a constaté que l'agriculteur utilisait sa machine pour enlever la boue de ses pommes de terre fraîchement récoltées, ce qui causait l'obstruction. La plupart des sociétés auraient réagi en répliquant que cette machine n'était pas conçue à cet effet, comme l'a remarqué Philip Carmichael, président de Haier pour l'Asie-Pacifique, mais Haier a fait le constat suivant : « Ce gars-là (agriculteur) n'est pas le seul à avoir essayé de laver des pommes de terre dans cette machine. Est-il possible d'adapter celle-ci à ce besoin ? Peut-être pouvons-nous concevoir une machine qui lave à la fois les pommes de terre et les vêtements[13]. »

C'était un bon moyen de tester le mode de pensée flexible chez Haier : il s'avère que des millions de paysans chinois utilisent effectivement couramment leurs machines à laver pour nettoyer les légumes. Sentant une opportunité de marché importante, les équipes transversales de Haier ont rapidement fait appel à leur intuition pour développer une machine à laver avec de plus gros tuyaux qui pourrait également traiter les légumes. Le produit a été un immense succès parmi les agriculteurs. Mais les équipes créatives de Haier ne s'en sont pas tenues là. Elles ont également inventé une machine à laver capable de peler les pommes de terre et ont même conçu un modèle pour les éleveurs de Mongolie intérieure et du plateau tibétain qui permet de baratter le lait de yak ! Ces inventions ont finalement inspiré à Haier une machine à laver les vêtements sans détergent, lancée en 2009. Cette innovation révolutionnaire a contribué à propulser Haier à la première place du marché des équipements de blanchisserie, non seulement en Chine mais aussi dans le monde entier[14].

Les innovateurs jugaad, à l'image des employés de Haier, ont un grand pouvoir d'adaptation. Ils ont les pieds sur terre et sont capables d'agir avec une grande flexibilité, ce qui les favorise considérablement dans le contexte des marchés émergents, caractérisés par une extrême imprévisibilité. Les dirigeants occidentaux confrontés à la volatilité et à l'incertitude croissantes dans leur propre environnement devraient apprendre à penser et à agir de manière flexible, mais, comme nous allons le voir, ceci est plus facile à dire qu'à faire !

POURQUOI LES ENTREPRISES OCCIDENTALES SONT-ELLES SI PEU FLEXIBLES ?

Être flexible et adopter de nouveaux business models – comme le font Mohan, Hande, Tata ou Zhang – devient incontournable pour les firmes occidentales, non seulement pour pénétrer les marchés émergents et y croître, mais aussi pour survivre au sein de leurs propres marchés. Or, de nombreuses entreprises occidentales continuent à exercer leurs activités comme par le passé, ignorant la tourmente qui menace leur propre environnement. On peut dénombrer cinq causes à l'origine de la difficulté des entreprises occidentales à penser et à agir de manière flexible : la complaisance, la logique binaire, l'aversion au risque, la démotivation des employés, et enfin des processus de développement de produits rigides et chronophages. Examinons chacune de ces causes en détail.

La complaisance

Nous l'avons vu dans le chapitre 2, selon Carol Dweck, professeur de psychologie à l'université de Stanford, les individus possèdent généralement l'un des deux états d'esprit suivants[15] :

- Un état d'esprit rigide – c'est-à-dire qu'ils croient que leurs qualités et celles des autres sont immuables.
- Un état d'esprit souple – c'est-à-dire qu'ils croient que leurs qualités sont perfectibles, et peuvent se nourrir des efforts fournis[16].

Chaque entreprise possède également l'un de ces états d'esprit, mais de nombreuses entreprises occidentales ont tendance à souffrir du type rigide. Cette mentalité rigide provient souvent d'un processus d'innovation structuré. De plus, paradoxalement, ce sont souvent les réussites passées qui sont à l'origine d'une certaine complaisance pouvant entraîner l'échec. Plus précisément, la complaisance issue des succès passés rend les sociétés aveugles. En effet, chaque défi est unique et nécessite une approche différente pour réussir. Or, lorsqu'elles sont confrontées à de nouveaux défis, les entreprises ont tendance à réutiliser les solutions « essayées et testées » plutôt que d'en développer d'autres, radicalement nouvelles. C'est ce que relève Prasad Kaipa, coach de dirigeants et expert en leadership : « Les mêmes compétences de base, qui ont permis aux sociétés occidentales de si bien réussir aux premiers stades de leur cycle de vie, finissent par devenir aussi leur talon d'Achille, c'est-à-dire leur " incompétence de base ", qui va finir par les faire chuter[17]. »

Shashank Samant, président de GlobalLogic, entreprise qui fournit des services de R&D à des entreprises de technologies de premier plan, fait quant à lui l'observation suivante : « Beaucoup de grandes entreprises de technologies de pointe sont devenues victimes de leur propre succès : elles ont d'abord connu le succès en surfant sur la vague d'un cycle technologique majeur, généralement de sept à huit ans, mais ne savent pas comment surfer sur la vague suivante. Elles n'arrivent pas à comprendre que l'innovation qui a prévalu lors du premier cycle n'est plus pertinente pour le nouveau cycle. Elles sont aussi réticentes à retourner à leur table de travail et à inventer des solutions de nouvelle génération car elles ne sont pas disposées à désapprendre pour faire émerger de meilleures pratiques. La mauvaise nouvelle est que les cycles technologiques sont désormais de plus en plus courts, obligeant les opérateurs historiques à désapprendre et à réapprendre encore plus vite[18]. »

GlobalLogic a récemment conclu un partenariat avec une société américaine de technologie pour actualiser son produit, vieux de quinze ans, conçu avant l'ère du Web. Techniquement supérieur, ce produit a connu une grande réussite dans ses premières années, mais il a finalement perdu son avantage quand les jeunes utilisateurs ont préféré à son interface grossière celles de Facebook ou de Google. La société a demandé à GlobalLogic d'améliorer son produit afin qu'il soit mieux adapté aux préférences des nouvelles générations d'utilisateurs. L'équipe de développeurs de GlobalLogic, composée de programmeurs indiens et ukrainiens, tous âgés de vingt à trente ans, a alors conçu une interface utilisateur aussi facile à utiliser que celle de Facebook. Leur démonstration a séduit les cadres supérieurs de la société américaine de technologie. Toutefois, un cadre intermédiaire a exprimé des réserves : « Cette nouvelle interface semble parfaite. Mais elle n'est pas adaptée à notre ancien standard de développement de logiciels aux États-Unis. » Il ne se rendait pas compte que le but même d'un partenariat avec GlobalLogic était justement de se débarrasser de cet ancien standard et d'en introduire un nouveau adapté au XXIe siècle. En fin de compte, la société de technologie a préféré conserver son ancienne interface utilisateur, passant ainsi à côté d'une opportunité pour réinventer son produit et faciliter son adoption par les générations d'utilisateurs Y et Z. La complaisance conduit souvent à une incapacité à se débarrasser des vieux schémas de pensée et de comportement. Cela sonne souvent le glas pour les individus et les organisations, surtout quand ils sont confrontés à la complexité.

La logique binaire

Les sociétés occidentales et leurs dirigeants opèrent souvent dans un monde en noir et blanc qui confère un sentiment de prévisibilité sur les choses. Les concurrents sont « mauvais » et les partenaires sont « bien ». Les réglementations sont typiquement « mauvaises pour les affaires », alors que les politiques protectionnistes sont « bonnes ». Et bien que certaines entreprises aiment « faire le bien » dans le cadre de leur responsabilité sociale d'entreprise (RSE), elles s'inquiètent surtout de « faire bien » au cœur de leurs activités à but lucratif. Cette pensée binaire, profondément enracinée, empêche les entreprises de réconcilier des polarités évidentes, processus qui pourrait ouvrir la voie à des innovations radicales. Doreen Lorenzo, présidente du cabinet de conseil en innovation et en design de frog, souligne : « Nous entrons dans un " monde gris " où les choses ne sont plus en noir et blanc – des concurrents d'hier peuvent devenir des partenaires de demain – et il existe de multiples nuances de gris. Bien des nuances peuvent être déconcertantes au début, mais on se rend compte en fait qu'elles représentent autant d'opportunités pour des innovations radicales[19]. »

Le cas de Big Pharma est instructif à cet égard : les nuances de gris, déconcertantes au début, apparaissent plus tard comme autant d'opportunités. De nombreuses entreprises pharmaceutiques occidentales ont toujours ignoré les segments à faible revenu sur les marchés émergents car ils regroupent des consommateurs trop pauvres pour acheter leurs médicaments. Mais ce faisant, ces sociétés n'ont pas réussi à s'adapter aux nouveaux contextes et à comprendre une donnée fondamentale : bien que les pauvres aient de bas revenus, ils ont aussi désormais de grandes aspirations, un paradoxe mais une réalité dans les pays émergents[20]. À la différence de SELCO, Big Pharma n'a pas pris le temps, dans le passé, d'expérimenter de nouveaux modèles économiques qui lui auraient permis de fabriquer et de commercialiser de manière rentable des médicaments pour les quatre milliards de consommateurs à faibles revenus de la planète[21]. Ce n'est que maintenant, alors que les marchés occidentaux sont devenus saturés et de plus en plus réglementés, que les grands laboratoires se démènent pour trouver des moyens novateurs afin de tirer parti des opportunités immenses offertes par « la base de la pyramide économique » (BOP), un marché qui, pour l'essentiel, continue de leur échapper[22].

L'aversion au risque

De nombreuses entreprises occidentales ne cherchent pas à développer des produits radicalement nouveaux car elles ont peur que ces produits ne cannibalisent leur offre existante. Même lorsqu'elles développent de tels produits, nombreuses sont celles qui ne parviennent pas à les commercialiser, car des concurrents adroits empiètent sur leurs principaux marchés. C'est un phénomène courant que Clayton Christensen, de Harvard Business School, a surnommé le « dilemme de l'innovateur[23] ». Ce problème est aggravé par le fait que le rôle des P.-D.G., dont les mandats sont de plus en plus courts, se borne désormais à obtenir des résultats à court terme plutôt qu'à conduire des changements sur le long terme. Prenons l'exemple d'un directeur général d'hôpital, qui, en moyenne, reste moins de six ans à la tête d'un établissement : ce n'est pas assez long pour investir dans des innovations audacieuses, comme celle du docteur Mohan, qui peuvent mettre plusieurs années à porter leurs fruits[24].

Le cas le plus frappant qui illustre ce « dilemme de l'innovateur » est peut-être celui de Kodak. Pendant 90 ans, l'entreprise a réussi à vendre des caméras analogiques bon marché et à tirer la plupart de ses recettes de la vente et du traitement des pellicules photographiques. Même si l'entreprise a bel et bien inventé l'appareil photo numérique, elle n'a pas réussi à ajuster son ancien modèle économique, adapté à un monde analogique, à celui du monde numérique, dans lequel les utilisateurs peuvent facilement imprimer leurs photos à la maison ou les diffuser en ligne. Des rigidités similaires, liées à l'aversion au risque, sont responsables de l'échec, si ce n'est de la disparition des distributeurs traditionnels de livres, tel Borders, face à des modèles économiques de vente en ligne comme Amazon.

La démotivation des employés

Certaines sociétés occidentales s'essaient à « l'intrapreneuriat » (aussi connu sous l'appellation « skunkworks ») ou au « jamming », initiatives qui encouragent les employés à penser de manière flexible et à trouver des idées non conventionnelles pour de nouveaux produits ou procédés. Malheureusement, les bonnes idées qui viennent de ces initiatives sont rarement mises en œuvre, soit en raison du manque d'engagement de la direction soit parce que celle-ci a peur de la cannibalisation. Pire, il arrive que les employés soient sanctionnés lorsque leurs idées échouent commercialement. Les employés deviennent alors progressivement cyniques ou craintifs : ils commencent à sentir que la flexibilité de leur état d'esprit est sous-estimée, et à jouer la sécurité. Tout cela encourage en outre la pensée de groupe, et personne n'ose remettre en question ou changer le statu quo. Le désengagement des employés grandit et grippe le moteur de l'innovation de l'entreprise. Au fil du temps, tout le monde se contente d'une innovation incrémentale, consistant à améliorer les produits existants, plutôt que d'investir du temps et des efforts dans des innovations radicales.

À l'appui de ce point de vue, un sondage Gallup révélait fin 2011 que seuls 29 % des travailleurs américains étaient engagés dans leur travail, ce qui signifie que seuls 29 % d'entre eux travaillent avec passion, sentent que leur apport est apprécié et ont un lien profond avec leur entreprise. Inversement, 52 % disaient ne pas se sentir engagés dans leur travail, et, plus inquiétant, les 19 % restants prétendaient être activement désengagés[25]. Cette désaffection généralisée des salariés est à la fois le symptôme et la cause de l'approche inflexible et rigide vis-à-vis de l'innovation de nombreuses entreprises occidentales.

Des processus de développement des produits rigides et chronophages

Bien sûr, plusieurs entreprises occidentales pensent en termes de flexibilité et parviennent à développer des idées réellement innovantes. Même ces entreprises, cependant, peinent à commercialiser leurs idées pionnières rapidement, et ce pour deux raisons. Tout d'abord, elles prennent beaucoup de temps pour mener des études de marché en vue de valider leur idée, et autant de temps pour planifier et développer un produit « parfait ». Deuxièmement, elles sont paralysées par des processus rigides tels que le Six Sigma et par le fait que les départements, notamment la R&D et le marketing, avec lesquels la coopération est nécessaire pour mettre en œuvre l'innovation ont tendance à travailler de manière cloisonnée. Eric Schmidt, président exécutif de Google, insiste sur le fait que les employés qui travaillent trop longtemps dans une entreprise, quelle qu'elle soit, finissent par tomber dans un processus de développement répétitif qui tend à devenir trop rigide et à étouffer leur créativité et leur esprit d'innovation, et il remarque : « La véritable innovation est difficile à impulser quand vous avez une culture du processus de type Six Sigma [c'est-à-dire n'autorisant que d'extrêmement faibles défauts de fabrication]. La gestion des risques minimaux veille sur la bonne marche du processus, et préfère donc le garder intact[26]. »

Dans un environnement économique en mutation rapide, dans lequel les besoins des clients peuvent changer en une nuit et les cycles de vie des produits sont écourtés par une concurrence agressive, il ne suffit pas de penser de façon flexible. Les entreprises doivent également agir avec agilité. Tim Harford note dans son livre *Adapt* : « Le monde est devenu beaucoup trop imprévisible et profondément complexe [...]. Nous devons nous adapter, improviser plutôt que planifier, travailler de bas en haut plutôt que de haut en bas, et faire des petits pas plutôt que de grands bonds en avant[27]. » Il faut, par exemple, aux fabricants occidentaux de téléphones portables comme Nokia et Motorola de nombreux mois pour planifier, élaborer et lancer un téléphone portable, souvent archi-sophistiqué. En revanche, leurs rivaux chinois et indiens, tels HTC, Huawei ou Spice, s'appuient sur une expérimentation rapide : ils lancent des modèles assez bons en quelques semaines et continuent à en améliorer la conception sur chaque modèle ultérieur à l'aide des retours du marché, et ce en temps réel[28]. L'arme secrète de ces innovateurs asiatiques est leur flexibilité organisationnelle. HTC, Huawei et Spice utilisent habituellement des équipes de développement transversales qui éliminent les lacunes de communication entre les principaux acteurs responsables du développement des produits et de leur lancement. De la même façon, Google s'est organisé autour d'un réseau souple et dynamique de petites équipes qui peuvent réagir rapidement aux besoins du marché en lançant de nouveaux produits le plus rapidement possible. Eric Schmidt, directeur exécutif de Google, explique : « Nous n'avons pas de plan à deux ans. Nous avons un plan pour la semaine prochaine et un plan pour le prochain trimestre[29]. »

APPRENDRE À IMPROVISER

Pour se libérer des contraintes qui empêchent les entreprises occidentales d'être flexibles – la complaisance, la pensée binaire, l'aversion au risque, la démotivation des employés et les processus rigides –, les entreprises occidentales devraient apprendre à improviser, expérimenter et adapter leurs modèles économiques aux circonstances changeantes. Mais se libérer n'est pas facile : les pressions pour obtenir de solides résultats à court terme découragent souvent le management de penser radicalement autrement. Pourtant, il existe de nombreuses stratégies que les sociétés occidentales – enlisées dans des processus structurés traditionnels – peuvent adopter pour cultiver et entretenir un état d'esprit et des pratiques flexibles.

Briser les règles et faire évoluer les valeurs si nécessaire

Les croyances et les valeurs conventionnelles ont une durée de vie limitée : elles ne sont pas éternellement bonnes. Les innovations de rupture se produisent lorsque les croyances et les valeurs tenues pour acquises sont contestées, et non pas renforcées. Par exemple, dans de nombreuses entreprises, la pensée flexible est sacrifiée sur l'autel des « valeurs de l'entreprise ». Ces sociétés ne parviennent souvent pas à prendre conscience que leurs valeurs d'entreprise ont précisément perdu de leur valeur avec le temps et qu'elles ont besoin d'être révisées pour refléter les nouvelles réalités du marché et les bouleversements sociétaux. En juillet 2003, pour empêcher cette sclérose, Sam Palmisano, alors P.-D.G. d'IBM, organise un « Values-Jam » – brainstorming de trois jours en ligne où tous les employés sont invités à renouveler et actualiser le système de valeurs centenaire d'IBM[30]. Cet exercice collaboratif a permis de redéfinir la notion même d'innovation, une valeur centrale d'IBM, qui se mesure non pas au nombre de brevets déposés ou de produits expédiés mais à l'impact de l'entreprise sur la société. Cette capacité à réévaluer son positionnement dans la société et la volonté de changer ses orientations stratégiques ont conduit IBM à lancer son initiative *Smart Planet*, qui vise à utiliser la technologie pour bâtir des collectivités durables dans le monde[31].

Ne pas laisser investisseurs et clients inflexibles dicter votre programme d'innovation

Parce que les partenaires externes ont souvent tendance à être conservateur ou qu'ils manquent d'une vision prospective, il est probablement préférable de ne pas leur demander leur validation pour de tout nouveaux produits et services. Rappelez-vous ce que disait le célèbre Henry Ford : « Si j'avais demandé à mes clients ce qu'ils voulaient, ils auraient dit " des chevaux plus rapides." » Plus récemment, on trouve l'exemple d'Apple, qui n'a procédé à aucune étude de marché approfondie pour en arriver à l'iPad. Ce qui était peut-être tout aussi bien, étant donné que de nombreux consommateurs, analystes et experts des médias étaient convaincus qu'il n'y avait pas de marché pour ce produit. Pourtant, on le sait, l'iPad a constitué une innovation radicale, désormais copiée avec acharnement par tous les rivaux d'Apple[32].

Ménager temps et espace aux employés pour leur permettre d'improviser et d'expérimenter

Les entreprises peuvent difficilement attendre de leurs employés qu'ils pensent de manière flexible tout en poursuivant leur routine dans leur environnement de travail habituel. Pour être en mesure de penser et d'agir avec flexibilité, les employés ont besoin de temps dédié et d'un espace inspirant pour expérimenter de nouvelles idées. Google est un bon exemple d'une entreprise qui donne à ses employés un temps suffisant pour l'improvisation. Il utilise un modèle d'organisation du travail 70/20/10 : ses employés passent 70 % de leur temps à des tâches commerciales, 20 % à des projets connexes, et 10 % à des projets sans aucun rapport avec leur activité principale. Beaucoup d'innovations à succès de Google, telles Google Maps et Google Mail, ont été développées par des employés durant les 30 % du temps passé en dehors de leur activité routinière, quand ils sont en mesure de penser différemment[33].

Reconnaissant que l'entreprise pouvait faire encore davantage pour encourager cette pensée créatrice, Google a lancé en janvier 2011 un nouveau dispositif expérimental d'incubation consacré à la création d'applications mobiles, sociales et de géolocalisation.

L'incubateur est situé à San Francisco, à une heure du siège de Google à Mountain View, et fonctionne avec une petite équipe d'une vingtaine de personnes habilitées à réfléchir de manière flexible et à démarrer de nouvelles start-up au sein même de Google. John Hanke dirige l'équipe. C'est lui qui a dirigé Google Maps pendant six ans. « Notre objectif est de lancer rapidement des prototypes et de voir ceux qui marchent », affirme-t-il. Bien sûr, la plupart des entreprises conçues dans cet incubateur vont échouer, mais certaines vont réussir et générer des milliards de dollars pour Google. En mettant à la disposition de ses employés un endroit sûr pour expérimenter – et échouer –, Google se donne les moyens de maintenir un état d'esprit flexible propre à susciter des percées innovatrices[34].

Sortir de sa zone de confort pour obtenir de nouvelles perspectives

Pour penser de manière véritablement flexible, les managers doivent sortir de leurs zones de confort et s'exposer à des situations nouvelles qui les contraignent à penser différemment. Ainsi, DuPont a envoyé ses cadres supérieurs dans l'Inde rurale, où ils ont pris une leçon d'humilité. Aucune de leurs solutions technologiques coûteuses, conçues pour les marchés urbains des pays occidentaux, ne s'est avérée pertinente pour des villageois indiens à faibles revenus. Cette expérience a forcé les dirigeants de DuPont à retourner à leur table de travail et à co-créer avec les communautés locales un jeu entièrement nouveau de solutions abordables et durables, conçues pour des marchés émergents en croissance rapide comme l'Inde[35].

Développer des partenariats avec des penseurs flexibles

Parfois, une bonne manière de nourrir la flexibilité est de s'associer avec d'autres entreprises, qui sont déjà souples et agiles.

Par exemple, le géant américain de la distribution de produits électroniques, Best Buy, a des liens profonds avec des start-up de la Silicon Valley qui ont tendance à innover plus vite et mieux que les groupes d'électronique grand public fournisseurs de Best Buy. Résultat, Best Buy est en mesure d'apporter des technologies innovantes sur le marché, beaucoup plus rapidement même que ses grands fournisseurs de produits électroniques. C'est après un premier aperçu de la Slingbox de Sling Media (technologie qui permet aux téléspectateurs d'envoyer sur leurs appareils mobiles la programmation télé depuis chez eux) que Best Buy a pu, par exemple, mettre sur le marché cette innovation, avec plusieurs mois d'avance sur ses principaux concurrents[36].

IBM est un autre exemple de société qui collabore avec des penseurs agiles. Bien qu'elle emploie trois mille chercheurs et ingénieurs en interne et dépose plus de brevets chaque année que n'importe quelle autre entreprise, IBM a néanmoins ouvert des « collaboratories » – unités de laboratoires situées au sein d'universités de premier plan dans le monde entier – dans lesquelles les chercheurs d'IBM travaillent en étroite collaboration avec des universitaires agiles d'esprit en vue de co-créer des technologies de pointe. Ces technologies incluent les réseaux électriques intelligents, les réseaux de transport fiables et les solutions de soins de santé rentables qui pourraient avoir un grand impact social et économique global[37].

Expérimenter avec de multiples modèles économiques

Souvent, les entreprises demeurent trop attachées à un modèle économique qui a réussi dans le passé et il leur paraît pratiquement impossible de l'abandonner, ou encore d'explorer d'autres options. Mais la concurrence peut surgir de toutes parts et de façon inattendue, et perturber un modèle d'entreprise du jour au lendemain. Des penseurs flexibles gardent toutes les options ouvertes et expérimentent plusieurs modèles économiques simultanément. La société indienne de biotechnologie Biocon a par exemple mis au point un traitement d'insuline par voie orale contre le diabète qu'elle commercialise par le biais de canaux directs dans les marchés émergents, et dont elle a par ailleurs confié à Bristol-Myers Squibb les licences pour les marchés occidentaux[38]. De la même façon, Amazon, conscient du risque d'obsolescence pour son propre modèle en ligne – notamment face à la progression du nombre de lecteurs de livres électroniques –, a fait preuve de flexibilité en développant un nouveau modèle économique, son propre lecteur numérique, le Kindle, tout en maintenant sa position dominante dans la distribution en ligne[39].

Échouer souvent, rapidement et à un faible coût

Corollaire de la volonté des innovateurs jugaad de continuellement expérimenter est leur volonté d'échouer mais d'échouer rapidement, souvent et pour pas cher. Fernando Fabre, président de Endeavor, société mondiale à but non lucratif qui soutient des entrepreneurs à fort potentiel en provenance des marchés émergents, souligne le fait que les entrepreneurs jugaad ne prennent généralement pas de risques trop importants. En se fondant sur une étude détaillée qu'elle a menée auprès de 55 entrepreneurs à fort potentiel dans onze pays, Endeavor a constaté que, contrairement aux entrepreneurs de la Silicon Valley – qui sont soutenus par le capital-risque et peuvent donc tenter le tout pour le tout (le prochain Facebook ou rien) – les entrepreneurs des pays émergents commencent avec ce qu'ils ont (pas beaucoup) et ceux qu'ils connaissent (amis et famille). Ils font rarement quelque chose d'aussi téméraire que d'hypothéquer leur maison. Par conséquent, ils partent avec de petits budgets de départ qui, au lieu de les contraindre à s'accrocher à leurs idées, les obligent à expérimenter d'une manière frugale, qui n'entraîne pas de pertes importantes, à changer de cap dès qu'ils s'aperçoivent qu'ils sont loin de réaliser leur objectif, et ceci, compte tenu de leur volonté d'essayer différents moyens pour atteindre leurs objectifs, de manière itérative[40].

Les innovateurs occidentaux ont beaucoup à gagner à adopter ces pratiques des entrepreneurs jugaad. Ils peuvent se tourner vers Google et Best Buy, bonnes sources d'inspiration. Chez Google, l'échec est largement admis, en particulier s'il intervient rapidement et n'a donc pas engendré trop de dépenses. Par exemple, en juin 2011, Google s'est retiré de deux projets de grande envergure, Google Health et Google PowerMeter, qui avaient été lancés respectivement en mai 2008 et février 2009. La société a alors invoqué son incapacité à monter en régime sur ces projets[41]. De la même façon, début 2011, Best Buy a fermé ses grandes surfaces en Chine, à peine cinq ans après les y avoir installées, justifiant cette fermeture par une concurrence locale plus forte que prévu et le fait que son format de magasin à l'occidental ne plaisait pas aux consommateurs chinois. « Nous avons expérimenté une nouvelle approche en Chine », explique Kal Patel, ancien président de Best Buy en Asie, ajoutant : « Cela valait la peine d'essayer, étant donné la taille du marché chinois. Mais ça n'a pas fonctionné, et nous avons donc refermé le robinet avant d'avoir à essuyer trop de pertes. Nous avons essayé de faire preuve de souplesse à la fois à notre entrée et à notre sortie de Chine. Sur des marchés peu prévisibles comme le marché chinois, il est essentiel de réagir vite face à l'échec[42].» Contrairement à Best Buy, d'autres fabricants et détaillants occidentaux continuent d'injecter des milliards de dollars pour rester présents en Chine, bien qu'ils perdent régulièrement des parts de marché face à leurs concurrents locaux.

BRISER LES SILOS ORGANISATIONNELS POUR GAGNER EN VITESSE

« Penser flexible » doit aller de pair avec « Agir flexible ». Dans un environnement actuel trépidant, avec des cycles de vie des produits toujours plus courts, les entreprises ont besoin de casser les silos des organisations afin de pouvoir convertir plus rapidement des idées novatrices en produits innovants. Facebook l'a bien compris : bien que sa base d'abonnés ait augmenté, atteignant plus d'un milliard d'utilisateurs, l'entreprise n'emploie encore que 35 concepteurs (designers) environ, au sein d'une structure organisationnelle horizontale[43]. Ces concepteurs travaillent en étroite collaboration avec les responsables du marketing, les ingénieurs, les rédacteurs et les chercheurs dans des équipes multidisciplinaires capables de convertir en quelques heures des idées brillantes en concepts de nouvelles expériences utilisateur. Soleio Cuervo, deuxième concepteur recruté par Mark Zuckerberg en 2005, explique : « Quand j'ai commencé, nous n'étions qu'une poignée de concepteurs de produits. Maintenant, les ingénieurs travaillent avec nous directement. On ne leur balance pas les documents avec nos spécifications. Nous mettons tous l'accent sur l'expérience des utilisateurs du site plutôt que sur le code de procédure[44]. »

Briser les silos internes est encore plus indispensable lorsqu'on essaye de mettre rapidement sur le marché des idées brillantes provenant de sources externes. Par exemple, Procter & Gamble a mis en place un mécanisme appelé Connect & Develop pour accélérer l'approvisionnement et la commercialisation d'idées nouvelles venant de partenaires extérieurs. Désormais, l'entreprise peut lancer des produits prometteurs en quelques mois et non plus en quelques années ; par exemple, la brosse à dents Pulsonic, que P&G a co-développée avec une entreprise leader japonaise. P&G a mis ce produit sur le marché deux fois plus vite qu'elle ne l'aurait fait si elle avait essayé de le faire seule. En octobre 2010, Bob McDonald, P.-D.G. de P&G, a fixé un objectif audacieux à son entreprise : tripler l'impact de Connect & Develop de sorte qu'il soit en mesure de contribuer à hauteur de 3 milliards de dollars annuels à la croissance des ventes de la société. « Nous voulons que les meilleurs esprits dans le monde travaillent avec nous pour créer de grandes idées qui pourraient concerner et améliorer les conditions de vie de plus de consommateurs, dans plus de régions du monde », expliquait alors McDonald[45].

TOUTES LES INFORMATIONS SONT FAITES POUR ÊTRE NUMÉRISÉES

La New York Times Company (NYTC) a démontré avec succès sa capacité à penser et à agir avec flexibilité en offrant à ses employés créatifs un espace et un temps dédiés pour expérimenter leurs idées radicalement nouvelles. De 2007 à 2009, les journaux américains ont connu une baisse d'environ 30 % de leurs revenus de vente (en ligne et hors ligne) ainsi que de la publicité. Avec l'Internet qui tue lentement les médias imprimés et détourne les recettes publicitaires, NYTC a décidé de se réinventer elle-même[46]. En janvier 2006, elle a mis en place un département de R&D, le premier dans l'industrie des médias, employant treize personnes dont l'objectif principal était d'anticiper l'avenir et d'imaginer l'impensable.

Ce département a tenté d'identifier les nouvelles tendances de consommation et de la technologie (médias sociaux, lecteurs numériques ou appareils mobiles) et a formulé des stratégies pour que la NYTC s'adapte à ces nouvelles tendances de façon proactive, plutôt que d'être perturbée par elles. « Ce n'est pas un groupe de développement de produits », précise Michael Zimbalist, vice-président des opérations de recherche et de développement de NYTC, en décrivant la mission de son équipe : « Ce département est beaucoup plus axé sur le suivi des tendances et l'identification d'opportunités[47]. »

Pressentant le potentiel de Facebook, l'équipe R&D a lancé en 2007 une application pour transférer du contenu (y compris un quiz quotidien comme bonus) sur le site du réseau social. Aujourd'hui, le *Times* compte beaucoup plus de membres que n'importe quel autre journal sur Facebook et Twitter. Les innovateurs jugaad de NYTC ont également lié le contenu du *Times* et les cartes de Google Earth, pour montrer les lieux mentionnés dans les articles. Récemment, ils ont créé « Cascade », outil de visualisation de données qui montre comment la diffusion des articles du *Times* et de ses éditoriaux se fait de manière virale sur Twitter dès la parution du journal. Cascade aide NYTC à identifier les twitteurs influents et les meilleurs moments de la journée pour publier une histoire en ligne[48].

Zimbalist croit fermement que les journaux doivent aller au-delà de l'imprimé voire du Web et utiliser les réseaux sociaux, téléphones, TV, et même les voitures intelligentes de demain pour atteindre le plus d'utilisateurs possible. Son équipe cherche à mieux comprendre comment les gens consomment le contenu des médias sur différentes plateformes pour que NYTC puisse y faire des incursions. Prédisant que, dans un avenir imminent, tous les appareils seront connectés via Internet, l'équipe d'innovateurs jugaad de Zimbalist travaille pour permettre aux lecteurs d'accéder au contenu du journal à travers de multiples plateformes interconnectées. Voici un scénario possible, sur lequel NYTC travaille : dans le futur, un lecteur pourra commencer, en fin de journée, à lire sur son ordinateur de bureau un article sur le site Internet du *Times*, continuer à le lire sur son iPhone en quittant son travail, puis écouter un podcast intégré dans l'article en conduisant sa voiture, regarder une vidéo qui accompagne l'article sur la HDTV de son salon et enfin partager l'article avec ses amis via son ordinateur portable personnel. « Nous sommes en train d'étudier les idées avant-gardistes d'aujourd'hui et nous essayons de voir de quelle façon elles auront un impact sur nos décisions de demain », remarque Zimbalist.

En plus de son équipe de R&D jugaad, la NYTC a trouvé d'autres moyens pour encourager la pensée flexible parmi ses quatre mille employés. Elle anime en interne des sessions de brainstorming et organise des défis (challenges) sur l'innovation pour inciter tous ses employés à penser de manière flexible et trouver des solutions jugaad pour répondre aux difficultés de l'entreprise. Récemment, NYTC a également lancé beta620.newyorktimes.com, un site Web public décrit comme « un tremplin pour la créativité de nos développeurs de logiciels, nos journalistes et nos chefs de produits, qui vont l'utiliser comme plateforme pour exposer des idées nouvelles et passionnantes pour le *Times*[49] ». Les lecteurs sont fortement encouragés à donner leur avis sur les inventions jugaad présentées sur ce site.

En exploitant l'ingéniosité de tous ses employés, NYTC met en place une armée d'innovateurs jugaad susceptible de conquérir un monde de l'édition de plus en plus complexe et imprévisible en improvisant des solutions de pointe qui pourraient soutenir la croissance de l'entreprise dans une économie du Web ultra connectée. Ce faisant, NYTC est en train de se réinventer pour devenir un fournisseur de contenu numérique multiplateforme flexible et totalement ouvert sur les médias sociaux.

CONCLUSION

Un nombre déroutant de facteurs méconnus vont déterminer l'avenir d'un monde des affaires de plus en plus complexe.

Au milieu de cette incertitude, les plans à long terme s'avèrent stériles – voire dangereux – et des processus structurés de façon trop rigide empêchent de voir venir les grandes ruptures et de répondre rapidement aux menaces de la concurrence. Pour réussir dans ce monde instable, la capacité à penser et agir avec souplesse est cruciale.

Au sein des marchés émergents, les innovateurs jugaad, confrontés à des incertitudes quotidiennes, sont devenus des maîtres en matière de flexibilité : ils remettent en question les idées conventionnelles, conçoivent des offres entièrement nouvelles, expérimentent via de multiples voies novatrices pour réaliser leurs objectifs, réagissent rapidement face aux changements de circonstances, improvisent des solutions nouvelles et modifient leurs plans au fur et à mesure des évolutions. Les entreprises occidentales ont beaucoup à gagner à adopter une telle flexibilité, remettant ainsi en question leur propre approche plus structurée de l'innovation.

Les innovateurs jugaad tels que le docteur Mohan et Harish Hande ne sont pas seulement des penseurs et des acteurs flexibles. Ils sont aussi des maîtres de la simplicité. La complexité grandissante dans la vie quotidienne les a poussés à simplifier leurs produits et services afin de les rendre plus abordables et accessibles, et à simplifier également les relations avec leurs clients pour tirer un meilleur parti de leurs expériences. Cependant, les solutions simples des innovateurs jugaad ne sont pas simplistes, bien au contraire : en adhérant au credo de Léonard de Vinci selon lequel « la simplicité est l'ultime sophistication », les innovateurs jugaad poursuivent ce que les mathématiciens appellent « l'élégance » dans leurs solutions. Viser la simplicité est le sujet du chapitre suivant.

Entretien avec Bertrand Collomb, président d'honneur de Lafarge

Adapter/Réinventer les modèles économiques pour réussir dans les pays émergents

Lafarge est le leader mondial des matériaux de construction. Son chiffre d'affaires en 2011 était de 15,2 milliards d'euros, dont 63,9 % dans le ciment, 34,2 % dans les granulats et le béton, et le reste dans le plâtre notamment. La mission énoncée par Lafarge sur son site est d'anticiper pour faire progresser les modes de construction.

Chez Lafarge, la recherche porte à la fois sur les nouveaux procédés, l'amélioration des caractéristiques ou des fonctionnalités des produits, et les nouveaux produits. L'innovation est redevenue une orientation claire du groupe. Elle est organisée, même si elle ne provient pas toujours uniquement d'un processus rationnel et structuré. L'ouverture d'esprit est essentielle, les dirigeants doivent savoir favoriser l'initiative – ne pas tuer l'idée nouvelle – mais surtout favoriser le dialogue, le travail en équipe et la coopération.

Créer de nouveaux produits :

Dès 1886, Lafarge a créé un laboratoire de recherche avec le grand chimiste Henri Le Chatelier comme conseiller. Le ciment alumineux et le ciment « superblanc » y ont été inventés au début du XXème siècle. À l'origine en Ardèche, plutôt isolé, le laboratoire de recherche a ensuite été installé dans les années 1990 à Lyon, au sein d'un centre technique international. Ce centre est aujourd'hui le plus grand centre de recherche et de développement mondial dans ce domaine.

Parallèlement ont été développés les services de marketing. Ceci a favorisé les échanges entre équipes et permis notamment de créer de nouveaux produits, en alliant le minéral et l'organique, en travaillant à la fois sur les caractéristiques chimiques et physiques du ciment et des granulats dans le béton. On a pu ainsi faire des produits beaucoup plus résistants, notamment le Ductal, avec lequel on peut réaliser des dalles peu épaisses, mais très résistantes. Ce produit, de façon non prévue, a trouvé d'autres usages et une autre clientèle, comme la décoration (sculptures, meubles en ductal®, pare-soleil…).

Inventer de nouvelles solutions et savoir s'adapter au contexte local :

Cela passe par la maîtrise des processus de mise en œuvre sur les chantiers pour pouvoir les améliorer : par exemple, rendre le béton plus fluide pour pouvoir le mettre en place sans aiguilles vibrantes, sans affecter sa vitesse de prise et sa résistance.

Il faut bien entendu s'adapter à des contextes différents selon les pays, dans le respect des écosystèmes. Lafarge a ainsi ouvert en 2011 un « Construction Development Lab » en Chine et un autre en Inde en 2012 pour rapprocher les centres de recherche des marchés locaux. L'objectif de ces centres est de développer des solutions qui sont non seulement économiquement abordables mais aussi respectueuses de l'environnement. Les pays émergents ont besoin de solutions qui intègrent l'économie et la soutenabilité, qui contribuent à la « construction durable ».

Quelques exemples de cette adaptation : en Inde, améliorer les conditions de vie dans les bidonvilles, en les rénovant, au lieu de tout raser en déplaçant les populations. Pour cela il a fallu mettre au point un béton qui puisse être acheminé en petits véhicules (triporteurs ou charrettes à bras) au lieu du traditionnel camion-toupie. Ailleurs, comme au Brésil, il a fallu s'adapter à une distribution fragmentée en faisant la « tournée du laitier » et en détaillant les palettes de ciment sac par sac !

En Inde, pour le milieu rural, un nouveau liant, l'Aadhar, a été créé pour être mélangé à la terre crue, permettant aux villageois de continuer à bâtir leurs propres maisons, avec une bien meilleure résistance à la mousson. Sans réinventer la roue, il s'agit d'utiliser notre savoir technologique tout en s'inspirant des traditions locales millénaires pour concevoir des solutions plus pertinentes pour les marchés émergents.

S'ouvrir à l'innovation extérieure à l'entreprise :

Produire des nouveaux ciments avec beaucoup moins d'émissions de CO_2 est un des plus grands défis à moyen terme pour l'industrie cimentière. Lafarge développe son propre produit, appelé Aether. Mais plusieurs start-up se sont créées dans différents pays sur des idées assez variées. Lafarge travaille avec certaines d'entre elles, sous forme d'investissement ou d'achat de procédés. Le groupe a par exemple souscrit à l'ouverture du capital de Novacem, une entreprise anglaise innovante.

CHAPITRE 5

PRINCIPE QUATRE

Viser la simplicité

« Je ne donnerais pas une figue pour la simplicité de ce côté de la complexité, mais je donnerais ma vie pour la simplicité de l'autre côté de la complexité. »
Oliver Wendell Holmes

Le docteur Sathya Jeganathan était pédiatre à Chengalpattu, en Inde du Sud, au Government Medical College, hôpital public en milieu rural où la mortalité infantile était alors élevée : 39 enfants sur 1 000 en moyenne mourraient à la naissance. Cette statistique, malheureusement, ne différait pas beaucoup du taux de mortalité néonatale moyen en Inde où, sur les quelque 26 millions d'enfants qui naissent chaque année, 1,2 million meurent au cours de leurs quatre premières semaines[1].

Désireuse de réduire la mortalité infantile dans son hôpital, le docteur Jeganathan essaye d'abord d'importer des incubateurs fabriqués en Occident. Elle trouve rapidement, cependant, le coût d'achat et d'installation de ces incubateurs prohibitif, d'autant que le personnel et la méthode d'entretien nécessaires au bon fonctionnement de ces équipements n'existent pas dans cette partie de l'Inde rurale. Sans se décourager, elle fait alors preuve d'un état d'esprit jugaad. Elle décide de créer son propre incubateur, simple, peu coûteux et facile à utiliser. Avec une équipe d'infirmières et d'électriciens locaux, elle développe un incubateur minimaliste fabriqué à partir d'une table en bois local, avec un couvercle en plexiglas et des ampoules de 100 watts (plutôt que des serpentins radiants), pour maintenir le bébé au chaud et à une température constante. Grâce à cette conception simple, l'incubateur, dont le prix de revient n'excède pas 100 dollars, est facile d'utilisation et d'entretien. Le premier prototype d'incubateur est installé dans son hôpital, à la suite de quoi la mortalité infantile est réduite de moitié. Aujourd'hui, le docteur Jeganathan travaille en étroite collaboration avec la Fondation Lemelson, organisation américaine qui soutient les entrepreneurs dans les marchés émergents, pour affiner et redimensionner son invention afin qu'elle puisse être distribuée dans d'autres hôpitaux ruraux en Inde[2].

Aux États-Unis, les législateurs qui cherchent à répondre à la crise américaine des soins de santé peuvent trouver intéressante l'histoire de l'incubateur du docteur Jeganathan. Les fabricants d'équipements médicaux américains dépensent des milliards de dollars en R&D pour tenter de repousser les frontières de la science et de la technologie et n'obtiennent hélas que des équipements très coûteux et complexes qui nécessitent des techniciens hautement qualifiés pour les faire fonctionner et les entretenir. Dans le processus, ces fabricants d'appareils oublient souvent les besoins fondamentaux des utilisateurs finaux. Après tout, pourquoi faire simple quand on peut utiliser des millions de dollars en R&D pour les rendre plus compliqués ? Les incubateurs haut de gamme vendus dans les pays occidentaux sont dotés de nombreux composants de haute technologie et peuvent coûter jusqu'à 20 000 dollars. Pourtant, ils répondent au même besoin fondamental que la machine génialement simple de Jeganathan qui coûte 200 fois moins : ils gardent les bébés au chaud.

Dans ce chapitre, nous examinons la façon dont les innovateurs jugaad tels que le docteur Jeganathan se situent à l'avant-garde d'une révolution *low-tech* visant à mettre en évidence des solutions « suffisamment bonnes ». Plutôt que d'offrir des équipements trop sophistiqués, les innovateurs jugaad des marchés émergents offrent des produits faciles à utiliser et à entretenir et qui répondent aux besoins fondamentaux des utilisateurs. En les concevant pour les besoins universels les plus essentiels, ils attirent un plus large éventail de consommateurs et dominent ainsi les secteurs où ils opèrent.

Les sociétés occidentales ont souvent adopté une approche de l'innovation du type « plus c'est sophistiqué, mieux c'est » (*bigger is better*), mais les consommateurs sont de plus en plus rebutés par la complexité de la technologie, en particulier pour des produits tels que l'électronique grand public et les automobiles, qu'ils utilisent quotidiennement. Plus important encore, les consommateurs occidentaux, quels que soient leurs niveaux de revenus, sont en train de modifier leur comportement et optent pour une vie plus simple et plus riche de sens. Les entreprises occidentales qui répondent désormais à ces changements sociétaux et de mode de consommation ont toute chance d'en sortir gagnantes à long terme.

Dans ce chapitre, nous verrons que certaines entreprises avant-gardistes tels que Google, Facebook, GE, General Motors, Siemens et Philips sont à la tête de cette intégration de la simplicité dans les produits et services, voire dans l'organisation de leur entreprise, et comment elles forgent, de cette façon, des relations profondes et durables avec les consommateurs.

LES AVANTAGES PRATIQUES DE LA SIMPLIFICATION

Les innovateurs jugaad réussissent sur les marchés émergents en visant la simplicité dans les produits et services qu'ils offrent, avec la motivation suivante : cela leur permet de développer des solutions rapides et efficaces pour les consommateurs aux prises avec la complexité dans leur vie quotidienne. Des produits simples offrent trois avantages :

• *Ils sont moins coûteux à fabriquer et donc plus abordables.* Sur les marchés émergents, les ressources sont rares et chères. Des produits simples – avec moins de fonctionnalités – nécessitent moins de ressources et sont donc plus faciles et moins coûteux à produire et à livrer. Les innovateurs jugaad peuvent répercuter ces économies sur leurs consommateurs, avec des prix plus bas et des produits plus simples, ce qui leur assure un plus grand succès sur le marché.

• *Ils sont plus faciles à installer et à entretenir.* Les marchés émergents sont confrontés à un manque de travailleurs qualifiés pour installer et entretenir des produits complexes. Par exemple, en Inde, 26 % des adultes sont analphabètes et ne peuvent donc pas lire les manuels d'instructions de base, encore moins quand ils sont compliqués. La disponibilité limitée de travailleurs qualifiés signifie que les entreprises ne peuvent pas non plus créer de produits de haute technicité dont l'installation et la mise en place nécessitent du personnel qualifié.

• *Ils peuvent satisfaire un public plus large.* Les consommateurs des pays émergents ont une grande diversité de besoins ainsi que de capacités à utiliser et entretenir les produits. Pour atteindre un public aussi large et divers que possible, les innovateurs jugaad sont obligés de concevoir des produits qui prennent en compte le pouvoir d'achat, le niveau d'alphabétisation et les capacités techniques des couches les moins favorisées de la population.

Concevoir des produits simples est la clé d'une attractivité universelle auprès des divers groupes sociaux.

L'ART DE LA SIMPLICITÉ

Les innovateurs jugaad s'appuient sur plusieurs stratégies pour concevoir des produits simples à utiliser et à entretenir. Pour commencer, ils se basent davantage sur les besoins des consommateurs que sur leurs désirs. Ils emploient une approche fonctionnelle de la conception des produits et des services et essayent de trouver des solutions pratiques qui répondent à des besoins bien définis de leurs consommateurs. Ils n'essaient pas d'inventer des fonctionnalités attrayantes qui susciteraient des désirs parmi les consommateurs. Au contraire, les innovateurs jugaad tentent d'offrir des solutions raisonnables avec des fonctionnalités limitées plutôt qu'un éventail impressionnant de fonctionnalités.

Par exemple, pour faire face au coût élevé de l'électricité dans les bidonvilles philippins, Illac Diaz a inventé une solution génialement simple : Isang Litrong Liwanag (un litre de lumière) est un système qui fournit une ampoule bouteille solaire aux communautés défavorisées des Philippines. L'ampoule bouteille solaire (ABS) est tout simplement une bouteille en plastique recyclée remplie d'eau traitée à l'eau de Javel (pour éviter la formation de moisissures) qui est installée dans un trou sur le toit de tôle ondulée des abris de fortune des bidonvilles. L'eau dans la bouteille réfracte les rayons du soleil et produit l'équivalent d'une ampoule de 55 watts. Un ABS produit plus de lumière qu'une fenêtre classique ne pourrait en laisser entrer. Et, à la différence des fenêtres, l'ampoule ne se casse pas ou ne disparaît pas pendant la saison des typhons. L'ABS est fabriqué à partir de matériaux recyclables, très faciles à assembler, à installer et à entretenir, et contribue à créer de nouveaux emplois dans les communautés pauvres, puisque les habitants des bidonvilles peuvent désormais travailler normalement dans leurs maisons, auparavant sombres pendant la journée. Plus important encore, un ABS peut être installé pour seulement 1,3 dollar.[3]. Un million de foyers à travers les Philippines pourraient en être bientôt équipés[4].

Les innovateurs jugaad comme Diaz n'essayent pas de deviner ce qui pourrait rendre leurs produits simples en restant assis dans un laboratoire de R&D. Au contraire, ils passent beaucoup de temps avec les consommateurs, dans leur milieu, pour observer et identifier ce qui pourrait leur rendre un produit ou un service plus facile à utiliser. Nokia, par exemple, emploie des ethnologues qui passent de longues périodes avec les consommateurs des marchés émergents pour comprendre leurs besoins latents. Ils ont ainsi étudié les travailleurs migrants dans les bidonvilles en Inde, au Ghana, et dans les favelas du Brésil pour comprendre comment la technologie pourrait simplifier leur vie.

Ce faisant ils ont découvert que les téléphones mobiles normaux étaient trop chers et compliqués à utiliser pour les habitants des bidonvilles, que ces appareils ne résistaient pas dans un environnement poussiéreux et, de plus, que le manque d'électricité ne permettait pas de les recharger. À partir de ce constat, les chercheurs de Nokia ont mis au point une solution simple adaptée à la vie de ces utilisateurs cibles. Le résultat est le Nokia 1100, un téléphone portable robuste de conception minimaliste, avec peu de fonctionnalités, permettant des appels et des SMS, résistant à la poussière et rechargeable en quelques minutes. Les chercheurs de Nokia ayant remarqué qu'un grand nombre de ces consommateurs utilisaient leur écran lumineux comme source de lumière, ils ont inclus une lampe de poche dans le design du 1100, trouvaille qui le rend très populaire, notamment auprès des chauffeurs routiers en Asie et en Afrique, qui l'utilisent pour réparer leurs véhicules la nuit. Le Nokia 1100 a été lancé en 2003 et a connu un succès immédiat : il plaît non seulement aux consommateurs à faible revenu, mais également aux utilisateurs des classes moyennes à la recherche d'un téléphone portable simple. Le Nokia 1100 a été vendu à 250 millions d'unités à travers le monde, ce qui en fait le best-seller des portables de tous les temps[5]. Le magazine *Foreign Policy* a même élu le Nokia 1100 « téléphone portable le plus utile de la planète[6] ».

Lorsqu'ils conçoivent des produits simples qui répondent aux besoins immédiats de leurs consommateurs, les innovateurs jugaad partent généralement de zéro. Ils évitent de se contenter d'une simple réduction du nombre de fonctionnalités existantes, pratique qui perdure souvent dans les multinationales occidentales et qui consiste à prendre des produits conçus pour les consommateurs occidentaux puis à les dépouiller de fonctions non essentielles, afin de les vendre à des prix légèrement inférieurs sur les marchés émergents. Ces produits épurés se soldent généralement par des échecs sur ces marchés car ils ne sont pas fondamentalement conçus en fonction des contraintes inhérentes au contexte local.

Par exemple, de nombreux géants occidentaux de la technologie comme Intel, Microsoft et HP, des institutions académiques comme le MIT, ont essayé de construire un PC à faible coût pour les pays émergents[7]. Mais aucun de ces projets n'a abouti parce que les ordinateurs étaient soit trop complexes à utiliser, soit trop chers à l'achat, soit parce qu'ils n'arrivaient pas à répondre aux besoins locaux. En revanche, le 5 octobre 2011, Kapil Sibal, le ministre indien des communications et des technologies de l'information, a lancé une tablette à 60 dollars (présentée comme la moins chère du monde) qui a été conçue pour répondre aux contraintes et aux besoins locaux[8]. Appelée *Aakash* (« ciel » en sanskrit), elle a été développée par DataWind, une start-up technologique située au Royaume-Uni, en partenariat avec plusieurs grandes universités technologiques indiennes[9]. La tablette bénéficie d'une interface utilisateur simplifiée et est préchargée avec des logiciels éducatifs développés dans les langues locales ; elle a été destinée en premier lieu aux étudiants – du primaire jusqu'à l'université –, qui ont pu acheter les 10 000 premiers exemplaires au prix subventionné de 35 dollars.

La tablette Aakash ne peut évidemment pas rivaliser avec la puissance de traitement ou les caractéristiques de l'iPad d'Apple (qui coûte 500 dollars) ou le Kindle Fire d'Amazon (200 dollars) ; elle a été conçue pour un ensemble d'utilisateurs bien différents : des étudiants indiens qui avaient besoin d'un appareil informatique simple et pratique. L'Aakash répond parfaitement à leurs besoins. Premièrement, il leur fournit des fonctionnalités de base, comme la navigation Web, la vidéo, le wi-fi et un logiciel de traitement de texte. Deuxièmement, il fonctionne sur Google Android et d'autres technologies open-source qui sont moins chères et plus faciles à entretenir que les technologies des marques citées ci-dessus. Troisièmement, il est livré avec une option de charge solaire, énorme avantage dans de nombreuses régions indiennes où l'approvisionnement en électricité est soit inexistant soit peu fiable. Quatrièmement, l'écran tactile de l'Aakash permet aux étudiants de naviguer plus facilement dans les programmes éducatifs et rend l'apprentissage plus intuitif et amusant. En somme, l'Aakash est simple. Il fait partie d'une initiative globale du gouvernement indien pour étendre l'accès à l'Internet haut débit à 25 000 collèges et 400 universités à travers toute l'Inde. Compte tenu de sa simplicité et de son accessibilité, l'Aakash a le potentiel pour connaître un succès fulgurant, non seulement dans les écoles indiennes, mais également dans des institutions universitaires à l'étranger. Des experts basés aux

États-Unis l'ont testé dans leurs laboratoires et lui ont consacré des articles très favorables[10].

Il est intéressant de souligner que les innovateurs jugaad favorisent la simplicité non seulement au moment de la conception des produits, mais aussi dans leurs interactions avec les consommateurs, qu'il s'agisse de la vente des produits ou services, de leur livraison ou de l'après-vente. Cette innovation de service est cruciale pour simplifier et enrichir l'expérience de l'utilisateur tout au long du cycle de vie de la solution. En particulier, de nombreux entrepreneurs jugaad qui vendent des produits destinés à la base de la pyramide économique dans les marchés émergents s'appuient sur un réseau local de distributeurs et de techniciens ; cela rend la découverte du produit ou service plus facile pour les clients des villages, qui sont en outre assurés qu'il sera installé rapidement et entretenu sans problème. Par exemple, SELCO, présentée dans le chapitre précédent comme une entreprise qui fournit de l'éclairage solaire à plus de 125 000 maisons de villages indiens, s'appuie sur un vaste réseau d'entrepreneurs locaux qui installent et réparent des panneaux solaires SELCO dans un délai très court, même dans les villages les plus reculés.

Enfin, les innovateurs jugaad s'assurent que leurs solutions sont simples mais pas simplistes : la distinction est importante. Ils suivent l'exhortation d'Albert Einstein « de faire tout aussi simple que possible, mais pas plus simple ». En d'autres termes, les innovateurs jugaad ne vont pas nécessairement essayer de simplifier la nature du problème auquel le client est confronté, ce qui risquerait de produire des solutions simplistes, qui peuvent paraître simple à court terme mais s'avèrent inefficaces à long terme. Au lieu de cela, les innovateurs jugaad adoptent volontiers la complexité mais ils la masquent pour offrir à leurs clients une interface utilisateur simple. Autrement dit, au lieu de simplifier le problème du consommateur, les innovateurs jugaad simplifient l'utilisation de la solution ; ils produisent des solutions robustes et résistantes qui répondent complètement et durablement aux besoins complexes des utilisateurs.

Par exemple, Ushahidi, né au Kenya, est une solution simple qui repose sur des SMS pour coordonner des informations sur les cataclysmes tels que tremblements de terre, ouragans ou crises épidémiques. Selon le site Internet de l'entreprise, la plate-forme Ushahidi permet « la collecte des informations de crise auprès du grand public et apporte de nouveaux éléments sur les événements quasiment en temps réel »[11]. Quelques heures après un cataclysme, Ushahidi peut aider à coordonner les secours d'une façon très ciblée : les fournitures médicales et alimentaires peuvent être expédiées précisément aux endroits où l'on en a le plus besoin, sur la base d'informations recueillies en temps réel par des milliers de personnes présentes sur les lieux. Cela contraste avec la traditionnelle approche « ça passe ou ça casse » de gestion des secours qui est onéreuse et chronophage ; les travailleurs humanitaires n'ont en effet pas d'informations précises sur les emplacements qui ont le plus besoin d'aide, ils planifient donc leurs efforts d'une manière verticale et éparpillent la distribution de nourriture et de fournitures de secours. Ushahidi a été utilisé avec succès pour coordonner rapidement et de manière optimale les secours suite au tremblement de terre de 2010 en Haïti et au Chili. Il a également été utilisé par le *Washington Post* pour obtenir des informations sur le tracé des routes bloquées à la suite des tempêtes de neige qui ont frappé Washington en 2010[12].

Les problèmes rencontrés lors des cataclysmes sont extrêmement complexes et les outils traditionnels de gestion de crise, parce qu'ils sont trop simplistes, ont tendance à ne s'y attaquer que de façon superficielle ou partielle. En revanche, Ushahidi est capable de traiter ces questions en profondeur et avec une relative facilité grâce à un outil simple, convivial, mais complet, car il s'agit d'une solution *bottom-up* qui exploite en fait la puissance du *crowdsourcing* (qui fait appel à l'intelligence collective).

LA RÉVOLTE CONTRE LA COMPLEXITÉ

La demande de simplicité croît aussi rapidement en Occident. Bien que la technologie y soit plus développée et les consommateurs plus aisés que dans les marchés émergents, les entreprises occidentales peuvent elles aussi tirer des bénéfices de la simplicité. Plusieurs raisons à cela :

• *Les utilisateurs exigent plus de simplicité.* À l'aube du XXIème siècle, les consommateurs occidentaux sont de plus en plus dépassés par la complexité technologique. Par exemple, 65 % des Américains se plaignent d'avoir perdu tout intérêt pour l'achat de produits technologiques parce qu'ils sont devenus trop complexes à mettre en place ou à faire fonctionner[13]. De même, après avoir abusé de la technologie durant les deux dernières décennies, les entreprises du Fortune 500 souhaitent aujourd'hui des systèmes informatiques plus simples, abordables, faciles à utiliser et à entretenir. Ces utilisateurs blasés par la technologie tendent de plus en plus à associer simplicité avec tranquillité d'esprit.

• *Les générations Y et Z et les baby-boomers repoussent les technologies de pointe.* Les générations Y et Z, qui privilégient plus de flexibilité et plus d'équilibre entre le travail et la vie personnelle, évitent également les offres complexes au profit de la simplicité. Une étude menée à l'université de Stanford révèle que la majorité des étudiants diplômés préfèrent une version MP3 de qualité moyenne d'une chanson jouée sur leur iPod à la version CD de haute qualité, même si celle-ci est techniquement supérieure[14]. De même, un grand nombre de baby-boomers à la retraite confrontés à des problèmes de santé (détérioration de la vue ou arthrite, entre autres) sont rebutés par des appareils électroniques complexes aux fonctionnalités trop nombreuses et trop compliquées à utiliser.

• *De plus en plus d'Occidentaux souhaitent simplifier leur mode de vie.* Un mouvement culturel de fond, connu sous le nom de « simplicité volontaire », est en plein essor en Amérique du Nord et en Europe[15]. Ce mouvement incite des individus à des pratiques volontaires consistant à réduire leurs biens matériels ou à accroître leur autosuffisance afin de parvenir à une qualité de vie plus simple, plus riche et pleine de sens. Des études montrent que 15 à 28 % des Américains ont déjà adopté volontairement un style de vie simplifié[16]. Il existe même un terme pour désigner les membres de ce nouveau mouvement : les « simplicitaires ».

• *Les produits trop sophistiqués coûtent beaucoup d'argent et de temps en termes de R&D.* Dans une période difficile, les entreprises occidentales ne peuvent plus se permettre d'investir massivement dans la R&D pour développer des produits complexes avec pléthore de fonctionnalités et qui nécessitent de longs cycles de développement. En conséquence, plusieurs entreprises du Fortune 500 sabrent dans leurs budgets de R&D (qui se sont élevés à la modique somme de 603 milliards de dollars en 2011), ce qui réduit leurs produits à un nombre plus rationnel, et simplifient leurs processus de développement pour gagner en efficacité et en rapidité[17].

• *Les concurrents flexibles gagnent des parts de marché en misant sur la simplicité.* Les entreprises visionnaires comme Google et Facebook démocratisent la technologie en la rendant simple et accessible, et de ce fait gagnent des parts de marché sur leurs rivaux qui proposent des produits technologiques trop sophistiqués et contre-intuitifs. De même, les éditeurs de logiciels d'entreprise tels que SAP et Oracle font face à la concurrence de fournisseurs d'informatique en nuage (*cloud*) comme salesforce.com, qui simplifient la vie des acheteurs de technologie en réduisant les problèmes associés à la mise à niveau coûteuse des logiciels.

« POURQUOI FAIRE SIMPLE QUAND ON PEUT FAIRE COMPLIQUÉ ? »

Bien que les consommateurs recherchent de plus en plus la simplicité dans les produits et services qu'ils achètent et que la sophistication à outrance des produits ne soit plus viable, et même si les budgets de R&D sont de plus en plus réduits, de nombreuses sociétés occidentales ont du mal à faire de la simplicité un principe clé de leur développement et de la commercialisation de leurs produits. Il y a plusieurs raisons à cela.

Premièrement, les entreprises occidentales croient souvent que les clients ne sont pas prêts à payer un prix élevé pour les produits, sauf s'ils présentent des caractéristiques et des fonctions sophistiquées. Plus précisément, la peur de perdre le pouvoir d'imposer des prix élevés et de générer de grosses marges fait que les entreprises répugnent à la simplicité.

Une deuxième raison est que la complexité s'est avérée lucrative dans le passé. De « nouvelles versions améliorées » de produits et de services ont permis aux entreprises occidentales de différencier leurs nouveautés des offres existantes (et des offres d'autres sociétés). Cela a contribué à convaincre les consommateurs de continuellement mettre à niveau les produits ou de les remplacer par des produits plus complexes, les entreprises s'assurant ainsi une croissance durable et un flux régulier de revenus.

Troisièmement, la plupart des entreprises occidentales sont engagées dans une guerre sans fin pour l'innovation ; une surenchère perpétuelle, chaque entreprise se voyant contrainte d'innover afin de convaincre les actionnaires et les clients qu'ils sont encore dans le jeu.

Quatrièmement, les entreprises ne conçoivent pas toujours leurs produits en gardant à l'esprit l'utilisateur final. Dans son livre *The Laws of Simplicity*, John Maeda, président de la Rhode Island School of Design, déclare qu'il est grand temps « d'humaniser la technologie[18] ». Actuellement, les développements de la technologie sont loin d'être centrés sur l'homme. La plupart des fonctions des nouveaux produits ne sont pas déterminées par l'observation des besoins profonds des consommateurs mais par les conjectures des équipes de R&D et de marketing, poussées par leur désir de créer une meilleure version que la précédente, souvent sans se préoccuper de savoir si cette nouvelle version ajoute ou non de la valeur pour le consommateur[19].

Enfin, les indicateurs de l'innovation dans les entreprises occidentales – comme le nombre de brevets déposés chaque année et le pourcentage du chiffre d'affaires consacré à la R&D – mesurent et récompensent actuellement l'intelligence et non la valeur pour le consommateur. Or la valeur d'un produit ne devrait pas se mesurer au nombre de brevets qui y sont liés[20]. Au contraire, elle devrait être mesurée en fonction de l'expérience de consommation que ce produit offre aux utilisateurs finaux. Et pour de nombreux utilisateurs, c'est la simplicité d'un produit qui en fait sa meilleure valeur en termes d'expérience de consommation. Pourtant, la plupart des sociétés occidentales continuent d'utiliser le nombre de brevets déposés comme indicateur clé pour mesurer le degré d'innovation de leurs produits. Toutefois, pour cesser de privilégier ce critère de complexité des produits (mesuré par le nombre de brevets) et lui préférer celui de la simplicité pour le consommateur, les entreprises vont être obligées de procéder à des changements fondamentaux dans la façon dont elles développent leurs produits.

COMMENT SIMPLIFIER VOS PRODUITS ET VOTRE ORGANISATION

Les pratiques qui consistent à poursuivre la complexité comme une fin en soi sont de plus en plus vouées à l'échec. Non seulement les consommateurs évoluent vers la simplicité des produits et des modes de vie, mais les coûts de R&D ne cessent de s'élever. Courir après la complexité est une orientation de plus en plus coûteuse pour les entreprises. Dans un tel contexte, il serait bon que les dirigeants d'entreprises occidentales retournent à leur table de travail et trouvent des moyens pour intégrer la simplicité dans la proposition de valeur de leurs produits ainsi que dans leurs modèles économiques. Les stratégies suivantes, consistant à placer la simplicité au cœur de ce qu'elles font, peuvent aider les entreprises occidentales à faire face aux nouvelles réalités économiques.

Refondre l'ensemble de l'organisation autour de la simplicité

Les entreprises occidentales ne peuvent pas concevoir des produits simples tout en conservant des opérations complexes. Par exemple, un client peut apprécier la facilité d'utilisation des produits d'une entreprise mais détester le processus alambiqué de vente par lequel il doit passer pour les acheter. Les entreprises devraient simplifier toutes les interactions avec leurs consommateurs et ce tout au long du cycle de vie du produit, depuis l'achat initial jusqu'à son utilisation et même son recyclage. Elles peuvent ainsi rationaliser non seulement les processus de R&D et de fabrication, mais aussi ceux qui ont trait à la commercialisation et au service à la clientèle.

C'est précisément ce qu'a fait le géant de l'électronique Philips, dont le siège est à Amsterdam. De fait, la société a restructuré toute son organisation, de la R&D à la fabrication jusqu'au service après-vente, en suivant le principe de simplicité. Le processus a démarré au début des années 2000 avec des dirigeants qui avaient été interpelés par les résultats d'une étude de marché commandée par la société elle-même. Philips avait joui pendant plus de cent ans d'une réputation exceptionnelle. Ses performances techniques en avaient fait un leader de l'innovation, notamment pour des produits comme le lecteur de cassette ou le disque compact. Pourtant, les réponses des deux mille consommateurs interrogés disaient globalement toutes la même chose : désormais, ce n'était plus la supériorité technique qui les poussait à acheter un produit électronique. En fait, les consommateurs se disaient de plus en plus indisposés par la complexité croissante de la technologie : 30 % des produits électroniques de réseau à domicile auraient ainsi été retournés car les utilisateurs ne savaient pas comment les installer, et près de 50 % des gens auraient différé leur décision d'achat d'un appareil photo numérique, dissuadés par sa complexité[21]. Comme le notait alors Stefano Marzano, ancien P.-D.G. et chef de la création de Philips Design : « Les gens sont prêts pour de la technologie non envahissante[22]. »

Sentant une opportunité, l'équipe de direction de Philips a décidé de réinventer toute son organisation autour du principe de simplicité, à commencer par son organisation interne. Le conglomérat a élagué son éventail d'activités, passant de 500 à 70 types de produits, et a réduit le nombre de divisions de 70 à 5. Il a simplifié le service consommateur : le même interlocuteur est désormais en mesure de répondre, quel que soit le produit concerné.

Philips a même étendu le principe de simplicité à la communication d'entreprise : aucune présentation PowerPoint ne dépasse plus de dix diapositives, et les rapports annuels depuis 2009 sont disponibles uniquement en ligne. D'une certaine manière, Philips a choisi la « simplicité volontaire » comme nouveau principe d'organisation[23].

En internalisant la simplicité, d'abord, puis en la pratiquant activement, Philips a pu ensuite s'engager en externe, avec ses clients, avec plus de crédibilité et d'authenticité. La société a lancé une campagne de *rebranding* sur le thème « Sense and Simplicity » (sens et simplicité), qui est depuis devenu sa nouvelle signature commerciale[24]. Elle a même mis en place un conseil consultatif de la simplicité composé de cinq experts mondiaux éminents dans le secteur de la santé, du mode de vie et de la technologie afin d'aider l'entreprise à remplir son objectif « sens et simplicité[25] ». Philips a alors infusé de façon proactive ce concept dans tous les aspects du développement des nouveaux produits, de la naissance au prototype en passant par l'emballage. Par exemple, l'équipe R&D de Philips a rapidement revu l'emballage d'une nouvelle télévision à écran plat pour que le téléviseur puisse être retiré horizontalement du carton une décision prise en réponse à des difficultés rencontrées par des utilisateurs à retirer verticalement l'appareil du carton[26]. Au cours des dernières années, Philips a lancé régulièrement des produits conviviaux qui ont reçu des critiques élogieuses de la part des clients et des experts de l'industrie pour leur capacité à marier simplicité et performance. En 2011, l'entreprise a remporté un record : 28 prix aux iF design awards pour de nouveaux produits mariant harmonieusement technologies de pointe, durabilité et design convivial. Parmi ces produits : l'aspirateur Daily Duo et la télévision Econova[27].

Réduire les besoins à l'essentiel et concevoir des produits simples

Les défenseurs de la simplicité insistent sur le fait qu'une conception centrée sur l'utilisateur augmente la facilité d'utilisation des produits et services. Même si cela est vrai, il est important de rappeler que les priorités dans les besoins des consommateurs sont très variables. Les entreprises occidentales doivent donc se concentrer sur les besoins des consommateurs les plus importants et construire des solutions autour. Un maître de cette approche a été le cofondateur d'Apple, Steve Jobs. Il a élevé la simplicité en informatique au rang d'art. À bien des égards, Jobs fut le Michel-Ange de l'ère numérique : il pouvait prendre un appareil, enlever les pièces non essentielles, et concevoir des produits merveilleusement simples d'aspect comme l'iPod, l'iPhone ou l'iPad. Dans une de ses rares interviews, donnée à *BusinessWeek*, Jobs a déclaré : « L'innovation émerge quand on dit non à des milliers de choses pour ne pas emprunter de mauvaise voie ou éviter d'en faire trop[28]. »

Concevoir des produits ou solutions simplifiés dès l'origine

Plutôt que d'essayer de réduire les fonctionnalités des produits haut de gamme déjà existants, les entreprises doivent concevoir et fabriquer de nouveaux produits qui incarnent véritablement la simplicité à la base. Cette nouvelle approche va non seulement apporter plus de valeur aux clients, mais aussi contribuer à la réduction des coûts et aider les entreprises à générer de véritables innovations de rupture de manière continue.

Siemens AG a fait l'expérience de l'inefficacité d'une simplification superficielle de produits sophistiqués existants. Basée en Allemagne, Siemens est une entreprise mondiale leader dans l'électronique et l'ingénierie électrique opérant dans l'industrie, l'énergie et la santé. Fondée par un ingénieur en 1847, Siemens emploie plus de 30 000 chercheurs qui produisent une quarantaine d'inventions par jour. Elle possède près de 58 000 brevets et en a déposé 4 300 pour la seule année 2010[29]. Siemens vend des produits hautement techniques – des groupes électrogènes aux trains à grande vitesse, des machines IRM aux éoliennes – à des utilisateurs professionnels qui vont de petites et grandes entreprises à des gouvernements locaux ou nationaux. Siemens est en concurrence frontale avec GE dans le monde entier et dans tous ses métiers.

Cherchant à échapper au climat de récession économique à l'Ouest, Siemens s'est lancé dans un plan d'expansion agressif sur les marchés émergents en plein essor, et en particulier au Brésil, en Russie, en Inde et en Chine. Au cours des cinq dernières années, Siemens a plus que doublé son chiffre d'affaires dans les pays émergents et ces marchés représentent actuellement 30 % de ses ventes globales[30]. La stratégie initiale de Siemens dans les pays émergents se fondait sur une simplification des produits existants, comme ses équipements IRM et ses turbines coûteuses, et sur une adaptation aux besoins locaux. Mais cette stratégie de « localisation des produits » ne plaisait pas trop aux clients des marchés émergents qui se plaignaient de ce que les produits localisés étaient encore trop chers, compliqués à utiliser et à entretenir. Comme le reconnaît Armin Bruck, directeur général de la filiale indienne de Siemens : « Les utilisateurs d'entrée de gamme veulent des interfaces utilisateur simples. Ils n'ont pas besoin ou n'apprécient pas les "petits grelots[31]". » Cette réalité du marché a conduit le P.-D.G. global de Siemens, Peter Löscher, à reconnaître que les produits de son entreprise exigeaient un tout nouveau genre d'innovation pour les marchés émergents : « Ce qui compte ici [dans les marchés émergents], c'est la simplicité, pas la sophistication[32]. »

En 2005, les contraintes financières et de personnels sur les marchés émergents ont conduit Siemens à élaborer une toute nouvelle stratégie produits baptisée SMART, qui signifie *Simple, Maintenance-friendly* (facile d'entretien), *Affordable* (abordable), *Reliable* (fiable) et *Timely-to-Market* (« à-temps-sur-le-marché »). Siemens a défini SMART comme une nouvelle façon de recombiner et de réutiliser des technologies existantes – plutôt que de réinventer – pour développer des solutions qui soient « suffisamment bonnes » pour un segment d'entrée de gamme, et qui puissent être améliorées par la suite. Outre la rentabilité, la philosophie SMART met l'accent sur la facilité d'installation, d'exploitation et de maintenance[33]. Comme le souligne Armin Bruck : « Notre nouvelle initiative produit [SMART] a été mise au point pour concevoir des produits simples afin de répondre à des exigences d'entrée de gamme [des marchés émergents][34]. »

Les produits SMART sont conçus à moindre coût à partir d'une expérience de terrain dans des économies émergentes comme l'Inde et la Chine, et en utilisant exclusivement des talents locaux de R&D, qui ont de bout en bout la responsabilité du développement de ces produits. Les équipes chinoises de R&D, par exemple, ont développé des équipements médicaux à faible coût tels que des appareils de radiographie qui peuvent être facilement installés et exploités par les hôpitaux de petites villes chinoises où il est difficile de trouver des techniciens qualifiés. De même, les ingénieurs R&D de Siemens en Inde ont développé de petits réseaux électriques locaux qui peuvent utiliser plusieurs sources d'énergie, du solaire aux coques de noix de coco, pour fournir de l'électricité à un village indien typique de 50 à 100 familles. Ces micro-centrales peuvent être installées facilement et nécessitent peu de maintenance[35]. Siemens estime le marché potentiel pour les produits SMART à environ 15,6 milliards de dollars pour l'Inde seule[36] et estime le marché global pour ces produits frugaux à 200 milliards de dollars.

Siemens emploie actuellement 15 500 ingénieurs R&D dans les pays émergents, dont beaucoup sont impliqués dans des projets de développement de produits SMART. Plus de 150 produits ont déjà été inventés dans la catégorie SMART depuis son lancement en 2005. Rien qu'en Inde, Siemens a plus de soixante produits de ce type en cours de développement et a pu lancer la moitié d'entre eux en 2012[37]. La société estime que, grâce aux produits SMART conçus localement dans les marchés émergents, elle peut économiser 20 à 40 % des coûts de développement par rapport à des produits conçus en Occident et qui sont ensuite adaptés et fabriqués localement. Bien que les produits SMART soient positionnés comme entrée de gamme dans le portefeuille global de Siemens, ils s'avèrent très rentables. C'est grâce à eux, en partie, que Siemens a généré 28,7 milliards de dollars de revenus pour l'exercice 2010, soit le double de l'exercice 2005. Les marchés d'entrée de gamme représentent maintenant 30 % du total mondial de Siemens, contre 20 % en 2005[38]. Mieux encore, Siemens a l'intention de vendre ces produits SMART à des clients touchés par la récession en Europe et aux États-Unis et qui recherchent des solutions simples et abordables. Par exemple, les ingénieurs indiens de Siemens – en partenariat avec des ingénieurs allemands – ont mis au point un moniteur cardiaque fœtal, appareil qui surveille les battements de cœur du fœtus dans l'utérus en utilisant la technologie du microphone, simple mais ingénieuse, au lieu de l'échographie coûteuse. Cet appareil offre de grandes perspectives de marché à la fois dans les pays émergents et dans les économies développées[39].

Adopter une philosophie de la conception universelle pour promouvoir la facilité d'utilisation

La « conception universelle » (*Universal Design*) est une philosophie qui exprime la diversité humaine et qui incite les entreprises à concevoir des produits utilisables par autant de monde que possible[40]. Par exemple, des bâtiments avec un accès pour tous au lieu d'une entrée séparée pour les personnes handicapées, des installations unisexes où les hommes comme les femmes peuvent s'occuper des enfants, ou encore des panneaux et signaux pouvant être reconnus et compris par tout un chacun, indépendamment de la langue et du pays.

OXO, société américaine de produits de consommation parmi les plus ardentes en matière de défense de la conception universelle, s'est bâtie au fil du temps une réputation bien méritée pour la simplicité de ses produits, qui sont à la fois techniquement supérieurs et faciles à utiliser. Comment OXO procède-t-elle ? Elle met l'accent sur les problèmes vécus par un grand nombre de consommateurs, quel que soit leur âge, et conçoit des produits conviviaux qui répondent précisément à leurs besoins. Cette approche lui a permis de produire de nombreux best-sellers dont la simplicité séduit un large public, par exemple, parmi les ustensiles de cuisine, une essoreuse à salade qui peut être utilisée d'une seule main, des verres mesureurs qui peuvent être lus par le haut, sans avoir à se pencher, des bouilloires avec des couvercles siffleurs qui s'ouvrent automatiquement[41]. OXO a même employé son concept universel pour développer une seringue facile à utiliser pour permettre à des patients de tous âges atteints de polyarthrite rhumatoïde de s'auto-administrer des injections[42].

Permettre aux ingénieurs et concepteurs industriels de travailler ensemble

Faire tomber le mur de Berlin a peut-être été plus facile que de briser le mur mental qui sépare les ingénieurs épris de technologie et les concepteurs centrés sur les besoins des utilisateurs. Pourtant, ce mur mental devrait être abattu afin de parvenir à un bon équilibre entre des fonctions complexes et des conceptions simples. Les entreprises devraient reconnaître que l'intégration de la simplicité en amont de la phase de conceptualisation du produit est beaucoup plus rentable que de le faire après coup, lors des étapes ultérieures du processus de développement.

Les entreprises d'avant-garde telles que Google et Facebook ont intégré cette conception, encourageant les ingénieurs et les concepteurs à travailler en équipes transversales dès le début afin de s'assurer que la performance ne soit pas sacrifiée pour des raisons de simplicité, et vice versa. Chez Facebook par exemple, cadres marketing et communication, concepteurs et ingénieurs travaillent tous ensemble au sein d'équipes multidisciplinaires pour créer de nouvelles fonctionnalités produit avec un objectif commun : améliorer sans cesse la vie de l'utilisateur, sans pour autant sacrifier la simplicité (voir l'étude de cas détaillée sur Facebook plus loin dans ce chapitre).

Simplifier l'architecture des produits et réutiliser les plateformes de produits différents

Les ingénieurs de R&D sont comme des artisans : ils aiment souvent créer leurs propres technologies ou composants à partir de zéro, même si des technologies ou des composants comparables sont facilement disponibles sur le marché. Toutefois, cette approche pour « réinventer la roue » conduit souvent à de longs cycles de développement de produits, à des résultats coûteux et à des produits trop sophistiqués. Dans une économie de ressources rares, il est essentiel de réutiliser des composants facilement disponibles pour faire des produits « suffisamment bons », qui satisfont les besoins. Une façon de le faire est de simplifier l'architecture des produits et d'utiliser des composants similaires dans son éventail de produits.

C'est ce que tente de faire Mary Barra pour General Motors (GM). Barra, femme dirigeante la plus gradée dans l'histoire de

GM, est en charge de la conception et de l'ingénierie de toutes les voitures GM à travers le monde. Son patron, Dan Akerson, P.-D.G. de GM, lui a confié une mission difficile : économiser plusieurs mois sur les trois à quatre ans du cycle de développement des produits GM, réduire les coûts de développement et de production de 25 %, et faire de tous les véhicules GM des produits « cool » et attirants. Barra s'est attaquée à cette tâche herculéenne avec brio, simplifiant la complexité notoirement connue des processus R&D de GM et ce, en intronisant la simplicité comme principe de base du développement de nouveaux produits[43].

Deux facteurs ont toujours miné le processus de R&D chez GM. Premièrement, étant donné sa culture décentralisée, les différentes marques de ses zones géographiques géraient de façon indépendante, souvent même redondante, leurs projets de R&D. Ceci conduisait à une prolifération de plateformes de produits et à des coûts élevés. Deuxièmement, les ingénieurs de GM avaient une prédilection pour créer chaque nouvelle voiture à partir de zéro. Ceci rendait le processus de développement produit dans son ensemble plus long et plus coûteux. La structure de R&D s'en est trouvée désorganisée au niveau mondial, sous-optimale et aussi complexe qu'un puzzle.

Barra s'est efforcée de rationaliser et de simplifier cette structure chaotique en créant des plateformes mondiales. Celles-ci permettent désormais à tous les modèles GM d'être développés à partir de la même architecture de base, que ce soit aux États-Unis, en Europe, en Chine, en Inde ou au Brésil. Ces plateformes mondiales permettent aussi de partager les moteurs et sous-systèmes entre les marques, et de faire d'énormes économies de temps pour permettre de lancer plus rapidement tous les modèles neufs sur les marchés du monde entier. À l'heure actuelle, seulement 30 % des produits mondiaux de GM partagent les mêmes architectures de base. En 2018, Barra veut que 90 % des modèles GM soient construits sur des plateformes mondiales[44].

Le partage des plateformes n'est qu'une facette de la stratégie de simplification de Barra. L'autre facette s'appelle « allègement » (réduction de la masse). L'objectif est de simplifier l'architecture de base elle-même afin de rendre les voitures nettement plus légères. L'allègement s'obtient en faisant des centaines de petites réductions de la masse dans l'architecture complète des produits, par exemple en remplaçant de l'acier ou de l'aluminium lourds par des fibres de carbone légères. Le résultat net est un bien meilleur rendement énergétique – une obsession des constructeurs automobiles depuis que les législateurs américains ont adopté une nouvelle loi en juillet 2011 imposant des normes strictes de consommation par kilomètre. Les constructeurs américains, y compris GM, sont engagés dans une course contre la montre pour améliorer le rendement moyen actuel des voitures de 10,5 litres pour 100 kilomètres à 5,2 litres en 2025, comme l'exige la nouvelle loi.

Au début, les efforts de Barra visant à simplifier le processus de développement chez GM ont pu apparaître comme potentiellement étouffants pour la liberté créatrice des ingénieurs R&D. Mais ces contraintes pouvaient en fait constituer une impulsion vitale pour développer un état d'esprit jugaad chez GM en favorisant une saine « compétition ». En effet, on peut imaginer des équipes GM de R&D collaborer partout dans le monde, aux États-Unis, en Europe ou en Asie, pour simplifier l'architecture de base des produits, tout en se faisant concurrence, comme des innovateurs jugaad, pour montrer quelle région peut développer les voitures les plus branchées, les plus abordables, les plus conviviales ou les plus durables[45].

Faire simple, pas simpliste

La simplicité est souvent le plus puissant antidote à la complexité. Toutefois, simple ne veut pas nécessairement dire simpliste. De façon réaliste, la complexité ne peut être ni ignorée ni évitée. Les innovateurs doivent plutôt prendre à-bras-le-corps la complexité d'un problème et trouver une solution simple pour la traiter. Prenons le moteur de recherche Google. La technologie sous-jacente relève en substance de la science des fusées : le logiciel de recherche permet de résoudre en moins d'une seconde une équation de plus de cinq cents millions de variables pour classer les huit milliards de pages Web par pertinence. Mais les trois cents millions d'utilisateurs qui font deux milliards de recherches chaque jour sur Google sont totalement inconscients des algorithmes complexes exécutés en coulisses à chaque fois qu'ils lancent une recherche. L'écran de recherche de Google est minimaliste et intuitif, mais il cache habilement la fonctionnalité hautement complexe de son moteur de recherche[46].

Marissa Mayer, actuelle patronne de Yahoo, était précédemment en charge de l'interface utilisateur du moteur de recherche Google, un rôle où elle a un peu agi comme le « flic Google de la simplicité ». Pour elle, « Google a les fonctionnalités d'un couteau suisse très complet, avec une page d'accueil comparable dans la façon dont on l'aborde, intuitivement ; c'est simple, élégant, vous pouvez le glisser dans votre poche, mais il est très efficace quand vous en avez besoin ». S'appuyant sur cette métaphore, Mayer compare les produits concurrents de Google à « un couteau suisse ouvert, qui peut intimider les utilisateurs et même potentiellement les blesser ». C'est cette attention obsessionnelle à la simplicité qui permet d'expliquer pourquoi Google contrôle près de 60 % du marché des moteurs de recherche, un pourcentage en constante croissance[47].

En définitive, les entreprises occidentales peuvent gagner en simplicité en se concentrant sur les besoins des consommateurs, en rationalisant leurs architectures de produits, leurs processus de R&D, et en renforçant la collaboration entre les concepteurs et les ingénieurs, tout comme Siemens, GM et Google l'ont fait. Pour faire de la simplicité une partie de leur ADN, les dirigeants occidentaux devraient redéfinir leurs organisations autour de la simplicité, un geste audacieux qui a été entrepris par de grandes entreprises comme Philips et par des start-up de l'ère numérique comme Facebook.

COMMENT FACEBOOK DOMINE LA RÉVOLUTION LOW-TECH

Le réseau social Facebook a compris l'importance de la création d'une interface simplifiée pour valoriser la richesse des contenus qu'il offre à une base d'utilisateurs d'une grande diversité. En faisant de la simplicité la clé de voûte de sa conception stratégique, Facebook a développé un site en réseau facile à utiliser et qui a rapidement conquis le cœur de plus d'un milliard d'utilisateurs dans le monde.

Près de la moitié de la population américaine a un compte Facebook. L'hebdomadaire *Entertainment Weekly*, en mettant Facebook sur sa liste des *best-of* de la décennie, s'est demandé : « Comment diable faisions-nous auparavant pour garder le contact avec nos ex, pour nous rappeler les anniversaires de nos collègues de travail, pour faire signe à nos amis, et pour jouer avec enthousiasme au Scrabble sans Facebook[48] ? »

L'immense popularité planétaire de Facebook découle en grande partie de son interface utilisateur hyper simplifiée. Comparé à d'autres sites flashy, Facebook peut même sembler anachronique.

Le site dispose d'un look épuré : navigation simple dans le contenu, peu d'options dans le menu, et aucun graphique fastidieux. La création d'un nouveau contenu sur Facebook est un jeu d'enfant. Nul besoin d'être un développeur Web expert pour le faire. Ceci peut expliquer pourquoi, au moment d'écrire ces lignes, l'utilisateur moyen de Facebook crée plus de 90 éléments de contenu par mois, ce qui fait qu'au total plus de 30 milliards d'éléments de contenu sont partagés sur le réseau. En somme, l'interface de Facebook est si simple que même les enfants peuvent l'utiliser. Et ils le font ! Selon ConsumerReports.org, 7,5 millions d'enfants de moins de treize ans ont un compte Facebook.

L'interface minimaliste de Facebook n'est pas due au hasard : elle a été intentionnellement conçue selon un principe de frugalité et d'inclusion appelé le « design social ». Contrairement à la conception traditionnelle qui utilise des algorithmes abstraits, le design social développe de nouvelles fonctionnalités basées sur la façon dont les gens interagissent dans le monde réel. Les partisans du design social cherchent à améliorer la façon dont les gens établissent sur le Web des connections de personne à personne, plutôt que de personne à interface. C'est ce qu'explique Kate Aronowitz, directeur du design de Facebook : « La simplicité est la clé dans la création du « design social », pour concevoir des produits pour les personnes et avec les personnes. Lorsque nous parlons de *design*, nous ne parlons pas seulement de palettes de couleurs et de formes, nous parlons aussi de la conception d'un produit qui mette les personnes au centre. Par exemple, beaucoup de gens regardent le bleu et blanc de l'interface de Facebook et se demandent où est le sens du design. Le véritable art ici est que le produit se situe en arrière-fond, de sorte que les gens se souviennent de leurs interactions avec leurs amis, pas du site lui-même. En fin de compte, le défi du design social est la création d'un produit qui améliore les interactions de façon transparente à la fois en ligne et hors ligne[49]. »

Pour offrir une expérience aussi authentique aux utilisateurs, les concepteurs de Facebook utilisent pour les fonctions du site des mots de tous les jours, plutôt qu'un jargon ou des expressions à la mode. Christopher Cox, vice-président des produits, explique : « En 2005, nous avons décidé de créer une application photo que nous avons appelé " photos" ». À l'époque, d'autres personnes utilisaient des appellations telles que Flickr, Picasa, Photobucket, n'est-ce pas ? Très *in* ! Au lieu de cela, nous avons utilisé des mots communs. Nous nous mettons en retrait. Nous concevons un lieu où il n'y a pas de nouveaux objets sur lesquels trébucher. Les photos sont des photos. Chatter est chatter. Les groupes sont des groupes. Tout est juste comme il faut[50]. »

« Se mettre en retrait » n'est pas facile pour les start-up de la Silicon Valley qui aiment généralement impressionner les utilisateurs avec leurs prouesses techniques. Mais sur Facebook, l'utilisateur est roi. Et cet utilisateur peut être connecté à partir de New York, du Cap, de Mumbai ou d'Oulan-Bator. Pour s'adapter à l'incroyable diversité de son milliard d'utilisateurs, Facebook préfère opter pour les notions les plus universelles lors de l'introduction de nouvelles fonctionnalités, de sorte que n'importe quel utilisateur, sur n'importe quel continent, peut intuitivement les comprendre et les utiliser, quels que soient son âge, sa culture et ses compétences techniques. Prenons par exemple les fonctionnalités « J'aime », « Commentaires » et « Partager » qui permettent d'échanger ses opinions sur une photo, un lien ou une mise à jour de statut. Leurs caractéristiques faciles à manier ont rencontré un énorme succès auprès des utilisateurs du monde entier, quelle que soit leur langue. À bien des égards, le vocabulaire Facebook fournit des morceaux d'une langue universelle en construction qui réunit toute l'humanité tout en respectant sa diversité.

Reena Jana, ancien éditeur à *BusinessWeek*, responsable de la section innovation, a beaucoup étudié la culture de la conception de Facebook et constate que la « simplicité » du site Facebook peut paraître simpliste aux designers les plus prestigieux du monde – tels que les conservateurs ou directeurs de musées – qui considèrent cette interface comme froide et peu engageante. Mais Jana estime que ces experts en design évaluent Facebook avec des cadres de référence traditionnels, alors que Facebook constitue la création d'un tout nouveau modèle de design, une conception qui cherche à reproduire des relations humaines dans des connections en ligne en faisant en sorte de conserver leur simplicité et leur authenticité[51]. En privilégiant la simplicité sur la sophistication, Facebook met en place une véritable révolution dans le secteur de la technologie mondiale qui pourrait être appelée la « révolution low-tech ».

CONCLUSION

Les innovateurs jugaad prennent en compte la grande diversité des besoins des consommateurs au sein des marchés émergents en intégrant la simplicité dans leur culture et leurs solutions, comme le font des sociétés occidentales telles que Philips, Siemens, Google, GM et Facebook. Cette simplicité rend leurs solutions abordables et accessibles non seulement aux clients grand public, mais également à ceux qui vivent en marge ou sont exclus de la société. En effet, grâce à leur empathie et à leur sens de l'équité sociale, les innovateurs jugaad utilisent souvent leur créativité pour concevoir des modèles entrepreneuriaux rentables répondant aux besoins des segments de population mal couverts et qui sont ignorés par les entreprises traditionnelles. Dans le prochain chapitre, nous allons voir comment, par « l'intégration des marges », les innovateurs jugaad élargissent l'éventail de leurs solutions, l'ouvrant à un public beaucoup plus grand, de manière socialement équitable et économiquement viable.

Entretien avec Christophe de Maistre, président de Siemens France

« Pourquoi faire compliqué quand on peut faire simple ? »

Les produits SMART de Siemens représentent une toute nouvelle gamme de produits visant un segment de marché où les consommateurs ont besoin de produits simples, abordables, robustes, mais aussi de bonne qualité. Nous appelons ce segment « M3 ». Dans les années à venir, la croissance dans les pays émergents – comme la Chine et l'Inde – va être tirée par les consommateurs du segment M3, qui sont très sensibles au prix et aussi très exigeants en terme de qualité. Avec son programme SMART, Siemens est bien positionné pour servir ce segment M3 et capitaliser sur la croissance très dynamique des pays émergents. La bataille pour toutes les multinationales va se jouer sur le M3.

Pendant des décennies, Siemens a développé des produits d'une grande sophistication technologique et à haute valeur ajoutée vendus sur deux segments de marché : M1 (très haut de gamme et très forte valeur ajoutée) et M2 (gamme standard de « mass production », produits issus de développements conçus dans les pays matures et fabriqués dans des usines automatisées, mais également localisés dans les pays émergents avec les bénéfices des coûts de la main d'œuvre locale). Nos produits M1 et M2 se sont toujours positionnés comme des solutions très avancées, à un prix relativement plus élevé, et étaient par conséquent vendus essentiellement dans les pays développés.

Dans les années 1980, Siemens a tenté de pénétrer les marchés émergents. Mais dans cette première phase, nous nous sommes contentés soit d'importer et de vendre les produits M1, soit de développer localement des produits M2 avec des partenaires locaux (comme c'était le cas en Chine). Ces deux approches se sont révélées insuffisantes car les produits M1 étaient trop coûteux pour nos clients chinois, indiens et brésiliens (marché de niches), alors que les produits M2 étaient relativement complexes et peu adaptés aux besoins locaux des pays émergents. Entre-temps, dans les années 1990, nous avions remarqué que les entreprises chinoises, qui produisaient depuis longtemps des solutions de moindre qualité, commençaient à « grimper dans la chaîne de valeur » et à produire des solutions originales d'assez bonne qualité qui étaient abordables, simples, et robustes. Ce faisant, ces rivaux avaient de facto créé un nouveau marché – le M3 –, qu'ils ont rapidement réussi à dominer. Ce fut un *wake up call* pour Siemens : pour réussir en Chine (en Inde et au Brésil), il fallait que l'on commence à concevoir de toutes pièces des solutions simples, fiables, de bonne qualité et à un prix raisonnable. Ce fut la genèse de notre stratégie SMART, qui a pour objectif de nous positionner sur ce marché M3. Pour Siemens, M3 ne représente pas le « bas de gamme » mais « l'entrée de gamme » : ce sont des produits de masse à un prix compétitif qui répondent néanmoins aux normes de qualité très élevées de la maison Siemens.

Un trait marquant des produits M3 est leur simplicité. C'est d'ailleurs pourquoi la première lettre dans SMART est S (Simple). Faire simple n'est pas si facile pour des ingénieurs occidentaux, qui sont plutôt habitués à développer des solutions assez complexes destinées aux segments M1 et M2. Cette complexité était largement justifiée dans les pays développés où les normes de qualité et les lois environnementales sont très élevées, mais cela est moins le cas (à court terme) dans les pays émergents. Nos clients en Inde et en Chine sont demandeurs de produits de suffisamment bonne qualité mais ils exigent néanmoins que ces produits soient simples à installer, utiliser et entretenir. Il faut donc miser énormément sur la simplicité quand vous concevez des produits M3 destinés aux pays émergents. On pourrait croire, à tort, que des produits simples requièrent moins d'innovation. Bien au contraire. Créer des produits simples, faciles à utiliser et à entretenir demande plus d'innovation en termes de robustesse et d'économie d'énergie. Les produits M3 exigent autant d'innovation que les produits M1 et M2, sauf que le type d'innovation qui entre en jeu est différent.

Dans les pays émergents, nous avons aussi appris, à nos dépens, que la sophistication de nos produits M1 pouvait parfois se retourner contre nous. Par exemple, en Chine, nous avons eu le souhait de vendre des convertisseurs de puissance très haut de gamme qui étaient importés d'Occident. Mais ces convertisseurs tombaient étonnamment souvent en panne, ce qui engendrait beaucoup de problèmes de qualité pour nos clients chinois. Ces multiples incidents nous ont laissés perplexes. Après investigation, nous avons découvert la cause : des microparticules venaient s'insérer dans les circuits électroniques de ces convertisseurs et les bloquaient. Nos convertisseurs importés, trop légers et trop sophistiqués, étaient incapables de supporter ces émissions. En d'autres termes, le degré de sophistication qui entrait dans nos produits haut de gamme détruisait notre image en Chine ; un comble !

Cette expérience a accéléré l'engagement de Siemens, engagement à concevoir de toutes pièces un nouveau convertisseur plus simple, avec moins de fonctionnalités, mais plus robuste et mieux adapté aux aléas climatiques chinois, et à assurer une meilleure étanchéité de nos solutions importées.

La quête de la simplicité ne va pas à l'encontre du progrès. Dans une économie mondialisée, il faut redéfinir le concept de qualité en termes de valeur perçue par un client dans son contexte local. Dans les pays émergents, les clients associent simplicité avec qualité ; la simplicité leur apporte beaucoup de valeur.

Il faut noter que les produits M1, M2 et M3 sont tous complémentaires. Il y aura toujours un besoin pour des produits sophistiqués (M1/M2). Il est donc impératif pour Siemens de préserver ses compétences R&D capables de concevoir ces produits haut de gamme. Mais si vous êtes une multinationale et désirez capitaliser sur la croissance exponentielle des pays émergents, vous devez aussi acquérir de nouvelles compétences R&D pour concevoir des produits plus simples. Il faut savoir qu'à long terme, au fur et à mesure que leur pouvoir d'achat augmente et que leurs besoins évoluent, nos clients chinois et indiens vont vouloir « upgrader » leurs produits M3 vers des solutions M1/M2 qui leur offriront beaucoup plus de valeur ajoutée. Nous serons donc bien positionnés pour réussir sur le long terme dans les pays émergents. Pour être compétitif sur le long terme et à l'échelle mondiale, Siemens doit cultiver un très large éventail de compétences R&D et d'innovation, allant du « hypersophistiqué » au « extra-robuste et supersimple ».

Il faut noter que, dans leur portée, les produits M3 (SMART) ne sont pas limités aux pays émergents. Nous pensons que les pays de l'Europe du Sud fortement affectés par la crise économique vont trouver nos produits SMART très attrayants car ils offrent un excellent rapport qualité-prix pour nos clients Européens frugaux.

Personnellement, je prévois une convergence massive entre les pays développés et les pays émergents en termes de segmentation de marché. En effet, dans les dix années à venir, toutes les économies du monde vont évoluer d'une segmentation à trois ou quatre niveaux (M1/M2/M3 et M4 – les « copies ») vers deux marchés bien distincts : le marché A (produits sophistiqués qui intègrent les attributs de M1 et M2) et le marché B (produits de qualité simple basés sur la philosophie M3, les produits M4 sans propriété intellectuelle disparaissant complètement grâce aux efforts des pays émergents qui ont compris le danger qu'ils représentent). Ma prédiction est que nos concurrents des pays émergents, qui ont déjà une mainmise sur le marché B, vont « monter dans la chaîne de valeur », fusionner le M1 et le M2 et ainsi créer le marché A, qu'ils vont tenter de dominer. Il est donc impératif pour une multinationale comme Siemens d'avoir une stratégie métier et une politique d'innovation qui lui permette à la fois de conquérir les marchés émergents mais aussi de se défendre sur ses marchés de base. Et la simplicité, à la fois dans les produits et les services, mais aussi dans les procédés et les interactions clients, va devenir un atout compétitif majeur.

CHAPITRE 6

PRINCIPE CINQ

Intégrer les exclus et les marges

« Nous avons besoin d'un système capitaliste inclusif qui aurait une double mission : faire du profit mais aussi améliorer la vie de ceux qui ne profitent pas pleinement des forces du marché. »
Bill Gates, ancien président de Microsoft Corporation

En 2004, le docteur Rana Kapoor a quitté son emploi au sein d'une société multinationale pour créer une banque « pour tous » : une banque qui saurait durablement répondre aux besoins financiers d'un éventail de clients le plus large possible. Kapoor était convaincu que les banques devaient être au service de l'économie d'un pays plutôt que d'en être les maîtres arrogants. Dans sa volonté de servir les besoins de l'économie indienne, il comprenait les 600 millions d'Indiens qui n'ont aucun accès aux services bancaires et financiers. Pour transformer sa vision en réalité, il réunit autour de sa nouvelle entreprise – une « banque responsable » qu'il baptisa YES BANK – les esprits parmi les plus brillants de l'industrie. Il invita ces nouvelles recrues à faire preuve de créativité pour répondre aux besoins financiers des familles et des entrepreneurs de la classe moyenne indienne[1].

Au fil des années, YES BANK a mis au point plusieurs initiatives visant à rendre les services financiers accessibles aux masses, soit directement, soit par le biais d'intermédiaires. Elle utilise des outils financiers sophistiqués, jusqu'à présent réservés aux grandes entreprises, pour développer des solutions destinées aux petites et moyennes entreprises ainsi qu'à des organisations à but non lucratif. Plus précisément, elle emprunte des instruments financiers innovants utilisés dans les services d'investissement de pointe et les adapte pour les services bancaires axés sur le développement économique. Par exemple, la titrisation des microcrédits des institutions de microfinance (IMF), revendus ensuite comme obligations convertibles à des investisseurs institutionnels. Ce faisant, ces IMF ont accès à des capitaux supplémentaires qui leur permettent de prêter de l'argent à davantage de personnes[2].

YES BANK – fondée par un entrepreneur jugaad – est particulièrement soucieuse de soutenir le développement des micro-entrepreneurs qui ont été jusqu'ici exclus du système bancaire traditionnel. À cette fin, la banque a développé plusieurs outils simples mais efficaces pour favoriser l'accès des micro-entrepreneurs au capital. Par exemple, YES BANK a remarqué qu'il n'y avait pas de solution viable sur le marché pour évaluer des crédits accordés aux micro-entrepreneurs qui ne tiennent pas à jour les documents comptables officiels ou encore les fichiers commerciaux destinés aux autorités. Pour combler cette lacune, la banque a développé le Credit Appraisal Toolkit (système d'évaluation du crédit) ou CAT, un outil d'analyse de données basé sur un tableur Excel qui compare les détails fournis oralement par un micro-entrepreneur lors de sa demande de prêt à ceux recueillis plus tôt auprès de ses pairs, et ce pour une décision meilleure et plus rapide d'approbation du prêt[3].

Plus important encore, le modèle inclusif de YES BANK s'avère rentable. Bien que 46 % des prêts de la banque soient destinés aux segments les plus mal couverts de l'économie indienne, celle-ci parvient encore à gagner 2 % sur le coût du crédit, alors que la plupart des banques gagnent en Inde de 1 à 1,5 % de moins que ce que le crédit leur coûte. Surfant sur la réussite de son modèle, Rana Kapoor a l'intention d'accroître les revenus de YES BANK, de 4,6 milliards de dollars aujourd'hui à 30 milliards de dollars d'ici 2015. Il fait remarquer : « L'objectif principal de YES BANK est la soutenabilité sociale, qui stimulera à son tour la viabilité de notre entreprise. Nous servons les segments marginaux de notre société non dans le cadre d'une initiative de responsabilité sociale de l'entreprise (RSE) mais comme une composante essentielle de notre modèle économique inclusif. Je ne vois aucune contradiction entre faire le bien pour la société et faire le bien pour mes actionnaires[4]. »

Les marchés émergents sont pleins d'innovateurs jugaad qui, comme Rana Kapoor, ont réussi à trouver des solutions viables pour servir les besoins des segments marginaux de la société, qu'il s'agisse de consommateurs ou de travailleurs. Ces innovateurs montrent que l'inclusion des segments marginaux permet d'améliorer le bien-être de la société, mais est aussi profitable et stimule l'innovation. Dans ce chapitre, nous examinons en détail comment et pourquoi les innovateurs jugaad intègrent les marges et les exclus.

De nombreuses entreprises occidentales, en revanche, ignorent souvent les consommateurs et les travailleurs situés à la marge. Ils considèrent ces groupes comme non rentables, trop complexes à satisfaire, ou pas suffisamment valorisants pour leurs processus d'innovation. Pourtant, dans les pays occidentaux, la diversité est croissante ; la main-d'œuvre est vieillissante, les minorités ethniques augmentent, et le nombre de personnes économiquement marginalisées, même dans la classe moyenne, s'accroît. Dans ce chapitre, nous allons également voir ce que les entreprises occidentales peuvent apprendre d'innovateurs jugaad comme Rana Kapoor et comment elles peuvent tirer profit de l'intégration des exclus.

INCLUSION : UN IMPÉRATIF MORAL QUI A UN SENS ÉCONOMIQUE

Pour comprendre ce qui pousse les innovateurs jugaad comme Rana Kapoor à intégrer des segments marginaux de consommateurs dans leurs modèles économiques à but lucratif, nous devons d'abord bien mieux comprendre l'environnement dans lequel opèrent les innovateurs jugaad. Comme nous l'avons déjà dit dans les chapitres précédents, les pays émergents ont trois caractéristiques – la rareté, la diversité et l'interconnectivité qui, combinées, font de l'inclusion des exclus un véritable impératif.

D'une part, les marchés émergents sont caractérisés par une rareté généralisée dans plusieurs domaines (cf. chapitre 3). En raison de l'insuffisance d'infrastructures, de gouvernements inefficaces et d'une croissance démographique rapide, des millions de personnes en Afrique, en Inde et en Amérique latine manquent de services de base, notamment dans la santé, l'éducation et l'énergie. En Inde, plus de 600 millions de personnes, des ruraux pour la plupart, sont exclues du secteur bancaire, et un nombre à peu près égal vit hors de portée de tout réseau électrique. Cependant, cette pénurie généralisée a une dimension positive : des millions de citoyens exclus équivalent à des millions de clients potentiels. Pour les entrepreneurs désireux de relever ce défi, le choix d'inclure ces catégories en marge offre de nombreuses opportunités potentiellement lucratives et justifie le fait de créer des entreprises entièrement nouvelles.

Deuxièmement, de nombreux pays émergents se caractérisent par une incroyable diversité. L'hétérogénéité sociale, économique et culturelle de ces populations (l'Inde à elle seule possède 22 langues reconnues et plus de 2 500 dialectes) exacerbe les défis posés par la rareté. Ainsi, l'exclusion de ces populations ne peut être résolue grâce à une seule et même solution par le biais, par exemple, d'un produit ou service unique qui satisferait la majorité de la population - une approche pourtant souvent favorisée par les grandes entreprises. L'inclusion nécessite une approche de l'innovation qui soit sensible aux différences individuelles et aux circonstances locales. Le défi intellectuel et créatif que constitue la volonté de servir les divers besoins d'un très grand nombre de personnes de façon économique nourrit fortement la motivation des innovateurs jugaad.

Troisièmement, l'interconnexion croissante dans les pays émergents amplifie le sentiment d'exclusion mais offre également des solutions intéressantes pour la réduire. Même les populations pauvres des villages reculés d'Afrique ou d'Inde ont désormais accès à la télévision par câble et se rendent compte qu'ils sont en train de passer à côté de beaucoup d'opportunités auxquelles d'autres ont facilement accès. Parce qu'ils voient ce que le monde a à offrir, ils aspirent à plus de choses et à une vie meilleure. La pénétration croissante du téléphone portable – l'Inde à elle seule fournit 10 millions d'abonnés par mois, dont la majorité vivent dans les zones rurales – crée de nouvelles opportunités pour l'inclusion. Les petits entrepreneurs eux-mêmes peuvent désormais tirer parti de l'informatique mobile, une plateforme rentable pour offrir aux masses des services en matière d'éducation, de soins de santé et de services financiers.

En résumé, la rareté, la diversité et l'interconnexion poussent les innovateurs jugaad comme Rana Kapoor à fonder leurs entreprises pour satisfaire les besoins et les aspirations des consommateurs et des travailleurs marginaux. Mais comment ces innovateurs intègrent-ils avec succès et de façon rentable ces groupes marginaux, et sur quoi s'appuient-ils ?

CO-CRÉER DE LA VALEUR AVEC LES EXCLUS

Les innovateurs jugaad comme Kapoor sont particulièrement à l'écoute, prêts à réagir aux pressions extérieures et aux opportunités qui s'offrent à eux. Ils vivent souvent à proximité de segments de population marginaux, et ont donc une compréhension intuitive de la façon dont on pourrait répondre aux besoins non satisfaits, car ils les tiennent en quelque sorte de première main. Ils possèdent également un sens de l'équité qui les pousse à offrir à tous des services de base comme l'éducation, la santé et l'énergie. Enfin, ils croient en ce que Bill Gates appelle un « capitalisme créatif » ; ils savent comment utiliser des modèles économiques à but lucratif pour susciter le changement social[5]. Les innovateurs jugaad s'inspirent de ces principes pour atteindre les exclus et les intégrer avec succès. Voici quelques-unes de leurs méthodes :

Approcher les groupes marginaux comme de nouveaux marchés

Les innovateurs jugaad ne se contentent pas de traiter les groupes marginaux comme un « autre » segment sur lequel déverser des produits existants. Au contraire, ils se rapprochent des groupes marginaux comme de nouveaux marchés qui doivent être satisfaits au moyen de modèles économiques entièrement nouveaux. Par exemple, les grandes firmes technologiques vantent les fonctions d'accessibilité intégrées à leurs produits afin de permettre aux personnes à mobilité réduite de les utiliser. Mais peu développent de nouveaux produits, sans parler de nouveaux modèles économiques, qui seraient, par exemple, véritablement dédiés aux personnes aveugles.

Une exception notable : Abhi Naha, de l'entreprise de téléphone mobile Zone V. Après vingt ans comme cadre supérieur dans le secteur technologique, Naha fonde Zone V avec la ferme intention de développer à l'échelle mondiale des téléphones portables réservés à l'usage exclusif des aveugles et des malvoyants[6]. Il y a dans le monde 284 millions de personnes aveugles et malvoyantes, les deux tiers d'entre elles étant des femmes[7]. Naha est particulièrement déterminé à améliorer l'autonomie des femmes aveugles à l'aide de la technologie mobile, en particulier dans les pays en développement où ces femmes sont considérées comme des parias et sont exclues de toute opportunité éducative et économique.

En 2013, Zone V présentera trois modèles de téléphones portables. Le premier sera un smartphone haut de gamme avec une interface utilisateur simplifiée destinée aux personnes âgées vivant en Europe et aux États-Unis et ayant une vue normale, mais qui peut également être utilisé par les personnes aveugles et malvoyantes. Le second sera un smartphone de milieu de gamme destiné principalement aux personnes aveugles et malvoyantes des zones urbaines des pays émergents, et le troisième un téléphone de base à faible coût avec des options pour les personnes aveugles se situant en bas de l'échelle socio-économique. Les trois modèles seront développés, fabriqués et commercialisés avec un réseau mondial de partenaires.

Naha estime le marché mondial du téléphone portable pour les personnes aveugles et malvoyantes ainsi que pour les seniors à plus de 1 milliard d'euros. Zone V fonctionnera comme une entreprise à but lucratif et ciblera en priorité les personnes aveugles et malvoyantes, dans les économies occidentales, en proposant des téléphones portables faciles à utiliser mais au design soigné. Une partie des bénéfices tirés de la vente en Europe et aux États-Unis aidera Zone V à concevoir et vendre sur une base non lucrative des téléphones à coûts ultra-faibles aux femmes aveugles d'Inde et d'Afrique. Abhi Naha est un véritable visionnaire. Que peut-on dire d'autre de quelqu'un qui aspire à créer un monde dans lequel absence de vision ne signifie pas manque de vision ?

Aider tout un chacun à gravir la pyramide des besoins de Maslow

Les entrepreneurs jugaad considèrent que même les consommateurs à faible revenu ont des aspirations et sont impatients de grimper les échelons de la pyramide des besoins de Maslow. Selon le psychologue américain Abraham Maslow, les besoins humains se répartissent d'après une certaine hiérarchie : les besoins de base tels que la nourriture et la sécurité viennent en premier, suivis par des besoins comme l'appartenance, le statut et l'estime, et, en haut de la pyramide, la réalisation de soi.

Les innovateurs jugaad ne cherchent pas à introduire des ersatz de qualité pour les consommateurs à faible revenu : ils savent bien que même si ces consommateurs sont des personnes avec un faible pouvoir d'achat, ils ont néanmoins des aspirations élevées. De ce fait, les innovateurs jugaad veulent offrir des produits à la fois de qualité et abordables. Par exemple, YES BANK a adapté des produits d'investissement haut de gamme, qui permettent à leur tour aux institutions de microfinance (IMF) d'accéder à des capitaux supplémentaires et donc de proposer plus de microprêts à encore plus de personnes.

De même, Zone V veut doter ses téléphones à bas prix d'un

design haut de gamme pour les rendre attractifs, y compris pour les femmes aveugles des pays en développement. À cette fin, Naha a embauché Frank Nuovo, concepteur en chef de Zone V. Nuovo est l'ancien responsable de la conception chez Nokia et le co-fondateur de Vertu, la branche luxe de Nokia (qui représente un marché de 1 milliard de dollars), dont il demeure d'ailleurs le principal concepteur. Tout en continuant à concevoir des téléphones incrustés de diamants pour les clients très riches, Nuovo a rejoint Zone V, déterminé à rendre le luxe abordable et accessible aux masses. Par exemple, il met au point des téléphones à la mode mais néanmoins peu coûteux et de haute qualité pour des consommateurs aveugles se situant en bas de l'échelle sociale. Ceux-ci acquièrent ainsi un téléphone dont ils peuvent être fiers et qui les aidera à s'élever socialement au sein de leur communauté (voir le chapitre 3 pour d'autres exemples sur la façon dont les entrepreneurs jugaad offrent plus de valeur, à plus de personnes et à moindre coût).

Bien que les personnes du bas de l'échelle sociale se préoccupent surtout de la satisfaction de leurs besoins élémentaires, comme se nourrir et se loger, elles ont également des besoins supérieurs liés aux loisirs ou à l'esthétique, ce que de nombreuses entreprises, notamment les multinationales, ne comprennent pas. Rama Bijapurkar, gourou indien du marketing et auteur de *Comment gagner sur le marché indien*[8], remarque : « Chaque enfant pauvre ou riche a droit aux loisirs. Il s'agit d'un droit fondamental. Pourtant, les parcs de loisirs à thème occidentaux pratiquent des prix d'entrée élevés, et ont tendance à exclure les personnes à faible revenu. Un modèle économique si exclusif ne peut pas fonctionner dans un pays émergent comme l'Inde où 300 millions de personnes continuent de gagner 1 dollar par jour ; ce qui ne les empêche pas de vouloir se divertir[9]. »

Pour répondre à ce défi, Xavier Lopez Ancona, entrepreneur mexicain, lance à Mexico en 1999 KidZania, avec pour objectif de rendre les loisirs plus accessibles et éducatifs. KidZania est un parc à thème à prix raisonnable destiné à des enfants de quatre à douze ans qui peuvent « jouer aux adultes » de manière réaliste dans un environnement sécurisé et amusant ; ils exercent des emplois du monde réel, par exemple médecin, présentateur télé, pompier, policier, pilote ou encore commerçant, et sont payés en monnaie kidZo, avec laquelle ils peuvent acheter des biens et des services. Dans leur jeu de rôle, les enfants bénéficient des conseils et du soutien de « Zupervisors » adultes. Construit à l'échelle des enfants, KidZania présente des routes pavées, des voitures, des bâtiments, une économie active et des établissements du monde réel tels que des hôpitaux, des banques, des casernes de pompiers et des supermarchés. Le succès du parc de Mexico – dix millions d'enfants l'ont visité à ce jour – a encouragé Ancona à ouvrir de nouveaux parcs, non seulement dans des villes comme Jakarta, mais aussi à Tokyo, Séoul et Lisbonne. À ce jour, 20 millions de personnes ont visité les parcs KidZania dans le monde entier. Les parcs Walt Disney n'ont qu'à bien se tenir : KidZania prévoit d'entrer sur le marché américain dans un avenir proche[10].

De même, dans les années 1990, Heloísa Helena Assis – appelée Zica – a entrepris d'affirmer le besoin fondamental des femmes défavorisées de se sentir belles. Ancienne coiffeuse ayant grandi dans une famille de treize enfants dans les favelas de Rio de Janeiro, Zica savait que ces femmes ne pouvaient pas se permettre de fréquenter des salons de beauté ou des spas, qui font payer très cher des services tels que les soins capillaires. Elle avait aussi remarqué que les femmes brésiliennes avaient tendance à se faire défriser les cheveux. Ces observations l'ont amenée à se demander : « Et si je pouvais concevoir un produit qui soit un procédé unique, à appliquer, et qui pourrait améliorer les cheveux crépus des femmes brésiliennes pour qu'elles n'aient plus à les aplatir ? Cela aiderait ces femmes à être belles naturellement. » Après plusieurs expériences sur ses propres cheveux crépus, Zica a trouvé une formule adéquate : une crème hydratante qui préserve la structure naturelle du cheveu sans le raidir[11]. Elle a breveté sa formule sous le nom de *Super-Relaxing*, puis, logiquement, a ouvert en 1993 un salon de coiffure à Rio de Janeiro, Beleza Natural, où elle a pu tester sa formule sur des clientes. La formule et le salon ont été un succès. Zica a depuis développé rapidement son entreprise et ouvert plusieurs salons avec trois partenaires.

Beleza Natural gère actuellement douze salons, situés à Rio, Espirito Santo et Bahia, ciblant principalement les femmes disposant d'un faible revenu. Ces salons sont tous gérés par des femmes des communautés locales. Chaque salon reçoit jusqu'à un millier de clientes par jour, traitant jusqu'à 40 personnes à la fois selon un procédé rapide en sept étapes. Les salons vendent désormais également une gamme complète de produits de soins capillaires, développés par l'unité de fabrication de Beleza Natural, Cor Brasil, en partenariat avec des chercheurs de premier plan d'universités brésiliennes[12]. Beleza Natural compte actuellement plus de 70 000 clients, et les ventes de la société augmentent de 30 % par an. Depuis 2005, Beleza Natural a augmenté ses revenus de 918 % et ses effectifs de 214 % pour employer aujourd'hui plus de 1 400 personnes. « Nous vendons surtout de l'estime de soi », explique Assis : « J'ai vu là une occasion pour rendre toutes les femmes brésiliennes belles, indépendamment de leurs moyens financiers[13]. »

Co-créer de la valeur avec les consommateurs et les partenaires tout au long de la chaîne de valeur

Les innovateurs jugaad ne considèrent pas les consommateurs comme des utilisateurs passifs face aux produits et services.

Reconnaissant leur diversité, ils inventent de nouvelles solutions de toutes pièces à partir du terrain, en travaillant en étroite collaboration avec les groupes de personnes exclues pour identifier leurs besoins spécifiques. Ils poussent ensuite les communautés locales et les partenaires à mettre en place une chaîne de valeur pour construire, fournir et soutenir des solutions locales tout à la fois abordables, accessibles et durables.

Par exemple, pour servir efficacement les 600 millions d'Indiens non bancarisés, YES BANK expérimente sans cesse de nouvelles technologies alimentées par des modèles économiques inclusifs qui exploitent un vaste réseau de partenaires. Le service YES MONEY est une de ces initiatives. Dans le cadre de cette opération, la banque a fait équipe avec diverses entreprises de plateforme de paiement comme Suvidhaa Infoserve et Oxigen services, qui offrent des services de paiement à environ 200 000 magasins de quartier dans les zones urbaines et rurales. YES BANK a aidé ces entreprises à déployer une offre spécialisée de « transfert d'argent des migrants », permettant aux travailleurs migrants dans les villes d'envoyer de l'argent à leurs familles dans des villages reculés grâce au système du Fonds national de transfert électronique (NEFT). Comparé au service de mandats proposé par la poste gouvernementale indienne, YES MONEY est environ cinq fois moins cher et cinq fois plus rapide. Il offre également une alternative moins coûteuse que celle de la Western Union. En outre, la majorité des commissions perçues sont reversées aux entreprises de la plateforme de paiement et aux détaillants, créant ainsi de la valeur pour les partenaires de l'écosystème de YES MONEY[14].

De la même façon, Zone V positionne ses produits comme des outils d'autonomisation plutôt que de consommation passive. Les téléphones de Zone V permettent en effet aux femmes aveugles de l'Inde rurale de gérer non seulement les finances de leur ménage, mais aussi celles de leurs voisins et des conseils de village. De cette façon, le téléphone individuel devient un véhicule pour stimuler la croissance socio-économique d'une communauté toute entière. Pour rendre tout ceci possible, l'entreprise s'appuie sur une multitude de partenaires. Elle a sous-traité la conception et la fabrication à des ingénieurs et des fabricants extérieurs et confie à des ONG comme Sightsavers la distribution de ses téléphones dans les pays émergents, notamment l'Inde, et en particulier dans les zones rurales. Plus important encore, Zone V va créer une plateforme avec des développeurs de logiciels tiers pour concevoir des applications inclusives pour ses téléphones. Ces applications seront disponibles à des prix différents selon les segments de clientèle et le modèle de téléphone utilisé. Naha estime que de nombreux développeurs d'applications mobiles trouveront la motivation pour créer des solutions qui répondent aux besoins fondamentaux des personnes aveugles partout dans le monde.

Sur les marchés émergents, des innovateurs jugaad établissent souvent des partenariats avec les gouvernements des États ou avec les collectivités locales pour rendre les services de santé, d'éducation ou financiers plus inclusifs. Par exemple, GE Healthcare a signé un contrat de service basé sur la performance avec le gouvernement de l'État indien du Gujarat. Selon cet accord de partenariat public-privé, les partenaires formés par GE vont exploiter et entretenir tous les équipements médicaux installés dans les hôpitaux publics des petites villes du Gujarat. Les hôpitaux ruraux, pour leur part, n'auront pas besoin d'investir dans des équipements coûteux ou de recruter des techniciens qualifiés. Néanmoins, ils auront la garantie d'une meilleure disponibilité des équipements et de coûts d'exploitation plus faibles, le tout se traduisant par des soins de santé à moindre coût et de bonne qualité pour les patients ruraux[15].

Étendre des solutions personnalisées à grande échelle grâce à la technologie

Les innovateurs jugaad utilisent intelligemment la technologie informatique – en particulier les mobiles – pour réduire le coût des prestations de services destinées aux populations marginalisées. Ils tirent également parti de la technologie pour personnaliser leurs offres sur une grande échelle. Le Reuters Market Light (RML) en est un bon exemple. Il s'agit d'un service de téléphonie mobile développé par Thomson Reuters en Inde. RML fournit aux agriculteurs des prévisions météo personnalisées et localisées, le prix des cultures locales, des nouvelles agricoles, et d'autres informations pertinentes (notamment les aides publiques), sous la forme de trois messages SMS envoyés chaque jour sur leurs téléphones mobiles et dans leur langue locale. Une information si personnalisée et délivrée en temps utile permet aux agriculteurs de mieux planifier leurs activités, notamment l'irrigation, l'utilisation d'engrais et la récolte. Les agriculteurs peuvent ainsi mieux gérer les risques et améliorer leur prise de décision concernant le moment opportun et l'endroit précis où vendre leurs produits de façon à maximiser leurs bénéfices. Le service coûte seulement 250 roupies (3,50 euros) pour un abonnement de trois mois. En 2011, quelque 250 000 agriculteurs indiens dans plus de 15 000 villages avaient souscrit un abonnement à RML. Thomson Reuters estime qu'à ce jour plus d'un million d'agriculteurs dans au moins treize États indiens ont bénéficié du service RML. En outre, les agriculteurs ont fait de substantiels bénéfices grâce à leur investissement dans RML. Certains ont réalisé jusqu'à 200 000 roupies (2 700 euros) de bénéfices supplémentaires, et des économies de près de 400 000 roupies (5 500 euros) avec un investissement de seulement 250 roupies pour l'abonnement[16].

Liu Jiren, P.-D.G. de Neusoft, le plus grand prestataire de services et solutions informatiques en Chine, est un autre innovateur jugaad qui utilise la technologie pour fournir des services peu coûteux. Ancien professeur d'informatique, il s'est inquiété de ce que les Chinois, grâce à une croissance économique à deux chiffres, « ont accumulé beaucoup de richesses au cours des deux dernières décennies, mais ont aussi accumulé beaucoup de maladies au fur et à mesure qu'ils devenaient plus riches[17] ». On estime ainsi que 80 millions de Chinois souffrent de diabète et que 200 millions seraient atteints de maladies cardio-vasculaires. L'explosion des maladies chroniques – qui sont particulièrement dévastatrices pour les populations à faible revenu dans les zones rurales chinoises – force le gouvernement chinois à investir dans un système de soins de santé qui a été jusqu'à présent insuffisant ou inexistant dans ces zones rurales, et qui est à la traîne par rapport aux zones urbaines en termes de ressources médicales et d'infrastructures de soins de santé. Le docteur Liu met cependant en garde : « Si le gouvernement chinois était obligé de mettre en place un système de soins de santé pour les 1,3 milliard de Chinois sur le modèle de celui des États-Unis [où les dépenses de santé devraient représenter 20 % du PIB en 2020], nous aurions besoin d'un énorme budget qui mettrait notre pays en faillite. Nous avons besoin d'un modèle de santé alternatif qui soit intelligent, abordable et inclusif. Nous avons notamment besoin d'un modèle de prévention plutôt que de traitement des maladies[18]. »

Neusoft a développé plusieurs solutions à faible coût mais de haute technologie, par exemple des appareils d'auto-surveillance de santé abordables et des solutions de télémédecine dans les hôpitaux ruraux pour les patients chinois disposant d'un faible revenu. Plus impressionnant encore, Neusoft a mis au point une montre-bracelet d'avant-garde pour les patients atteints de maladies chroniques qui sert de moniteur de santé mobile. À intervalles réguliers, la montre recueille des indicateurs biologiques à partir de capteurs fixés sur le corps du patient. Ces données dynamiques sont ensuite envoyées à Health Cloud, système expert basé sur la technologie de l'informatique en nuage. Health Cloud analyse les données fournies en utilisant une base de données médicales et propose des conseils personnalisés pour les patients en termes d'exercice et de régime alimentaire les aidant ainsi à améliorer leur mode de vie[19]. Si on est en surpoids, par exemple, le système propose un programme de jogging de trois mois, surveille ensuite le patient en lui faisant quotidiennement état des progrès éventuels, et peut même lui suggérer des améliorations.

Liu remarque que dans une Chine qui vieillit rapidement – la population des plus de 65 ans devrait passer de 130 à quelque 222 millions entre 2010 et 2030 – les montres-bracelets et les moniteurs de soins à domicile deviennent des cadeaux populaires que les jeunes Chinois font à leurs parents[20]. De cette façon, ils peuvent suivre à distance la santé de leurs parents par le biais de rapports quotidiens sur leurs téléphones mobiles et améliorer leur bien-être. Liu estime que la capacité de Neusoft à servir des groupes d'exclus (comme les personnes âgées et les ruraux pauvres) plus vite et moins cher grâce à des technologies comme l'informatique en nuage donne à l'entreprise un avantage sur les multinationales occidentales : « Nous n'avons pas les ressources d'une grande multinationale, mais nous identifions des opportunités sur les marchés mal couverts et sommes capables de les saisir rapidement grâce à la puissance de la technologie, surtout l'informatique en nuage, ce qui réduit considérablement le coût de la prestation de services dans des secteurs comme la santé[21]. »

Les innovateurs jugaad comme le docteur Liu intègrent avec succès les groupes marginaux en les approchant comme un tout nouveau marché. Ils aident chacun à monter dans la hiérarchie des besoins de Maslow, en co-créant de la valeur avec les consommateurs et partenaires tout au long de la chaîne de valeur, et en faisant un usage plus intelligent des technologies abordables en vue d'offrir des solutions personnalisées à une grande échelle. Alors que les sociétés occidentales deviennent de plus en plus diverses, il est de plus en plus urgent pour leurs entreprises de prêter une attention particulière aux marginaux et aux exclus.

LES MARGINAUX TENDENT À DEVENIR MAJORITAIRES

Dans les prochaines années, les segments de population dits marginaux ne seront plus marginaux en Occident. Ils vont devenir plus importants, peut-être beaucoup plus importants. Et un certain nombre d'aspects comme leur âge, leur origine ethnique et leur revenu auront alors un impact grandissant.

L'âge, par exemple. Au cours des quinze à vingt prochaines années, le nombre d'Américains de plus de 65 ans va doubler. Dans la même période, le nombre d'Américains de plus de 85 ans va tripler. Le changement sera encore plus spectaculaire en Europe. Le continent compte déjà dix-neuf des vingt nations les plus vieilles du monde sur le plan démographique. En 2030, près de 25 % des Européens auront plus de 65 ans, contre environ 17 % en 2005. En conséquence, le Bureau américain du recensement estime que d'ici 2030, l'Union européenne connaîtra une baisse de 14 % de sa population et une baisse de 7 % de la consommation[22]. Tout cela signifie que les entreprises américaines et européennes auront une main-d'œuvre qui va vieillir rapidement et qu'elles devront apprendre à vendre à des consommateurs vieillissants, alors qu'un grand nombre d'entre eux appartiennent à la génération des baby-boomers, très confiants et habitués à obtenir ce qu'ils veulent (étant donné le poids de leur nombre).

La bonne nouvelle est que ce marché des seniors est très lucratif. Au Royaume-Uni, les plus de 50 ans dépensaient 276 milliards de livres (320 milliards d'euros) en 2008, et représentaient environ 44 % des dépenses des ménages britanniques[23]. Aux États-Unis, le revenu net d'impôt des plus de cinquante ans est estimé à 2 400 milliards de dollars (1 780 milliards d'euros), ce qui représente environ 42 % de tous les revenus après impôt[24]. La mauvaise nouvelle est que les produits et services existants ne sont souvent pas adaptés aux besoins des consommateurs âgés. Ian Hosking, associé de recherche principal à l'Engineering Design Center de l'université de Cambridge, souligne : « Les populations vieillissantes présentent une hétérogénéité de plus en plus grande dans leurs capacités fonctionnelles – la vision, l'audition et la dextérité. En général, ces capacités diminuent avec l'âge. Même si la nécessité de concevoir des produits inclusifs est bien évidente, de nombreux produits aujourd'hui sont principalement destinés à des utilisateurs jeunes et valides. Par conséquent, ils ne sont ni accessibles ni tentants pour des utilisateurs plus âgés. Dans le même temps, les produits que nous utilisons tous les jours semblent se développer d'une façon de plus en plus complexe[25]. » Les entreprises occidentales risquent de manquer une opportunité de marché importante si elles ne parviennent pas à adapter leur offre aux exigences des consommateurs qui vieillissent rapidement aux États-Unis et en Europe.

Les populations occidentales ne sont pas seulement en train de vieillir, elles sont aussi de plus en plus diverses et multiculturelles. Par exemple, le pourcentage d'enfants aux États-Unis avec au moins un parent né à l'étranger est passé de 15 % en 1994 à 23 % en 2010. Et plus de la moitié de la croissance de la population américaine entre 2000 et 2010 est due à l'augmentation de la population hispanique, qui est passée de 43 à 50,5 millions au cours de cette période. Dans une génération, ces consommateurs hispaniques sont susceptibles de constituer la majorité dans un État comme la Californie. On estime déjà que les consommateurs hispaniques ont un pouvoir d'achat collectif d'environ 1 000 milliards de dollars. Le Bureau du recensement prévoit quant à lui que la part des minorités ethniques et raciales atteindra 54 % de la population totale américaine et dépassera celle des Blancs non hispaniques d'ici 2042, huit ans plus tôt que prévu[26].

La composition démographique de l'Europe est également amenée à changer rapidement. La population musulmane d'Europe, qui représente actuellement 5 % de la population totale de l'Union européenne (10 % en France), devrait peser 20 % d'ici 2050[27]. Mais des pays comme la Grande-Bretagne, la France, l'Espagne et les Pays-Bas auront dépassé ce chiffre bien avant. Alors que la population en âge de travailler décroît rapidement, les gouvernements européens n'auront pas d'autre choix que de libéraliser leurs politiques d'immigration s'ils souhaitent maintenir leur compétitivité économique. La diversité ethnique et culturelle croissante des populations occidentales va forcer les entreprises à innover dans leurs produits et services afin de répondre aux besoins spécifiques des consommateurs issus des minorités.

Un autre facteur clé qui contribue à la diversité des populations occidentales est l'augmentation du nombre de travailleurs des générations Y et Z, avec leurs valeurs et leurs attentes particulières. De nombreuses études montrent que ces générations se considèrent comme largement ignorées dans le milieu professionnel et se sentent exclues, principalement parce que les structures hiérarchiques et les styles de communication verticaux (*top-down*) des sociétés occidentales sont en contradiction avec l'esprit de collaboration de ces générations Y et Z. À moins que les entreprises occidentales ne trouvent un nouveau système pour maintenir pleinement la motivation de ces générations, ces jeunes travailleurs sont susceptibles de se sentir marginalisés et de préférer des organisations capables d'exploiter leurs talents créatifs.

Enfin, avec une récession persistante qui pousse toujours plus de personnes dans la pauvreté, un changement radical s'est produit dans le revenu des ménages des pays occidentaux. En 2010, 15,1 % des Américains (ou 46,2 millions de personnes) vivaient en dessous du seuil officiel de pauvreté, le niveau le plus élevé depuis 1993 (en 2009, le pourcentage était de 14,3 %)[28]. En France, on comptait en 2010 8,6 millions de pauvres, soit 14,1 % de la population totale contre 13,6 % en 2000, si l'on situe le seuil de pauvreté à 60 % du niveau de vie médian. Plus inquiétant encore, l'érosion des classes moyennes. La consommation de celles-ci représente par exemple 70 % des dépenses aux États-Unis et constituent ainsi le socle de l'économie américaine. Or les classes moyennes se contractent. Selon le Pew Charitable Trusts, près d'un tiers des Américains, adolescents en 1970 qui appartenaient à la classe moyenne, ont glissé aujourd'hui dans la classe sociale inférieure à l'âge adulte[29]. L'étude met en évidence la relative rapidité avec laquelle les Américains qui sont entrés dans la vie active avec des conditions de vie favorables peuvent se retrouver à la fin de celle-ci dans une situation de précarité d'emploi et de revenus. Et s'il est devenu plus facile d'être déclassé économiquement, il est aussi devenu plus difficile de remonter l'échelle socio-économique. Le revenu médian des ménages aux États-Unis a stagné au cours des trente dernières années (en 2010, il était de 49 445 dollars – (36 738 euros) –, en légère baisse par rapport à 2009). Corrigé de l'inflation, une famille avec un revenu moyen ne gagnait que 11 % de plus en 2010 par rapport à 1980, alors que les 5 % les plus riches connaissaient une progression de 42 % de leurs revenus. En conséquence, la part des dépenses de ces Américains représente maintenant 37 % de l'ensemble des dépenses des consommateurs[30].

De telles inégalités et une telle mobilité descendante sur l'échelle socio-économique ne sont tout simplement pas soutenables[31]. Dans un éditorial intitulé « La classe moyenne s'étiole », Robert Reich, ancien secrétaire d'État américain au travail, met en garde : « Lorsqu'autant de richesses fuient vers le haut, la classe moyenne n'a plus assez de pouvoir d'achat pour soutenir une économie qui va donc s'endetter toujours plus profondément, ce qui, comme nous l'avons déjà vu, risque de mal se terminer[32]. » 50 millions d'Américains n'ont pas d'assurance médicale, et pas moins de 60 millions d'Américains sont exclus du système bancaire ou sont sous-bancarisés, ce qui signifie qu'ils ne peuvent pas ou ne veulent plus utiliser les services financiers proposés par les banques traditionnelles. On peut s'attendre à ce que ces chiffres augmentent de manière significative dans les prochaines années puisque les conditions économiques continuent de se détériorer. Pour un nombre croissant de jeunes désenchantés de la classe moyenne américaine, le rêve américain restera ce qu'il est : un rêve.

Qu'est-ce que tout cela signifie pour les sociétés occidentales ? Les groupes marginaux qui ont toujours été perçus comme une sorte de niche dans l'économie de la consommation sont en train de devenir le groupe de consommateurs dominant[33]. Ce groupe ne peut plus être ignoré et va au contraire devenir la cible des entreprises qui développeront un modèle économique adapté à ses besoins, comme le font les innovateurs jugaad dans les marchés émergents. En effet, il sera désormais possible, et de plus en plus fréquent, d'inclure les exclus ou les marges (faire le bien) tout en faisant des profits (bien faire). Plusieurs facteurs freinent cependant les entreprises occidentales sur cette voie, comme nous allons le voir par la suite.

POURQUOI LES ENTREPRISES DE L'OUEST VOIENT LES GROUPES MARGINAUX COMME NON PROFITABLES

Même si les segments marginaux sont de plus en plus importants économiquement, de nombreuses entreprises occidentales hésitent encore à les prendre en compte pour trois raisons majeures, chacune étant liée soit à la réticence, soit à la difficulté des entreprises occidentales de voir dans ces groupes marginaux une source de rentabilité.

Premièrement, de nombreuses entreprises occidentales considèrent la création de produits et de services à destination de ces segments marginaux comme une mission sociale plutôt que comme une activité économique à part entière. Ils ont tendance à utiliser leurs missions philanthropiques pour atteindre les groupes à faible revenu et les minorités ethniques. Ces activités entrent alors dans la responsabilité sociale des entreprises (RSE), tandis que les activités à but lucratif se concentrent sur les clients « grand public ». Par exemple, de nombreuses grandes banques occidentales ont lancé des fondations et des programmes en matière de RSE à travers lesquels ils tissent des partenariats avec des organisations à but non lucratif (par exemple l'opération Hope (espoir) qui répond aux besoins bancaires des personnes défavorisées aux États-Unis). Mais ce n'est pas le cœur de métier de ces banques, qui continuent à ne servir que la classe moyenne et les clients riches. De même, de nombreuses entreprises ont des programmes qui mettent en avant la diversité de leur personnel et de leur clientèle, mais elles ne réussissent que rarement à mettre en œuvre des stratégies de mobilisation des employés prenant spécifiquement en compte cette diversité.

Deuxièmement, les modèles économiques habituels des entreprises occidentales, ancrés profondément dans leurs structures, ne sont pas conçus pour satisfaire les besoins des clients marginaux ou différents. Pour réellement servir les clients marginaux et faire un profit, les entreprises auraient besoin de construire des modèles économiques entièrement nouveaux et spécifiquement adaptés à de tels groupes. Malheureusement, la plupart des entreprises hésitent à le faire, et elles préfèrent adapter leurs modèles économiques existants pour répondre aux besoins des consommateurs marginaux. De telles tentatives, mi-figue mi-raisin, sont souvent vouées à l'échec. Aussi les entreprises ne parviennent-elles pas à trouver une solution convaincante et unique pour les consommateurs marginaux.

Troisièmement, les perspectives à court terme empêchent les sociétés occidentales d'investir à long terme dans les produits et services qui serviraient les groupes marginaux. Les entreprises qui s'inquiètent uniquement de leurs résultats trimestriels ne sont pas motivées par le fait d'investir le temps et les ressources nécessaires pour concevoir des modèles économiques qui ciblent les segments marginaux. Le retour sur ce type d'investissement, pensent-elles, n'est pas susceptible de se concrétiser avant un certain nombre d'années. Prenons un exemple dans le secteur des services financiers : selon la FDIC (Federal Deposit Insurance Corporation), 60 millions d'Américains sont soit non bancarisés soit sous-bancarisés[34] ; or les grandes banques n'ont pas encore ciblé les besoins de ce grand groupe marginal. Rob Levy, directeur de l'innovation et de la recherche au CFSI (Center for Financial Services Innovation), explique pourquoi : « Certaines grandes banques sont conscientes du potentiel du marché que représentent plus de 60 millions d'Américains non bancarisés et sous-bancarisés. Mais pour servir efficacement ces clients, les banques doivent concevoir des produits entièrement nouveaux, avec des stratégies de marketing et des canaux de distribution spécifiques pour répondre à leurs besoins. Bien que ce type d'approche adapté au marché sous-bancarisé soit en mesure d'offrir des retours positifs et des relations de clientèle solides sur le long terme, il ne peut pas générer de profits substantiels dans ses premières années de fonctionnement. Il peut donc être difficile pour les banques de justifier de tels investissements sur le long terme vis-à-vis de leurs actionnaires[35]. » Cette réticence des entreprises occidentales à inclure les groupes marginaux est regrettable. Cela signifie que ces entreprises abandonnent littéralement – au sens propre comme au figuré – de l'argent sur la table, et qu'elles s'exposent à la concurrence d'acteurs inattendus sur de nombreux fronts.

LES ENTREPRISES OCCIDENTALES VONT FAIRE FACE A UNE CONCURRENCE ACCRUE SUR LE CŒUR DE LEURS MARCHÉS

Tant que les grandes entreprises continueront de considérer les segments marginaux comme non rentables, des opportunités s'offriront à de nouveaux acteurs pour combler le vide créé sur ce marché important et en pleine croissance. Les entreprises occidentales, bien établies pour le moment, feront bientôt face à la forte concurrence d'acteurs nouveaux, y compris sur leurs principaux marchés constitués par la classe moyenne, voire la classe aisée.

Les innovateurs frugaux des marchés émergents

Des sociétés de pays émergents comme HTC et Haier donnent déjà du fil à retordre aux entreprises occidentales en offrant des produits à bas prix tels que téléphones portables, réfrigérateurs, caves à vin, etc., à des consommateurs occidentaux aux revenus de plus en plus restreints. De même, les constructeurs automobiles occidentaux ont du souci à se faire avec le lancement à venir sur les marchés américains et européens de la Nano, cette voiture de Tata Motors vendue moins de 1 500 euros, qui va conquérir le cœur (et le portefeuille) des consommateurs occidentaux qui souhaitent des moyens de transport bon marché et économes en carburant.

Les Goliath des autres secteurs

Les leaders des principaux secteurs sont confrontés dans toutes les industries à la concurrence de leaders d'autres secteurs qui empiètent sur leur propre terrain et ciblent les segments marginaux. Le cas de Wal-Mart, entreprise américaine spécialisée dans la grande distribution, constitue un bon exemple. L'entreprise a lancé un défi aux grosses banques commerciales sur leur propre terrain en ouvrant 1 500 points bancaires qui couvrent la plupart des besoins financiers de base des consommateurs à bas revenus : transfert d'argent, cartes de débit prépayées, paiement des factures, encaissement des chèques (et bien sûr la possibilité d'utiliser cet argent, ainsi que des coupons gratuits, pour faire leurs courses dans le même magasin). Les points bancaires de Wal-Mart rencontrent un très grand succès car ils sont facilement accessibles (ils sont situés près du lieu de vie des consommateurs), fiables (les consommateurs visitent régulièrement les centres Wal-Mart pour leurs achats et font confiance à la marque) et abordables (Wal-Mart ne prend que 3 dollars pour l'encaissement des chèques jusqu'à 1 000 dollars, et 3 dollars pour acheter ou recharger sa carte prépayée)[36]. Encouragé par le succès de ses points bancaires, Wal-Mart a même lancé de plus petits kiosques, appelés Express Centers, dans des zones reculées. Rob Levy, du CFSI, fait remarquer : « Alors que beaucoup parlent d'inclusion financière, Wal-Mart le fait réellement, à l'aide d'un modèle économique innovant qui supprime la complexité des produits en faveur de la simplicité et de la facilité d'utilisation, améliorant ainsi la vie des utilisateurs[37]. »

Les start-up agiles

En se concentrant exclusivement sur leur cœur de marché, les grandes entreprises tournent le dos aux opportunités que représentent les segments marginaux et s'exposent à la concurrence de start-up agiles. Prenons encore une fois l'exemple du secteur des services financiers : non seulement les leaders bancaires doivent faire face à un géant de la distribution comme Wal-Mart qui empiète sur leur territoire, mais ils sont confrontés à la concurrence de start-up très flexibles comme PayNearMe. PayNearMe permet aux 24 % de ménages américains qui n'ont ni carte de débit, ni carte de crédit de faire leurs achats sur Amazon, acheter des billets de bus sur le site Greyhound, ou payer en espèces dans un magasin 7-Eleven. Shader Danny, un « serial entrepreneur » qui a fondé PayNearMe, constate que la « sous-bancarisation est un gigantesque marché mal couvert », ajoutant : « Nous permettons [aux consommateurs sous-bancarisés] de mieux effectuer leurs paiements, plus vite et moins cher[38]. » Étant donné que les achats de biens de consommation effectués en argent liquide se sont élevés à 1,2 milliard de dollars en 2010, Visa et MasterCard surveillent étroitement PayNearMe.

Marc Andreessen, co-fondateur de Netscape et associé de la société de capital-risque Andreessen Horowitz, estime que des start-up « légères en capital » comme PayNearMe – qui assure des millions de dollars de transactions sans avoir une seule succursale bancaire – sont en train d'envahir et de bouleverser les structures établies. Andreessen pense que nous sommes en train de faire face à un changement technologique et économique radical et de grande envergure et que les entreprises de logiciel informatique sont sur le point de prendre le contrôle de larges pans de l'économie. Il souligne : « Au cours des dix prochaines années, avec les entreprises dynamiques de la Silicon Valley comme principaux acteurs de ce chamboulement, je m'attends à ce que beaucoup plus de secteurs soient perturbés par des services logiciels[39]. » En effet, les entrepreneurs de la Silicon Valley ciblent de plus en plus les segments marginaux longtemps ignorés par les entreprises classiques dans des secteurs nécessitant une forte capitalisation tels que la santé, les télécommunications, la finance, l'éducation et l'énergie. C'est cette concentration sur les segments marginaux qui entraînera de forts gains, en termes de revenus et de croissance, pour les entreprises qui les cibleront.

COMMENT FAIRE DE GROSSES MARGES EN INTÉGRANT LES MARGINAUX

Les entrepreneurs jugaad utilisent des stratégies efficaces, que les entreprises occidentales peuvent adopter, pour bon nombre d'entre elles, dans leurs efforts pour inclure les marges avec profit. Nous les détaillons ci-après.

Intégrer l'inclusion sociale au cœur du métier

Les programmes de responsabilité sociale d'entreprise (RSE) à but non lucratif qui ciblent les groupes d'exclus sont en fait inutiles pour les entreprises qui cherchent à répondre aux besoins des mêmes groupes avec un modèle économique à but lucratif comme le font les innovateurs jugaad dans les pays émergents. Pour éviter une telle schizophrénie dans la culture d'entreprise, les dirigeants occidentaux devraient se désengager des projets de RSE et faire de l'inclusion sociale un impératif stratégique dans toutes leurs lignes de métier et pour tout leur management supérieur. Ces dirigeants peuvent s'inspirer de Ramón Mendiola Sánchez, directeur général de Florida Ice & Farm Co., un grand producteur et distributeur de produits alimentaires et de boissons du Costa Rica (cf. chapitre 3) qui a fusionné ses activités commerciales et de responsabilité sociale et environnementale autour d'une stratégie unique intégrée, qui est mise en œuvre par les salariés, à tous les niveaux de façon à procurer des bénéfices à toutes les parties prenantes[40].

Répondre à l'augmentation du nombre de consommateurs occidentaux à faible revenu

Le ralentissement économique devrait persister dans les années à venir et donc maintenir une pression financière sur les classes moyennes américaines et européennes. Cette paupérisation de la classe moyenne signifie que les entreprises occidentales qui ciblaient traditionnellement le grand public doivent changer radicalement leurs stratégies d'innovation si elles ne veulent pas se faire concurrencer par des compétiteurs low-cost. Plutôt que de faire de la R&D pour des produits haut de gamme avec des fonctionnalités sophistiquées, ces entreprises devront créer des produits ayant un bon rapport qualité-prix et accessibles aux consommateurs à faible revenu qui augmentent aux États-Unis et en Europe. C'est la stratégie judicieuse que des sociétés comme le constructeur automobile français Renault suivent actuellement. Ces entreprises intensifient leurs activités de R&D et de marketing pour lancer des produits adaptés aux consommateurs occidentaux inquiets pour leur budget. Renault étend par exemple rapidement sa gamme de voitures low-cost Dacia – qui comprend déjà la Logan, une berline très réussie qui se vend environ 7 500 euros –, ajoutant à son catalogue une fourgonnette Logan, un pick-up Logan, et même le SUV Dacia Duster. Destinées aux acheteurs de voitures européens soucieux des prix, ces Dacia sans superflus sont de conception simple, fabriquées – dans l'usine Renault de Roumanie – avec un nombre de pièces réduit, tout en étant robustes. Les véhicules à bas coût de la gamme Dacia sont rapidement devenus la vache à lait de Renault, et représentaient en 2010 plus de 25 % de son chiffre d'affaires, contre 20 % en 2008. Ce pourcentage pourrait être encore plus élevé dans les prochaines années, car 59 % des Européens âgés de moins de trente ans et 54 % des Européens de plus de cinquante se disent prêts à acheter une voiture low-cost[41]. Renault prévoit d'élargir sa gamme de produits à bas prix en ajoutant d'autres modèles qui seront développés par son équipe R&D en Inde – elle est en pleine expansion –, un pays qui, selon le P.-D.G. Carlos Ghosn, bénéficie d'une grande expertise dans ce qu'il appelle « l'ingénierie frugale[42] ».

Créer une culture de travail inclusive

Alors que la main-d'œuvre se diversifie et se mondialise toujours davantage, les entreprises occidentales doivent veiller à ce qu'aucun travailleur ne se sente marginalisé en raison de son âge, de son origine sociale ou de son titre. Elles doivent s'efforcer de promouvoir une culture ouverte et inclusive grâce à un mode de management organisé autour de la gestion participative. Celle-ci permet de promouvoir une main-d'œuvre créative et motivée, qui peut puiser dans différents domaines d'expertise pour concevoir de nouveaux produits et services, et qui se sent encouragée à le faire. ThoughtWorks, SSII (société de services en ingénierie informatique) basée à Chicago, est une compagnie qui a réussi à développer une telle culture de travail, transparente et inclusive. Elle a connu une croissance de ses revenus de 20 à 30 % par an grâce à de grosses marges sur les services qu'elle fournit à ses clients fidèles de première importance tels que JetBlue, LLBean et DaimlerChrysler. Le secret de l'entreprise : une structure organisationnelle horizontale qui permet à ses mille employés dans le monde d'avoir un mot à dire sur toutes les décisions importantes de l'entreprise. Roy Singham, fondateur et président du conseil d'administration, explique : « Nous voulons être la société la plus horizontale du monde. Nos portiers en Chine doivent être traités à égalité avec notre P.-D.G. à Chicago. » Et il ajoute : « Comment les cadres collaborent-ils au XXIème siècle ? En petites équipes autogérées, polyvalentes, décentralisées et conciliantes[43]. » L'hyper tolérance de ThoughtWorks commence par un processus de recrutement rigoureux qui s'assure, dit Singham, que « ni un sectaire, ni un sexiste, ni un homophobe ne rentre dans la société ». Singham précise : « Au XXIème siècle, l'inclusion ne se fera pas de façon autoritaire ou via un quelconque programme dit de diversité. Au contraire, le P.-D.G. doit incarner l'esprit d'inclusion en entretenant une culture *totalement* transparente où toutes les décisions et la stratégie peuvent être débattues ouvertement et sans crainte[44]. »

Reconnaître que les segments marginaux ne sont pas des esprits marginaux

En qualifiant les clients et les salariés marginaux de « trop pauvres » ou « trop vieux », les entreprises se privent de la richesse des connaissances et de la sagesse de ces groupes qui pourraient pourtant contribuer à améliorer leur organisation. Prenons les baby-boomers, par exemple. Le 1er janvier 2011, le premier baby-boomer a fêté ses 65 ans, un âge au-delà duquel les employés sont qualifiés d'« improductifs » par la plupart des employeurs. Pourtant, des entreprises ont reconnu que, bien que ces employés aient des cheveux gris, leur matière grise restait d'une grande valeur. Conscient de cela, en 2003, Procter & Gamble et Eli Lilly (avec Boeing) ont lancé YourEncore.com, une communauté d'innovateurs qui relie des scientifiques et des ingénieurs à la retraite avec des organisations qui cherchent à tirer parti de leur expertise pour résoudre de difficiles problèmes techniques. Cinquante entreprises – y compris de nombreuses entreprises du Fortune 500 – sont à présent membres du réseau YourEncore, qui fournit une excellente plateforme rapprochant des ingénieurs et scientifiques retraités désireux de continuer à faire le travail qu'ils aiment faire et les entreprises adhérentes, autour d'un projet à court terme[45].

Utiliser la technologie pour abaisser le coût de l'inclusion

Comme tout innovateur jugaad de pays émergent, plutôt que d'investir dans des infrastructures de distribution coûteuses, les sociétés occidentales ont besoin d'exploiter la puissance des médias sociaux, l'informatique en nuage et la téléphonie mobile pour distribuer de façon rentable leurs produits et services aux consommateurs marginaux. Par exemple, des assureurs tels que United Health Group et Blue Cross and Blue Shield, en partenariat avec des fournisseurs de technologie tels que Cisco, ont lancé des programmes pilotes de télémédecine qui permettent à des patients dans le Minnesota et le Colorado d'interagir à distance avec des professionnels de santé. C'est une alternative bon marché aux coûteuses visites des médecins dans les zones rurales ou mal desservies. En cas de succès, ces solutions virtuelles seront déployées dans plusieurs autres États des États-Unis. Selon une étude réalisée par le Centre pour le leadership des technologies de l'information, centre de recherche à but non lucratif de Boston, la mise en œuvre généralisée de solutions de télémédecine pourrait faire économiser plus de 4 milliards de dollars par an au système de santé américain, simplement en réduisant le transport de malades, par exemple entre des maisons de soins et des hôpitaux ou des services spécialisés[46]. Les solutions de télémédecine accessibles et abordables peuvent également aider des patients et leurs familles ayant des difficultés financières à réduire considérablement leurs dépenses.

Partenariat avec les associations

Les entreprises agissent rarement en partenariat avec des entités à but non lucratif en dehors de leurs initiatives en matière de RSE (initiatives qui, comme nous l'avons mentionné précédemment, devraient être intégrées au cœur de métier stratégique de l'entreprise). Mais une nouvelle génération d'organisations à but non lucratif est prête à travailler avec les entreprises pour co-créer des modèles économiques rentables qui améliorent la vie des citoyens exclus ou en marge. Par exemple, le Center for Financial Services Innovation (centre pour l'innovation dans les services financiers), organisme de recherche et de conseil basé à Chicago, conseille les grandes banques sur la façon de concevoir des modèles économiques inclusifs qui peuvent couvrir avec profit les quelque 60 millions d'Américains qui sont soit non bancarisés soit sous-bancarisés.

Assurer un engagement au plus haut niveau pour conduire des changements systémiques de modèle économique

Étant donné que l'inclusion exige des changements fondamentaux et systémiques dans la façon dont opèrent les entreprises, l'engagement de la direction au plus haut niveau est essentiel pour permettre et maintenir de telles transformations du modèle économique. Par exemple, le programme de GE Healthymagination, qui vise à rendre les services de santé abordables et accessibles au plus grand nombre, est supervisé par le P.-D.G. Jeff Immelt lui-même. Grâce à son leadership, Immelt conduit personnellement le changement de culture d'entreprise chez GE, afin que la R&D, qui était axée sur des produits haut de gamme, devienne un fournisseur de solutions inclusives orientées sur les communautés (voir le chapitre 8 pour plus de détails sur l'initiative Healthymagination).

Adopter et adapter les meilleures pratiques éprouvées sur les marchés émergents

Comme nous l'avons expliqué plus haut dans ce chapitre, en raison de la rareté, de la diversité et de l'interconnexion, les marchés émergents sont devenus un terrain fertile pour des solutions qui incluent les marginaux. Si vous avez appris comment inclure financièrement les 600 millions d'Indiens qui sont exclus du système bancaire, ou comment offrir un traitement médical abordable à des centaines de millions d'Indiens qui n'ont pas accès aux soins de santé de base, il se peut que vous ayez acquis des connaissances précieuses pour servir les 60 millions d'Américains non bancarisés et sous-bancarisés et les 50 millions d'Américains sans assurance santé.

En utilisant le terrain fertile des marchés émergents pour l'innovation inclusive, les entreprises occidentales peuvent non seulement développer leurs activités sur ces marchés, mais aussi en tirer des enseignements pour développer des produits et des services adaptés à des groupes marginaux aux États-Unis et en Europe. Johnson & Johnson, par exemple, parraine actuellement Text4baby, un service de texto qui fournit aux femmes enceintes et aux nouvelles mères de familles à faibles revenus des informations précieuses sur la façon de prendre soin de leur santé et de celle de leurs enfants. Text4baby s'est inspiré d'initiatives de santé mobile déployées au Mexique et au Kenya et couronnées de succès[47]. Au Mexique, VidaNET est un service gratuit qui envoie des SMS aux patients séropositifs pour leur rappeler de prendre régulièrement leurs médicaments. Text4Baby est littéralement une bouée de sauvetage aux États-Unis, où chaque année 500 000 bébés naissent prématurément et près de 28 000 enfants meurent avant leur premier anniversaire. Fin 2011, plus de 260 000 femmes utilisaient Text4baby, un chiffre qui a atteint 500 000 fin 2012[48].

Adopter les principes du modèle inclusif

Il est plus facile et moins onéreux de tenir compte de l'inclusion en amont de la chaîne de création de valeur de l'innovation, c'est-à-dire durant la phase de conception, plutôt que d'essayer de reprendre ou de remanier ensuite des produits et services existants pour satisfaire les segments marginaux. Pour acquérir ces compétences de R&D inclusive, les entreprises devraient envisager d'adhérer à des programmes comme Inclusive Design du département d'ingénierie de l'université de Cambridge, ou bien recruter des diplômés du programme Entrepreneurial Design for Extreme Affordability de l'université de Stanford. En plus d'aider les entreprises occidentales à collaborer avec la prochaine génération d'innovateurs inclusifs, ces programmes peuvent leur donner un accès rapide à de nouvelles solutions techniques, aux résultats des essais pilotes, et leur apprendre plus généralement comment s'y prendre pour développer l'innovation inclusive. Par exemple, le département d'ingénierie de l'université de Cambridge aide des sociétés telles que la BBC, Bayer Healthcare, Roche, Nestlé, Royal Bank of Scotland, Bosch, Siemens et Marks & Spencer à développer des produits accessibles et utilisables par le plus grand nombre possible (surtout par les personnes âgées), sans avoir recours à une adaptation ou à une conception spéciale. Il y a déjà 130 millions de personnes âgées de plus de 50 ans dans l'Union européenne ; d'ici 2020, un adulte européen sur deux aura plus de 50 ans. Concevoir des produits et des services pour ce segment croissant de consommateurs est non seulement socialement responsable, mais fait aussi sens sur le plan économique.

Si les entreprises occidentales n'agissent pas rapidement, elles risquent de laisser des opportunités à des concurrents agiles partout dans le monde. Cette menace explique précisément pourquoi le géant des biens de consommation Procter & Gamble est en train de réinventer son modèle économique de façon proactive pour répondre aux besoins des groupes marginaux – en particulier les consommateurs disposant d'un faible revenu.

COMMENT PROCTER & GAMBLE INTÈGRE LES MARGINAUX AVEC PROFIT

Pendant des décennies, Procter & Gamble (P&G) s'est concentré sur le développement de biens de consommation à destination de l'imposante classe moyenne américaine. Mais actuellement, l'entreprise change sa façon de faire en matière de recherche, de distribution et de commercialisation pour mieux répondre aux besoins des Américains aux budgets serrés. En particulier, P&G veut bâtir une entreprise entièrement nouvelle en ciblant les consommateurs « non couverts ou mal couverts ». Ainsi, en 2010, pour la première fois depuis 38 ans, l'entreprise a lancé aux États-Unis un nouveau liquide vaisselle. Ce nouveau produit, Gain, marque autrefois réservée aux détergents pour textile, fut lancé à un prix exceptionnellement bas, notamment par rapport au liquide Dawn Hand Renewal. Depuis 2008 et l'agression de la crise, d'autres marques bon marché de P&G comme les couches Luvs ou la lessive Gain enregistraient également des gains de parts de marché supérieurs à des produits de qualité « premium » comme Pampers et Tide[49].

Constatant une tendance significative, P&G a renforcé ses activités de recherche sur les produits à destination des ménages américains à faible revenu. Pour ce faire, l'entreprise cherche à contrecarrer la concurrence croissante des fournisseurs low-cost sur toutes ses lignes de produits. Entre 2008, début de la récession, et 2011, les produits adoucissants ou assouplissants de P&G comme Bounce Back ont perdu 5 points de parts de marché par rapport à Sun Products et d'autres marques de grands distributeurs. Des concurrents tels que Church & Dwight et Energizer Holdings, qui proposent respectivement le détergent low-cost Arm & Hammer et les lames de rasoir Schick, arrachent littéralement des parts de marché aux marques plus chères de P&G telles que Tide et Gillette. Conscient de l'urgence, le P.-D.G. de P&G, Robert McDonald, accélère les efforts de R&D pour développer rapidement une série de produits abordables avec un bon rapport qualité-prix qui répondent aux attentes des Américains soucieux de leur budget. C'est devenu une priorité stratégique : « Nous allons faire cela en élargissant notre éventail de produits à la fois vers le haut et vers le bas » dit McDonald[50].

P&G vend ses produits low-cost avec succès dans les pays émergents, mais ses managers n'avaient jamais imaginé qu'ils vendraient un jour ces mêmes produits aux États-Unis. « Confrontés à cette nouvelle réalité, nous avons dû ravaler notre fierté et faire preuve de plus d'humilité » affirme Phyllis Jackson, vice-président de la recherche en marketing pour l'Amérique du Nord chez P&G, car, dit-il, « la taille de l'Amérique moyenne s'est fortement rétrécie et les gens ont été si gravement touchés par la crise qu'ils sont tombés dans la catégorie des faibles revenus[51] ».

CONCLUSION

La diversité croissante de la population active et des consommateurs des sociétés occidentales, combinée à la diminution du pouvoir d'achat de la classe moyenne, contraint les entreprises occidentales à trouver des façons novatrices de couvrir les segments marginaux dont le poids économique est à présent plus grand que jamais. Mais les innovateurs ugaad ne ciblent pas les marginaux ou les exclus comme s'ils poursuivaient une simple lubie ou à des fins philanthropiques. Au contraire, des innovateurs comme Rana Kapoor de YES BANK intègrent les marginaux car, pour eux, cela a du sens sur le plan économique. Ils sont également enclins à inclure les marginaux par passion, par intuition et par empathie. En effet, ils mettent du cœur dans leurs initiatives d'innovation inclusive car ils sont en mesure de comprendre de manière intuitive les groupes marginaux et de s'identifier à leurs besoins. Cette véritable empathie confère de l'authenticité à leurs initiatives inclusives et rend ces projets plus durables. Comme Bill Gates, les innovateurs jugaad sont passionnés par la création d'un système de capitalisme inclusif, qui peut harmonieusement concilier le double objectif de faire des profits et d'améliorer la vie des gens. L'empathie, l'intuition et la passion sont au cœur du principe qui sous-tend l'innovation jugaad, celui de « suivre son cœur ».

Entretien avec Armelle Carminati-Rabasse, vice-présidente « Engagement & Diversité » d'Accenture, directrice générale monde pour le capital humain et la diversité

« Miser sur la diversité et la mixité »

Accenture s'est toujours distinguée par une culture inclusive. Notre inclusivité s'exprime sur quatre plans : notre politique RH, notre approche de l'innovation, nos projets RSE et notre programme Accenture Development Partnerships (ADP).

Tout d'abord, notre politique RH mise beaucoup sur la diversité et la mixité. Nous avons aujourd'hui un personnel qui est extrêmement diversifié. Voici des statistiques significatives sur le plan mondial : 34 % de nos nouvelles recrues en 2011 étaient des femmes, plus de 50 % de nos employés sont aujourd'hui asiatiques, et 65% appartiennent à la génération Y (il est intéressant de noter que la moyenne d'âge de nos collaborateurs en France est identique à celle de nos employés dans les pays émergents, pourtant dotés d'une population plus jeune).

En théorie, une telle mixité offre un terreau favorable pour l'innovation. Mais en pratique, il faut des procédés et surtout un style particulier de leadership qui encouragent les divers segments de notre personnel à s'exprimer librement. Autrement, ces segments risquent de se sentir marginalisés et vous allez vous retrouver face à un gouffre en termes d'engagement et de productivité. Par exemple, le nom même de notre entreprise – Accenture – a été conçu par un employé danois. Sa suggestion, ainsi que d'autres, ont été débattues en toute transparence par tous nos partenaires, qui, finalement, se sont mis d'accord sur Accenture. Donc l'identité même de notre entreprise, dès sa genèse, a été créée de manière ouverte et collaborative – et c'est une vraie démonstration de notre culture inclusive et démocratique.

Deuxièmement, nous sommes inclusifs dans la façon dont nous innovons. Nous encourageons tous nos employés à prendre des initiatives et à poursuivre leurs idées, aussi provocantes soient-elles, avec une philosophie : « *Better ask for forgiveness than permission* » (mieux vaut demander pardon que demander la permission). Mais nous offrons également une structure au sein de laquelle cette créativité peut s'exprimer librement, car il est important de maintenir le bon équilibre entre dissidence et discipline. Et cet équilibre ne sera jamais statique, mais plutôt dynamique (en physique, cela s'appelle l'équilibre instable) – ce qui risque d'effrayer des dirigeants non habitués à « lâcher prise ».

À un moment donné, nous comptions « adoucir » la doctrine d'Accenture de peur que nos systèmes et méthodes très traditionnelles intimident nos employés de la génération Y, considérés comme des « rebelles » s'opposant aux hiérarchies et préférant des relations d'égal à égal (*peer-to-peer*) au travail. À notre grande surprise, nos sondages ont révélé que nos employés « Millennials », bien au contraire, appréciaient les procédés et méthodes d'Accenture qui, disaient-ils, leur conféraient un sens de la stabilité dans un monde chaotique. Nous avons donc réalisé que la meilleure formule d'innovation pour les employés d'Accenture était « *freedom within a framework* » (la liberté dans un cadre structuré).

Cette formule unique permet aux *outliers* (voix dissidentes) dans notre organisation de s'exprimer ouvertement sans craindre d'être réprimandés. De plus, cette formule originale nous permet à la fois de reconnaître la singularité de chacun de nos 260 000 collaborateurs mais aussi d'amplifier et de conjuguer leurs talents uniques sur une grande échelle en capitalisant sur notre énorme taille.

Troisièmement, nous démontrons l'inclusivité à travers nos initiatives RSE, surtout dans les projets conduits dans le cadre de notre mécénat de compétences, qui permet aux associations d'intérêt général de bénéficier des savoir-faire validés de nos collaborateurs. Et ces initiatives et projets constituent une voie à deux sens car nos collaborateurs bénéficient aussi de ces expériences, qui leur ouvrent de nouvelles perspectives et les aident à acquérir de nouvelles compétences, en particulier des *soft skills*. Par exemple, nos collaborateurs apprennent à simplifier la gestion des projets et la conception des solutions, à créer plus de valeur avec moins de ressources, à cultiver l'empathie et l'esprit collectif, et surtout à réorienter leur motivation souvent autocentrée (« Qu'est-ce que j'ai à gagner personnellement dans ce projet ? ») vers une motivation centrée sur l'autre (« Comment pourrais-je utiliser ce projet pour améliorer l'état du monde ? »).

Le quatrième pilier de notre culture inclusive est notre programme Accenture Development Partnerships (ADP). Lancé en 2003, ADP est une initiative à but non lucratif qui offre les talents, compétences et contacts d'Accenture aux ONG et autres organisations travaillant dans le secteur du développement international. L'ADP n'est pas du bénévolat pur, mais plutôt un modèle économique unique

(que nous appelons « *non-profit consulting* ») qui se situe entre le *fee-based consulting* (consulting payant) et le *free consulting* (consulting gratuit). Les organisations qui bénéficient des services ADP rémunèrent Accenture à un prix adapté à leurs moyens. ADP est un bel exemple réussi d'intrapreneuriat[52] – c'est-à-dire une initiative qui, après avoir été « incubée » au sein d'Accenture comme une start-up, est finalement devenue *mainstream* et a été bien intégrée au reste de l'entreprise. Beaucoup de projets d'intrapreneuriat échouent car, comme dans le cas d'une transplantation, le corps (l'organisation mère) rejette la greffe. Mais ADP a survécu à cette épreuve et s'est vu couronner d'un grand succès en interne et en externe.

À ce jour, dans le cadre d'ADP, plus de 500 projets innovants de développement international ont été mis en œuvre avec succès à travers plus de 70 pays et en partenariat avec plus de 120 clients. Rien qu'en 2012, près de 300 collaborateurs d'Accenture issus de 24 pays ont contribué à des projets ADP. Ces projets offrent à nos collaborateurs de nouvelles perspectives et leur permettent d'acquérir de nouvelles compétences. Ces compétences sont de plus en plus en demandées par nos clients commerciaux, tels que les multinationales, qui cherchent à bâtir des alliances avec les ONG ou des organismes publics pour construire des « chaînes de valeur hybrides » capables de délivrer des solutions innovantes dans les pays émergents, et visant à améliorer les conditions de vie des segments marginalisés de la population (base de la pyramide économique.)

CHAPITRE 7

PRINCIPE SIX

Suivre son cœur

« Votre temps est limité, alors ne le perdez pas à vivre la vie de quelqu'un d'autre. Ayez le courage de suivre votre cœur et votre intuition. Eux savent déjà, d'une certaine façon, ce que vous voulez vraiment devenir. Tout le reste est secondaire. »
Steve Jobs

Contrairement aux dirigeants occidentaux, Kishore Biyani ne s'appuie pas sur des consultants coûteux pour qu'ils le conseillent sur ses futures initiatives stratégiques. Biyani est le propriétaire de Big Bazaar, une des plus grandes chaînes indiennes de supermarchés de produits alimentaires et ménagers. Quand Big Bazaar a ouvert son premier magasin en Inde, on avait conseillé à Biyani de suivre l'approche occidentale traditionnelle de la vente au détail, avec des allées bien organisées et une musique relaxante. Mais ce format ne convenait pas très bien aux consommateurs indiens qui trouvaient tout cela un peu trop lisse et peu naturel. Les Indiens sont habitués à faire du shopping dans un environnement bruyant, comme les marchés de rue, plutôt anarchiques. Biyani a alors compris que les magasins Big Bazaar devaient être à la hauteur de leur nom : ils devaient ressembler à des bazars et reproduire jusqu'à leur odeur. Lorsque nous lui avons rendu visite dans son bureau à Mumbai, il nous a dit : « Au début, nous avons suivi les conseils de consultants qui nous suggéraient de suivre le modèle Wal-Mart. Mais nous avons vite découvert que cela ne fonctionnait pas dans le contexte indien. Nous avons alors compris que nous devions être nous-mêmes et suivre notre intuition[1]. »

Guidé par celle-ci, Biyani a rapidement reconfiguré ses magasins pour qu'ils restituent l'impression de chaos des marchés de rue indiens : allées encombrées, vendeurs en tenue locale, bacs de légumes dont quelques-uns sont pourris pour que le client se sente fier lorsque, par exemple, il trouve l'oignon parfait. Et plutôt que de normaliser les gammes de produits dans tous les magasins, il fait en sorte que chaque Big Bazaar offre un éventail de produits qui répondent aux besoins locaux. Ces besoins n'ont pas été identifiés par des études de marché coûteuses, mais par les directeurs régionaux de magasins, qui avaient une appréciation intuitive des préférences locales.

« Le commerce du bon sens », c'est ainsi que Biyani appelle cette approche centrée sur le consommateur. Et cela fonctionne. Nous avons visité plusieurs magasins Big Bazaar à travers toute l'Inde. Bondés, ils donnent la sensation d'un bourdonnement, comme dans un souk marocain. Biyani continue d'expérimenter et d'ajuster son modèle économique. Sans surprise, Big Bazaar est maintenant la plus grande chaîne d'hypermarchés en Inde.

Les innovateurs jugaad des pays émergents comptent plus sur leur intuition que sur l'analyse pour naviguer dans un environnement très complexe, incertain et imprévisible. Ils utilisent leur intelligence intuitive et une empathie innée pour les consommateurs pour faire des découvertes capitales qui défient la sagesse conventionnelle. Leur passion indéfectible agit comme un carburant qui alimente leurs efforts pour créer une différence dans la vie des communautés qu'ils visent.

Dans ce chapitre, nous allons examiner pourquoi et comment les managers occidentaux, habitués à prendre des décisions sur la base de données statistiques, gagneraient à s'appuyer davantage sur leur intuition, et se donneraient ainsi les moyens de réussir dans un monde toujours plus complexe. Plutôt que d'essayer de deviner ce que veulent les clients en restant assis dans un lointain laboratoire de R&D, les innovateurs occidentaux ont besoin de s'immerger dans l'environnement physique du consommateur afin de sentir ses besoins. Plus important encore, nous souhaitons montrer comment, plutôt que de simplement chercher à exploiter la matière grise de leurs salariés, les entreprises occidentales peuvent apprendre à puiser dans la « puissance du cœur » pour libérer la passion de chacun et la canaliser vers des activités innovantes plus larges.

VOTRE COEUR SAIT CE QUE VOTRE ESPRIT NE SAIT PAS

Le cœur est le siège de la passion, de l'intuition et de l'empathie. Les innovateurs jugaad des marchés émergents possèdent ces qualités en abondance. Le défi est double : comment développer ces qualités puis les nourrir. Nous avons constaté que plusieurs aspects clés de l'environnement complexe dans lequel opèrent ces innovateurs jugaad les rendent particulièrement passionnés, intuitifs et empathiques.

Les entrepreneurs jugaad sont régulièrement exposés aux dures conditions dans lesquelles vivent leurs concitoyens, qu'il s'agisse de pannes d'électricité régulières, de rationnement de l'eau ou d'accès limité aux services de santé et d'éducation.

Quelles qu'elles soient, ces conditions extrêmes suscitent l'empathie des entrepreneurs jugaad, qui veulent faire en sorte d'améliorer les conditions souvent difficiles qu'ils observent autour d'eux. Au lieu de rester assis passivement face aux difficultés et aux souffrances d'autrui, ils cherchent à transformer leur compassion en passion pour trouver des solutions susceptibles de soulager ces difficultés et souffrances. Mais ce ne sont pas des solutions caritatives, car elles sont construites autour d'un modèle économique rentable. En tant que telle, l'empathie constitue la pierre angulaire des innovateurs jugaad, qui pratiquent une forme altruiste de capitalisme inspirée par un intérêt personnel éclairé. Adam Smith résumait bien l'importance de l'empathie dans l'innovation entrepreneuriale. Dans son livre *La Théorie des sentiments moraux*, Smith fait valoir que, bien que l'homme ait généralement tendance à être égoïste, « il y a évidemment certains principes dans sa nature humaine qui le poussent à s'intéresser au sort des autres, qui à leur tour le rendent heureux, même s'il n'en tire rien directement, si ce n'est le bonheur d'observer cela[2] ».

Dans certains cas, les entrepreneurs jugaad innovent pour répondre à leurs propres besoins et pour trouver des solutions à leurs propres difficultés. Par exemple, après avoir entendu son père se plaindre constamment que sa société de courtage n'exécutait pas les transactions boursières aussi rapidement qu'il le souhaitait, Venkat Rangan a décidé de s'attaquer au problème. Il fonde INXS Technologies, un éditeur de logiciels basé à Chennai, en Inde du Sud, qui met en place l'une des plus importantes plateformes du monde pour le trading (achat et vente d'actions) via un téléphone mobile. La plateforme, appelée MarketSimplified, permet d'accélérer les transactions, non seulement pour le père de Rangan, mais aussi pour des millions de clients de maisons de courtage de premier plan[3].

Une autre raison pour laquelle les innovateurs jugaad suivent leur cœur plus que leur cerveau est qu'ils sont continuellement obligés de réfléchir à partir de leurs expériences de terrain. Il est difficile – voire contre-productif – d'analyser de façon logique des situations hautement complexes et de prendre des décisions rationnelles quand les choses sont en constante évolution. Les marchés émergents sont volatiles et en évolution rapide. Confrontés quotidiennement à des situations critiques, les innovateurs jugaad ont appris à prendre des décisions sur le vif, en utilisant une intuition bien aiguisée plutôt qu'en comptant uniquement sur l'analyse et la logique. Par exemple, dès qu'il a perçu des signaux révélant que le format occidentalisé de commerce de détail était inadapté pour Big Bazaar, Kishore Biyani l'a abandonné et a adopté un nouveau modèle sans se soucier de faire des études de marché. S'il n'avait pas répondu aussi vite, en écoutant son intuition, il est fort probable que son entreprise aurait fait faillite.

Les conditions difficiles des marchés émergents stimulent l'empathie créatrice et la passion des innovateurs jugaad, et l'imprévisibilité de l'environnement local les oblige à prendre des décisions à chaud fondées sur l'intuition plutôt que sur l'analyse rationnelle.

L'ART D'AGIR EN FONCTION DE CE QU'ON RESSENT COMME JUSTE

Les innovateurs jugaad comme Kishore Biyani et Venkat Rangan sont une catégorie de gens confiants et courageux : ils osent agir à partir de ce qu'ils perçoivent, intuitivement, comme juste. Ils ne cherchent pas à faire valider ou approuver leurs idées visionnaires par leurs clients potentiels ou leurs actionnaires, et ont tendance à ignorer les critiques. Ils savent intuitivement ce qu'est la bonne solution pour répondre à un besoin que le marché ne satisfait pas. Ce n'est qu'après avoir été introduites que leurs solutions innovantes peuvent être reconnues à leur juste valeur. En d'autres termes, les innovateurs jugaad tracent vaillamment leur chemin en territoire inconnu, avec le cœur comme boussole.

Diane Geng et Sara Lam, deux Américaines d'origine chinoise, anciennes étudiantes d'Harvard désireuses de renouer avec leurs racines ancestrales, ont décidé de passer du temps dans quelques-uns des villages chinois où vivent 800 millions de personnes, soit 60 % de la population chinoise. Dans ces villages, Geng et Lam ont remarqué que près de 90 % des jeunes avaient quitté l'école sans aucune qualification, et avec un mépris manifeste pour leurs communautés d'origine. Geng et Lam ont également compris que ces jeunes ruraux ne suivaient pas ou ne terminaient pas les études secondaires non pas en raison de difficultés financières, mais à cause du manque de pertinence des programmes scolaires par rapport à leurs besoins et d'un enseignement inadapté qui encourage l'apprentissage par cœur plutôt que le côté créatif. Les villages chinois se privaient ainsi de jeunes travailleurs qualifiés qui, autrement, auraient apporté leurs ressources créatives pour soutenir la croissance socio-économique de leurs communautés[4].

Geng et Lam ont senti que ce problème d'éducation allait vite être un problème majeur pour la Chine, compte tenu du vieillissement rapide de la population (d'ici 2030, 16 % de la population chinoise aura plus de 65 ans, contre 10 % en 2011). Elles décident alors d'agir. Leur intuition leur dit que la solution réside dans l'amélioration du « logiciel » (les aspects intangibles) de l'éducation en milieu rural, notamment les programmes et les enseignants de qualité, plutôt que du « matériel » (les aspects physiques), par exemple la construction d'écoles ou l'augmentation du nombre de bourses (comme le font la plupart les ONG et des organismes gouvernementaux en Chine). Geng et Lam ont lancé la Rural China Education Foundation (RCEF), un programme local à l'initiative des communautés qui travaille avec les enseignants locaux dans les villages. La RCEF crée de nouveaux programmes axés sur des compétences pertinentes pour les étudiants – qui se fondent sur l'expérience – et qui utilisent des méthodes d'apprentissage encourageant la créativité et suscitant l'intérêt des étudiants. En offrant aux jeunes ruraux une éducation de qualité et pratique, adaptée à leurs besoins et ayant pour objectif de développer leurs compétences, la RCEF espère contribuer à la stabilité économique de la Chine à venir.

Quand on lui demande ce qui pousse les entrepreneurs jugaad comme elle à se lancer dans des projets audacieux comme celui de la RCEF, Lam répond : « Un sentiment d'urgence et de mission. Un sentiment que quelque chose doit être fait. La compassion et une intolérance à l'injustice. La volonté de faire le premier pas et de faire ce que vous pouvez avec ce que vous avez[5]. »

Les innovateurs jugaad réussissent aussi à suivre leur cœur parce qu'ils comptent beaucoup sur leur compréhension du milieu pour guider leurs décisions. Ils sont débrouillards et possèdent une grande capacité cognitive, ce qui signifie que, plutôt que de se baser sur des tableurs Excel pour prendre des décisions, ils traitent rapidement de grandes quantités d'informations sensorielles du monde réel et improvisent des mesures d'une façon intuitive et dynamique, fondées sur des nouveaux modèles[6]. Jan Chipchase et Ravi Chhatpar, qui travaillent pour frog, société de conseil en design et innovation, et qui ont de nombreux contacts avec des innovateurs des pays émergents, approuvent ce constat. Chipchase est directeur créatif exécutif chez frog au niveau global et Chhatpar est directeur de la stratégie et fondateur du studio de Shanghai. Tous deux font remarquer que, par exemple, de nombreux innovateurs chinois dans le secteur de l'électronique grand public qui pratiquent le *zizhu chuangxin*, la version chinoise du jugaad, n'ont pas recours aux sondages et groupes de discussion avec les consommateurs pour déterminer quelles sont les fonctionnalités à inclure dans leurs nouveaux produits[7]. Ces innovateurs chinois passent plutôt beaucoup de temps dans la rue à observer les produits que les clients utilisent réellement, et les raisons pour lesquelles les produits concurrents se vendent si bien. Ils utilisent ainsi leur profonde connaissance de la clientèle pour définir des priorités et choisir rapidement les fonctionnalités qu'ils vont introduire dans leurs produits. Grâce à ce processus, par lequel ils saisissent intuitivement ce que les clients veulent, ils peuvent anticiper leurs besoins.

La profonde connaissance qu'ils ont des consommateurs permet également aux entrepreneurs jugaad de se connecter avec eux à un niveau émotionnel, et de développer ainsi une plus grande intimité avec eux. Kevin Roberts, P.-D.G. de l'agence de publicité Saatchi & Saatchi, explique bien cette connexion dans son livre *Lovemarks*[8]. D'après lui, l'intimité est l'ingrédient clé pour gagner la confiance des consommateurs et, soulignant l'importance de l'empathie, de l'engagement et de la passion pour y arriver, Roberts explique : « C'est la touche attentionnée, la surprise, qui fait le lien avec le cœur d'un consommateur[9]. » Les innovateurs jugaad puisent dans cette proximité basée sur l'empathie pour approfondir leur connaissance des besoins des consommateurs et du contexte dans lequel ils vivent. Ces indications précieuses leur permettent ensuite de trouver des solutions qui auront un impact significatif sur la vie quotidienne des consommateurs.

Par exemple, Anil Jain, directeur général de Jain Irrigation Systèmes Ltd, a mis au point une série de solutions innovantes ayant considérablement amélioré la productivité des petits agriculteurs indiens, qui représentent une grande partie de la population indienne. Il attribue ce succès au quotient émotionnel élevé de ses salariés : « Nous avons volontairement embauché des vendeurs que nous appelons « fils de la terre », c'est-à-dire des personnes issues des milieux ruraux, avec une formation agricole, capables de s'identifier à leurs clients, les agriculteurs[10]. Ces vendeurs peuvent transformer des relations simples en relations créatrices. Dans les premières interactions avec leurs clients-agriculteurs, les représentants de Jain Irrigation ne cherchent pas à leur vendre des solutions, mais plutôt à susciter leur fierté pour les amener à co-créer des solutions innovantes avec eux. Une telle solution est durable car elle est inspirée par l'empathie et par une passion partagée entre tous les intervenants. Grâce à cette approche centrée sur le client, Jain explique que son entreprise a été en mesure de transformer avec succès son modèle économique, passant d'une « agriculture contractuelle » à une « agriculture de contact », un modèle qui offre une valeur nettement plus élevée pour les agriculteurs.

Outre le fait que les innovateurs jugaad ont confiance dans leurs intuitions, ils procèdent aussi à une expérimentation rapide pour les valider. Plutôt que de faire des prévisions ou des prédictions, ils testent leurs intuitions dans le monde réel pour obtenir un retour rapide. Pour cela, ils utilisent l'apprentissage (*learning by doing*). Prenez le programme Hapinoy de Bam Aquino aux Philippines, présenté dans le chapitre 3. Ce programme permet aux femmes propriétaires de magasins sari-sari dans les îles des Philippines d'identifier de nouvelles opportunités commerciales et d'en tirer profit en leur apportant les outils et les compétences nécessaires. Aquino nous a confié que, bien qu'il s'appuie sur son intuition pour définir les services supplémentaires qu'il est en mesure d'apporter aux femmes dans le réseau Hapinoy, il s'appuie également sur des prototypes pour valider rapidement son intuition : « Nous faisons beaucoup de petits projets pilotes. Nous laissons tomber les mauvaises idées dès le début et identifions les bonnes idées, celles qui ont de l'avenir, pour y concentrer nos efforts et les intensifier[11]. »

Par exemple, le programme Hapinoy a récemment piloté un projet avec une grande société pharmaceutique pour vendre ses médicaments par comprimés dans quelques-uns des magasins sari-sari de villages reculés du réseau Hapinoy. Le projet pilote fut concluant, et il est actuellement en cours d'extension dans tout le réseau. À cette occasion, Aquino a eu l'intuition que la possibilité d'effectuer des transferts d'argent vers des membres de la famille via les téléphones portables serait un grand service que le programme Hapinoy pouvait offrir par le biais de son réseau de magasins. Mais le projet pilote a révélé aussi certaines limites. L'organisation a constaté que l'adoption d'un tel service mobile dépendait du niveau de bancarisation, qui varie considérablement d'une région à l'autre. Aussi, le service mobile de transfert d'argent a-t-il été déployé d'une façon sélective et dans certaines régions seulement. Aquino explique : « Nous réalisons des projets pilotes pour valider nos idées intuitives et prendre une des décisions pertinentes suivantes : tuer l'idée, la mettre en œuvre de manière sélective dans certaines parties de notre réseau, ou bien l'intégrer totalement dans l'ensemble du réseau. » En agissant conformément à leurs sentiments intuitifs, et en étant fidèles à leur passion, les innovateurs jugaad tels que Kishore Biyani, Diane Geng, Sara Lam, Anil Jain et Bam Aquino ont un avantage sur leurs concurrents, et cela les conduit en général au succès.

ENTRETENIR LA FLAMME

Comment les innovateurs jugaad parviennent-ils à préserver leur passion ? En s'engageant en quelque sorte de façon détachée. Bien que profondément impliqués dans leurs projets, ils demeurent en effet relativement détachés par rapport aux résultats.

Ils ne laissent pas un échec ou une réussite affecter leur passion. Par exemple, le premier échec de Kishore Biyani avec son magasin n'a pas affecté sa détermination passionnée à trouver un meilleur modèle économique de vente au détail pour les consommateurs indiens. Il l'a simplement fait évoluer en essayant d'autres modèles économiques.

Les innovateurs jugaad sont infatigables dans la poursuite de leur passion parce qu'elle transcende les sphères intellectuelle et affective : ils pensent souvent qu'ils remplissent une mission cruciale qui sert un objectif plus large. En termes philosophiques indiens, les innovateurs jugaad croient qu'ils suivent leur *dharma* – devoir personnel que toute personne est appelée à suivre de son vivant avec diligence et détachement. Prasad Kaipa, coach de P.-D.G. et coauteur de *From Smart To Wise*, explique : « Le Mahatma Gandhi est connu pour avoir dit que « le bonheur, c'est quand ce que vous pensez, ce que vous dites et ce que vous êtes sont en harmonie ». De l'alignement de ces trois éléments – pensées, paroles et actions – sur le cœur et l'esprit, les entrepreneurs jugaad retirent un sentiment d'accomplissement et de satisfaction à servir une cause plus grande. C'est le véritable secret de leur passion indéfectible[12].

Prenons le cas du docteur Devi Shetty, chirurgien cardiaque indien réputé qui s'est occupé de Mère Teresa. Shetty est le fondateur de Narayana Hrudayalaya, hôpital de cardiologie de Bangalore, en Inde, où chaque semaine des centaines de personnes à faible revenu subissent une opération cardiaque. Il a fondé l'hôpital parce qu'il croit qu'en tant que médecin, il a le devoir moral d'offrir des soins de santé abordables et accessibles à tous, quels que soient la caste, la croyance, la religion ou les revenus du patient[13]. Un sentiment de devoir nourri de compassion se cache derrière la passion du docteur Shetty et de ses collègues médecins de Narayana Hrudayalaya. En faisant son devoir et en étant fidèle à son métier, Shetty suit clairement son cœur (voir le site jugaadinnovation.com pour en savoir plus sur le docteur Devi Shetty et son modèle de soins fondé sur la compassion).

Les innovateurs jugaad sont non seulement capables de conserver leur empathie et leur passion, mais ils cherchent de plus activement à déclencher la passion et l'empathie des autres. Ces qualités peuvent être contagieuses : les entrepreneurs jugaad sont très bons pour inspirer leurs employés, mais aussi leurs clients et leurs partenaires, et les rallier à leur cause, formant ainsi des réseaux de passionnés. Par exemple, pour soutenir l'intérêt de ses managers pour ses idées visionnaires, Kishore Biyani ne s'appuie pas sur les outils traditionnels de communication d'entreprise tels que les présentations PowerPoint ; il utilise à la place un véritable « directeur des croyances » – en la personne de Devdutt Pattanaik – qui concocte des histoires inspirées de mythes indiens pour cultiver la passion des managers et obtenir leur appui pour transformer l'entreprise[14]. De la même façon, stimulé par sa propre passion, Bam Aquino cherche à enflammer les femmes entrepreneurs des Philippines grâce à son programme Hapinoy, qui les exhorte à rêver grand et à développer leurs magasins. Les femmes qui mènent à bien cette entreprise deviennent à leur tour des défenseurs passionnés des idées d'Aquino et du programme Hapinoy, passion qu'elles transmettent à leur tour à d'autres femmes propriétaires de magasins dans les villages, formant ainsi un « réseau de passionnées » dont les effets se font sentir sur tout le territoire philippin.

LE MONDE EST TROP COMPLEXE POUR ÊTRE COMPRIS PAR L'ESPRIT SEUL

Dans les années à venir, les dirigeants traditionnels occidentaux, habitués aux analyses de données et aux prises de décision rationnelles, vont trouver utile, sinon indispensable, de suivre leur cœur autant que leur cerveau. Dans cette section, nous étudions les raisons de cette évolution.

La logique pure ne sera pas suffisante

Dans un environnement imprévisible, les entreprises occidentales ne peuvent pas résoudre les problèmes en s'en tenant à des données statistiques car les problèmes eux-mêmes sont mal définis et les données pertinentes seront probablement indisponibles. Comme le plaide Dan Pink dans *A Whole New Mind*, le cerveau gauche, linéaire, analytique, fonctionnant comme un ordinateur et contrôlé par ce que nous appelons l'intellect, n'est pas suffisant pour nous aider à déchiffrer un monde de plus en plus complexe et équivoque, et encore moins pour y naviguer[15]. Plutôt que de compter uniquement sur la logique, les dirigeants occidentaux devraient apprendre à innover en puisant dans ce que Jack Welch appelle leur « intelligence du ventre », une intuition créatrice aiguisée par des années d'expérience[16].

Les recherches en neurosciences, la psychologie cognitive et l'économie comportementale tendent de plus en plus à démontrer que les émotions jouent un rôle important pour aider les hommes à résoudre des problèmes complexes dans des situations incertaines. L'émotion et l'intuition peuvent réellement aider les gens à prendre des décisions plus avisées que s'ils étaient guidés par des considérations purement rationnelles. Malcolm Gladwell en fait la démonstration dans *Blink* ; dans de nombreux cas, des décisions spontanées peuvent souvent être aussi bonnes, sinon meilleures, que des décisions soigneusement examinées et planifiées[17].

Les employés de la génération Y cherchent du sens

En Occident, les employés, tout spécialement ceux de la génération Y (ou génération du millénaire), ne sont plus exclusivement motivés par l'argent : ils veulent travailler dans une organisation qui emploie leurs talents créatifs pour servir une plus grande cause. Les entreprises qui utilisent simplement les cerveaux de la génération Y comme levier pour plaire aux actionnaires sont susceptibles de perdre face à des concurrents qui cherchent au contraire à toucher les cœurs de ces employés pour qu'ils s'engagent activement dans des projets novateurs profitant tout autant à l'entreprise qu'à la société dans son ensemble. Dans un récent sondage réalisé par EuroRSCG, 92 % des jeunes de cette génération pensent que le monde doit changer, et 84 % considèrent qu'ils sont investis du devoir de conduire ce changement. Enfin, près de 82 % croient qu'ils ont le pouvoir de réaliser ce changement[18]. Avec 50 % de la population mondiale âgée de moins de 27 ans, il est indispensable que les entreprises occidentales trouvent des façons d'exploiter la passion et le dynamisme entrepreneurial de jeunes qui désirent créer un monde différent.

Les consommateurs aspirent à des relations authentiques

Selon Forrester Research, seuls 5 % des consommateurs croient à la sincérité des messages publicitaires ; les 95 % restants les considèrent comme malhonnêtes et inauthentiques. Forrester a constaté également qu'un nombre croissant de consommateurs – aidés par les outils sociaux des technologies de l'information comme les blogs et Facebook – font plus confiance aux autres consommateurs qu'aux marques elles-mêmes[19]. À l'ère de l'hyper connexion, de Twitter et Facebook, les consommateurs peuvent rapidement punir les marques qui tentent de les tromper plutôt que de s'engager avec elles dans une relation respectueuse et empathique. La bonne nouvelle, selon Josh Bernoff et Charlene Li, co-auteurs de *Groundswell*, c'est que les consommateurs font confiance à des marques qu'ils sentent vraiment en empathie avec eux. Les auteurs soutiennent que la charge de la preuve d'une véritable empathie incombe aux entreprises, qui doivent considérer leurs consommateurs comme co-créateurs de valeur plutôt que comme utilisateurs passifs de leurs produits[20]. Ainsi, 96 % des consommateurs nord-américains se disent davantage susceptibles d'acheter des produits d'une entreprise à l'écoute et qui suit leurs conseils[21].

De nombreuses entreprises occidentales ne perçoivent pas encore bien qu'en encourageant ou même en permettant à leurs employés de suivre leur intuition et en s'engageant dans des relations émotionnelles avec leurs clients, elles peuvent aider à stimuler l'innovation et la croissance. Les entreprises qui en ont conscience peuvent trouver qu'il est difficile d'institutionnaliser une telle culture et de la rendre essentielle au fonctionnement de l'entreprise.

LES PRATIQUES DE L'ÈRE INDUSTRIELLE INHIBENT L'ÉMOTION

Dans l'ère postindustrielle, où la complexité est la norme et où les clients sont en quête de relations intimes et authentiques avec les marques tandis que la génération Y cherche à donner du sens à son travail, il vaut mieux être empathique, intuitif et passionné, et tirer le maximum du pouvoir émotionnel de son organisation. Pourtant, certaines entreprises occidentales ont du mal à cultiver et à faire la preuve de ce pouvoir parce qu'elles restent attachées aux pratiques commerciales et à des approches d'innovation très structurées issues de l'ère industrielle. Ces pratiques et ces approches qui surestiment l'hémisphère gauche et la pensée rationnelle entravent la capacité des dirigeants occidentaux à prendre des décisions intuitives, et empêchent ces entreprises de créer des liens d'empathie avec les consommateurs et de stimuler la passion créatrice de leurs employés.

La R&D est isolée et déconnectée du monde réel des consommateurs

Les ingénieurs R&D isolés dans leurs laboratoires ne passent pas suffisamment de temps dans le monde des consommateurs et ne peuvent donc pas entrer en empathie avec eux. En outre, dans de nombreuses entreprises occidentales, la performance en R&D est encore mesurée au nombre de brevets déposés (un indicateur des prouesses de la partie gauche du cerveau) plutôt qu'en s'appuyant sur la qualité du retour d'expérience des consommateurs (un indicateur de la créativité empathique de l'hémisphère droit du cerveau). Comme Matt Bross, un Américain qui dirige la R&D chez Huawei, le fait cependant remarquer, « il n'y a pas de technologies de rupture, mais seulement des modèles économiques innovants qui utilisent savamment ces technologies pour créer une rupture sur le marché[22] ». Le lancement des inventions de R&D, révolutionnaires ou non, échouera si elles ne se fondent pas sur une dose bien définie de frustration des consommateurs. Comprendre la frustration nécessite de l'empathie et de la coopération avec les clients. Malheureusement, les outils et les techniques de R&D utilisés en laboratoire n'ont pas été conçus pour avoir un aperçu des besoins des consommateurs comme désirs latents, et encore moins pour faire participer d'une manière dynamique les utilisateurs finaux dans la conception et le test de nouveaux produits. C'est ce qui explique pourquoi 80 % des nouveaux produits échouent après leur lancement. Ils manquent souvent de pertinence sur le marché, ce qui conduit Tim Brown, P.-D.G. de IDEO, cabinet de conseil renommé dans la conception et l'innovation, à conclure que « la conception [R&D] a le plus d'impact quand elle est retirée des mains des concepteurs et mise entre les mains de tout le monde[23] ».

Les entreprises cherchent souvent refuge dans les chiffres et esquivent l'intuition

Le monde des affaires déteste les surprises et aime la prévisibilité : les prévisions, les plans et les budgets sont tous destinés à « contrôler » l'avenir et confèrent un sentiment de stabilité qui ne laisse aucune place à l'improvisation intuitive. Il est plus facile pour un P.-D.G. de justifier sa décision d'investir dans un nouveau produit ou service quand il a beaucoup de données à l'appui. De plus, les actionnaires sont moins enclins à adhérer à un projet d'innovation si le P.-D.G. leur dit que c'est son instinct qui lui dicte le projet qui requiert leur investissement.

La confiance excessive que les entreprises accordent aux données plutôt qu'à l'intuition conduit à deux erreurs stratégiques. Tout d'abord, elles ont tendance à supprimer de nombreux projets trop tôt parce qu'elles ne trouvent pas suffisamment d'informations pour justifier leur viabilité commerciale (elles ne se rendent pas compte que, étant donné le temps qu'il faut pour recueillir toutes les données nécessaires pour justifier un projet d'innovation, la fenêtre d'opportunité risque de se fermer). Deuxièmement, les entreprises préfèrent investir dans des innovations incrémentales plutôt que radicales parce que les premières sont plus faciles à justifier auprès des actionnaires. Cette attitude explique pourquoi près de 90 % des projets de R&D dans les entreprises de biens de consommation sont destinés à soutenir le développement de produits existants, par exemple des extensions de ligne, plutôt qu'à investir dans des produits vraiment nouveaux pour le marché[24]. Ceci laisse la porte ouverte à un concurrent pour introduire une offre innovante de rupture, sur ce marché.

Les responsables du marketing ne sont pas en relation avec les clients sur le plan émotionnel

Les responsables du marketing souhaitent souvent que le client comprenne leurs offres de valeur alors que ce devrait être l'inverse. Prenons l'exemple d'un consommateur qui enverrait ce message à des fournisseurs de biens de consommation haut de gamme : « Mes valeurs ont changé. J'apprécie maintenant la simplicité et l'accessibilité : comment pouvez-vous y répondre ? » Les marques de biens de consommation manquent d'empathie pour répondre positivement à cette question, et continuent plutôt de fabriquer et vendre à prix élevé des produits destinés à la classe moyenne. Par conséquent, les consommateurs économes, constatant que leurs fournisseurs demeurent insensibles à leurs difficultés économiques, vont faire leurs achats ailleurs. Kevin Roberts, de Saatchi & Saatchi, avertit les commerciaux : « À l'ère (ancienne) du néo-marketing, tout tournait autour de votre produit. Aujourd'hui, tout tourne autour de la maîtrise de la communication émotionnelle, pas de la manipulation, dans l'établissement et le maintien de relations, et autour de la seule question que vous posent les consommateurs : “ Comment allez-vous améliorer ma vie ? ” Répondre à cette question a une valeur inestimable[25]. »

Les pratiques dépassées de gestion des RH ne mobilisent pas les nouvelles générations

Les entreprises continuent de s'appuyer principalement sur des incitations financières (bonus) pour motiver leurs employés au lieu de leur donner de l'espace et du temps pour s'adonner à leur passion d'une manière constructive. De façon peu surprenante, un sondage Gallup révèle que seuls 29 % des Américains travaillent avec passion et que 52 % déclarent qu'ils ne se sentent pas motivés par leur travail. John Hagel, co-président du Center for the Edge de Deloitte et co-auteur de *The Power of Pull : How Small Moves, Smartly Made, Can Set Big Things in Motion* donne le conseil suivant aux responsables de ressources humaines : « Une chose que vous devez faire est de commencer à mesurer systématiquement le niveau de passion de vos employés. J'ai la conviction que l'une des clés de la motivation des individus est de les aider à relier leur passion à leur métier. Suivre le niveau de passion vous donne la possibilité d'améliorer rapidement la performance. Des gens passionnés sont profondément motivés pour se perfectionner et se hisser à un niveau supérieur de performance[26]. »

COMMENT LES ENTREPRISES OCCIDENTALES PEUVENT SUIVRE LEUR COEUR

Dans un environnement qui favorise les approches d'innovation structurées et basées sur les données, plusieurs problèmes se posent aux managers lorsqu'il s'agit de ménager une place aux émotions dans l'entreprise. Ils peuvent cependant utiliser quelques-unes des méthodes s'appuyant sur l'expérience des entrepreneurs jugaad pour développer une culture de l'empathie et de la passion au sein de leurs entreprises.

Envoyer les managers seniors suivre des stages sur le développement de l'empathie

L'empathie est comme un muscle, elle peut être développée chez les cadres supérieurs en les confrontant à diverses situations. Par exemple, Allianz Global Investors gère un centre de formation dédié à Munich, où les cadres supérieurs d'Allianz ou d'entreprises clientes participent à des formations en communication, sur le travail d'équipe ou le leadership. Ils sont animés par des formateurs aveugles ou sourds qui conduisent ces ateliers dans l'obscurité ou dans un espace insonorisé[27]. L'objectif de ces formations est d'améliorer la conscience de soi chez les cadres supérieurs, l'idée étant que l'on ne peut pas entrer en empathie avec les autres personnes sans avoir une connaissance directe et approfondie de ces personnes d'une part, et acquis une conscience de ses propres limites d'autre part.

Ignorer les études de marché et les actionnaires pour innover radicalement

Les cadres supérieurs ont besoin de courage pour suivre leurs émotions, ce qui suppose souvent, quand il s'agit d'une innovation radicale, d'ignorer les études de marché et les actionnaires. En effet, pour éviter d'être paralysés par des structures rigides ou une suraccumulation de données, les cadres supérieurs ne doivent pas se fier uniquement à la validation par les parties prenantes externes pour le lancement de produits et services révolutionnaires. Faire trop confiance à la validation externe risque de retarder ou d'empêcher complètement les dirigeants de poursuivre des idées vraiment révolutionnaires. Par exemple, lors de l'élaboration de nouveaux produits ou de nouvelles stratégies, Steve Jobs, chez Apple, s'est rarement donné la peine d'attendre la validation des analystes financiers, des gourous des médias, ou même des consommateurs. Il était plus enclin à suivre son inspiration qu'à plaire aux analystes ou aux spécialistes des marchés.

Adopter les principes de la conception centrée sur le consommateur

Les ingénieurs en R&D et les scientifiques ont besoin de sortir de leurs laboratoires et de s'immerger dans l'environnement de leurs clients, pour vraiment comprendre leurs besoins : c'est la base de la « conception centrée sur le consommateur ». Comme nous l'avons vu, des entreprises comme Nokia et Intel utilisent des ethnologues qui vivent pendant des mois avec les consommateurs marginaux dans les marchés émergents afin d'identifier leurs besoins et de concevoir des solutions concrètes qui peuvent avoir un impact significatif sur leur vie quotidienne.

Ces solutions (comme le Nokia 1100, qui s'est vendu à plus de 250 millions d'exemplaires dans le monde) peuvent devenir des produits novateurs dotés d'un énorme potentiel commercial. Les entreprises désireuses de développer leurs compétences internes avec cette conception centrée sur l'utilisateur peuvent le faire en recrutant des consultants spécialisés des sociétés comme IDEO, frog, LUNAR ou Continuum. Les entreprises qui ne peuvent se permettre de recruter ces consultants en conception peuvent utiliser les médias sociaux comme Facebook et les techniques de *crowdsourcing* pour engager des « usagers pionniers », c'est-à-dire des consommateurs précoces. Ceux-ci peuvent aider les entreprises à identifier les besoins mal définis des consommateurs et permettre de co-créer de nouveaux produits ou services qui satisferont ces besoins[28].

Engager les consommateurs dans un échange à cœur ouvert

Les chercheurs de tous domaines, des neurosciences à la psychologie, de l'économie comportementale au marketing, sont tous d'accord pour dire que les émotions sont le moteur des comportements des consommateurs, aussi puissant que le rationnel et le calcul. Dans de nombreux cas, les émotions peuvent même être le seul facteur déterminant de leurs comportements. Dans d'autres, elles constituent du moins le facteur dominant ou jouent un rôle complémentaire et viennent conforter l'aspect rationnel[29]. Tout ceci a des implications importantes pour les dirigeants en marketing et les commerciaux en général. Dans un monde où les marques sont quasiment à égalité sur le plan de la technique, du prix, de la distribution, et même du design, jouer sur les émotions des clients devient un moyen essentiel pour différencier leurs offres de celles des autres.

Kevin Roberts de Saatchi & Saatchi a longtemps été passionné par l'analyse des émotions des consommateurs, qui l'a amené à tirer une conclusion majeure : la raison conduit à des conclusions, mais l'émotion dirige les actions. À partir de ce constat, Roberts a acquis la certitude que les facteurs émotionnels, et non rationnels, seraient la clé des nouvelles formes de concurrence et que l'avenir se jouerait sur les relations et non sur les seules transactions. Cette conviction a conduit Roberts à substituer la notion de « Lovemarks » à celle de « marques ». Il est convaincu que « si les gens sont follement amoureux de quelque chose plutôt que de simplement l'apprécier, ils seront fidèles au-delà de la raison, au-delà des prix, et même au-delà de la récession ». Les Lovemarks marqueraient « un futur au-delà de la marque, imprégné de mystère, de sensualité et d'intimité, permettant de réaliser des marges record parce que les gens ne se contentent pas d'apprécier vos offres, ils en raffolent[30] ».

Starbucks offre un autre exemple de lien émotionnel avec les consommateurs. La société a révolutionné la façon d'acheter et vendre du café en jouant sur les émotions des clients plutôt que sur le prix ou la facilité d'accès. Avant Starbucks, le marché de masse aux États-Unis portait principalement sur le café instantané acheté dans les rayons à coups de prix discount. Mais à la suite d'un voyage à Milan, Howard Schultz, qui avait rejoint Starbucks en 1982 en tant que directeur commercial et marketing, a constaté que le café était bien davantage une question de passion, d'émotion et de style de vie que de prix, d'accessibilité ou de simple boisson chaude. En créant un « espace tiers » entre la maison et le travail, et en utilisant le café pour occuper cet espace, Starbucks a permis de solliciter émotionnellement les consommateurs avec le café et, de fil en aiguille, de créer une entreprise mondiale.

Lululemon Athletica engage également ses clients à un niveau émotionnel. Cette société spécialisée dans les articles de sport a utilisé cette philosophie pour développer un véritable culte d'attachement à son matériel de yoga haut de gamme et générer ainsi une croissance remarquable de ses ventes de plus de 52 % entre 2005 et 2009, en dépit du retournement de la conjoncture. Elle a réalisé cela en grande partie grâce à une culture unique centrée sur le client, dans les magasins et par le biais d'une approche marketing basée sur la communauté, rapidement copiée d'ailleurs par Nike, Gap et Nordstorm, entre autres. Cette entreprise identifie des ambassadeurs locaux de yoga qui incarnent le « style de vie lulu », équipés avec son matériel. Chaque semaine, le magasin déplace les rayonnages et déroule des tapis pour que ces ambassadeurs puissent donner des cours de yoga gratuits dans le magasin. Leurs sacs rouges facilement identifiables sont décorés avec des phrases et des formules telles que « respirez profondément » ou « les amis sont plus importants que l'argent ». Lululemon a ainsi créé un concept où les praticiens de yoga considèrent qu'ils font partie d'une communauté et d'une vision qui les poussent à revenir et à en demander toujours plus.

Créer des « centres de passion » dans votre organisation

Les entreprises doivent inciter les employés à partager et discuter publiquement des idées qui les passionnent, qu'elles soient controversées ou dérangeantes. Et pour mettre ces idées en application, elles doivent contribuer à bâtir des communautés de consommateurs et de partenaires autour d'elles. Frog, par exemple, a lancé des « centres de passion » dans tout son réseau mondial de studios de conception. Les employés peuvent y discuter librement de leurs idées iconoclastes et collaborer avec des collègues, des clients ou des partenaires extérieurs qui partagent des passions similaires. Robert Fabricant, vice-président de la création chez frog et force motrice de cette initiative dans l'entreprise, explique : « Nous voulons convertir la passion d'un salarié individuel en une « communauté de passion », où les gens ayant des points de vue différents pourraient trouver des moyens de transformer leur passion personnelle en une réalité concrète. Ces passions sont les semences de solutions qui peuvent transformer et améliorer des initiatives ou être à l'origine de nouveaux projets. L'objectif est de créer un mouvement de fond au sein de frog par pollinisation et fertilisation des passions personnelles à travers notre organisation[31]. »

Frog a mis en place un site Web où ses salariés peuvent partager leurs passions avec le monde entier. Dans une des vidéos du site, Denise Burton, une employée de frog, décrit ainsi sa passion : « Mettre des gens en relation a toujours été ma passion. Même quand j'étais enfant, chaque fois qu'il y avait une bagarre dans la cour de récréation, j'étais celle qui négociait la paix entre les enfants et les réconciliait. Quand j'ai grandi, j'ai compris que les technologies comme le World Wide Web et la Radio Frequency Identification (RFID) peuvent non seulement aider à relier des [millions] de personnes, mais aussi des [milliards] d'appareils ensemble. J'ai toujours rêvé d'« expériences connectées », un monde sans barrières où les gens sont reliés entre eux de façon transparente. Même après avoir rejoint frog, c'est longtemps resté un rêve. Mais maintenant, je pense que les clients de frog sont enfin prêts : ce n'est plus une idée en l'air. Le moment est venu de transformer les « expériences connectées » en une réalité viable sur le plan commercial[32]. »

Encourager les employés à se fier à leurs intuitions et à les valider par une expérimentation rapide

Les dirigeants d'entreprise devraient s'inspirer de l'exemple de Kip Tindell, P.-D.G. de The Container Store, une chaîne américaine leader dans les produits ménagers, qui non seulement s'appuie sur sa propre intuition pour guider ses décisions, mais a également consacré l'intuition comme l'un des « principes fondateurs » de son entreprise. Tindell raconte : « Nous avons supplié, imploré nos employés, et tout tenté auprès d'eux pour qu'ils comprennent que l'intuition a une véritable place dans notre politique du personnel. Après tout, leur avons-nous expliqué, l'intuition n'est que la somme totale de vos expériences dans la vie. Alors, pourquoi voudriez-vous la laisser à la maison quand vous venez travailler le matin[33] ? »

Google et Facebook encouragent leurs salariés à faire confiance à leur instinct en testant leurs idées intuitives puis en adoptant dans leurs applications celles qui atteignent un degré significatif de crédibilité auprès de leur public. Néanmoins, malgré la force de l'intuition, et quel que soit le degré de confiance que vous lui accordez, il est important de noter que celle-ci n'est pas toujours bonne. La meilleure façon de minimiser les risques d'investir dans de mauvais produits ou services est de tester les idées intuitives très tôt sur le marché afin d'utiliser les réactions du public pour les améliorer ou les abandonner, si elles reçoivent un accueil tiède.

APPLE : UNE ENTREPRISE DYNAMISÉE PAR LE POUVOIR ÉMOTIONNEL

Steve Jobs, co-fondateur et ancien P.-D.G. d'Apple, fut peut-être celui qui a le plus efficacement recouru au principe jugaad consistant à « suivre son cœur ». Jobs a bousculé l'industrie de l'électronique grand public à plusieurs reprises, d'abord avec l'iPod et l'iTunes, puis avec l'iPhone et plus récemment avec l'iPad. Mais Apple ne s'est pas appuyé sur des études de marché approfondies pour concevoir et lancer l'iPad. Sans doute pour le mieux, étant donné que de nombreux consommateurs, analystes et experts des médias étaient convaincus qu'il n'y avait pas de marché pour ce produit.

Mais Jobs avait un talent incroyable pour déchiffrer le marché et il était bien connu pour sa capacité à anticiper les besoins des consommateurs sans trop compter sur les prévisions des analystes ou des groupes de test.

Plus important encore, Jobs s'appuyait davantage sur le pouvoir émotionnel de son entreprise, mesuré par les retours d'expérience de ses consommateurs, que sur son pouvoir intellectuel, mesuré par le nombre de brevets déposés. Il est ainsi révélateur qu'Apple ait été classée par Booz & Company en 2010 au 81ème rang des entreprises pour l'importance des dépenses de R&D. En pourcentage de son chiffre d'affaires, la société consacre un cinquième de ce que Microsoft dépense en R&D. Pourtant, Apple domine le monde des affaires en termes de valeur de marque (*brand value*), et, dans la même étude, était considérée comme l'entreprise la plus innovante du monde[34]. Cette réussite est à mettre au crédit de Steve Jobs, et en particulier à trois qualités dont il a toujours su faire preuve, tout au long de sa carrière chez Apple.

Jobs était intuitif

Steve Jobs a toujours été un rêveur qui lisait l'avenir de la technologie bien avant ses concurrents, et ses consommateurs. Il laissait son intuition identifier les opportunités majeures et les moyens de les saisir (fait intéressant, selon Walter Isaacson, son biographe, Jobs aurait appris à faire confiance à son intuition lors d'un voyage introspectif en Inde en 1974[35]). Grâce à elle, il a réussi à façonner de tout nouveaux marchés et ensuite à les dominer, et ce de façon répétée. Par exemple, quand il est retourné chez Apple en 1997, après une absence de douze ans, il a rencontré un peu par hasard un concepteur nommé Jonathan Ive. Ive était abattu parce que sa dernière invention, un moniteur monobloc qui avait toutes les fonctions d'un ordinateur intégré, avait été rejetée par les managers d'Apple qui la considéraient comme trop avant-gardiste. Mais Jobs fut immédiatement séduit par l'invention d'Ive. Il y voyait l'avenir. Il promit à Ive qu'ils allaient s'engager dans un partenariat de long terme qui allait changer le monde de l'informatique pour toujours. Ive fut nommé plus tard au rang de responsable de la conception chez Apple. Cette invention, que Steve Jobs a contribué à mettre sur le marché, était le iMac.[36]

Parce qu'il a toujours suivi son intuition, Jobs n'a jamais cherché à faire valider ses décisions, que ce soit par des actionnaires ou par des consommateurs. Dans une interview du magazine *Inc.* en 1989, Jobs disait : « Vous ne pouvez pas demander aux consommateurs quels sont les produits qu'ils veulent et ensuite essayer de les leur fournir. Le temps que vous fabriquiez le produit désiré, ils vous demanderont déjà quelque chose de nouveau[37]. » Jobs pratiquait en fait « l'innovation orientée consommateur » aiguillonnée par l'intuition, plutôt que l'innovation menée par le client et façonnée par la rationalité.

Jobs était empathique

Steve Jobs n'a jamais eu à écouter attentivement les utilisateurs finaux pour comprendre leurs besoins. En s'identifiant pleinement à eux, il se considérait lui-même comme le premier et plus important client d'Apple. Et il était souvent un consommateur du futur plutôt que du présent. Ceci l'a aidé à concevoir des expériences utilisateur sublimes pour se faire plaisir à lui, encore plus qu'aux autres. En effet, il semble avoir passé toute sa carrière à essayer de répondre à ses propres besoins en tant qu'utilisateur de technologie, plutôt qu'à penser et agir comme le font la plupart des concurrents d'Apple. On pourrait appeler cela de l'auto-empathie ou de la compassion autocentrée.

Jobs était obsessionnellement passionné

Steve Jobs n'était pas seulement un leader passionné, il était aussi un passionné obsessionnel. Il était obsédé par le fait de séduire ses consommateurs avec des produits étonnants mariant simplicité d'utilisation et performances techniques exceptionnelles, généralement perçus comme des produits destinés exclusivement aux consommateurs haut de gamme. Sa passion sans bornes pour l'excellence poussait les employés d'Apple à se dépasser et à répondre à ses attentes. Le perfectionnisme de Jobs est inscrit dans les principes de développement des produits d'Apple, tels que le « Pixel Perfect Mockup » (maquette au pixel près) (tout prototype doit être conçu d'une façon hyper réaliste pour être aussi proche que possible du produit final) ou le fameux « 10 to 3 to 1 » (pour chaque nouvelle fonctionnalité, les ingénieurs d'Apple créent sans restriction dix maquettes entièrement différentes, puis réduisent leur nombre à trois, et finissent par s'accorder sur une version finale)[38]. Bien sûr, les détracteurs de Steve Jobs pensaient que sa passion pour l'excellence frôlait la folie (le marbre destiné au sol de l'Apple Store de New York aurait d'abord été livré à son bureau en Californie afin qu'il puisse en examiner les veines). Mais, comme le dit l'adage, la différence entre le génie et la folie, c'est le succès.

En 2005, dans son discours aux nouveaux diplômés de l'université de Stanford, Jobs déclarait : « Vous ne pouvez pas relier les points de manière prospective. Vous ne pouvez les raccorder qu'en les examinant de manière rétrospective. Vous devez donc croire qu'ils se connecteront éventuellement un jour dans le futur. Vous devez avoir confiance en quelque chose, votre instinct, le destin, la vie, le karma, peu importe, parce que croire que ces points se connecteront un jour sur le chemin vous donne la confiance nécessaire pour suivre votre cœur, même quand cela vous mène parfois hors des sentiers battus, et c'est cela qui fera toute la différence[39]. »

Tim Cook, le successeur de Steve Jobs, est plus orienté sur le suivi opérationnel, compte tenu de son expérience dans la logistique, et il semble plus préoccupé par la gestion du présent que par la prédiction de l'avenir. Cependant, Cook est peut être justement ce dont Apple a besoin à présent que les qualités d'empathie et d'intuition de Steve Jobs ont gagné par contagion des milliers d'innovateurs jugaad passionnés chez Apple. Pour aider ces employés à canaliser leur ingéniosité en vue de façonner l'avenir de l'informatique tout en conservant l'héritage de Jobs, Apple a besoin d'un leader qui soit solidement ancré dans le présent. Tim Cook pourrait précisément être cette personne.

CONCLUSION

Les innovateurs jugaad tels que Kishore Biyani et Steve Jobs ont vraiment « des tripes », à bien des égards : ils ont le courage et la volonté de prendre des risques, ils font confiance à leur intuition et sont passionnés par ce qu'ils font, convaincus qu'ils poursuivent une cause supérieure.

Suivre son cœur, siège de l'empathie, son intuition et sa passion constitue le dernier des six principes que suivent ces innovateurs. Mais pour qu'une entreprise puisse être en mesure de mettre en œuvre l'approche jugaad de l'innovation, il ne suffit pas qu'elle suive ces principes. Comme nous l'exposons dans le chapitre suivant, pour adopter cette approche, les dirigeants d'entreprise doivent comprendre quels changements sont nécessaires dans leur organisation mais aussi au niveau des individus.

Entretien avec Stéphanie Dommange, directrice des cadres et cadres supérieurs à la direction cohésion et ressources humaines de la SNCF

Éveiller et canaliser la passion créatrice des employés pour mieux servir les clients

La SNCF est une société très particulière : son métier est de faire fonctionner une industrie lourde… de services. Notre terreau est ainsi constitué de deux champs bien différents. Le premier est marqué par des contraintes industrielles très prégnantes. Par exemple, nos trains représentent des investissements importants, et sont conçus pour rouler entre 20 et 30 ans. Or le trafic va continuer de croître et il nous faudra trouver de nouvelles réponses pour nos clients, avec les mêmes moyens techniques. On attend de nous une amélioration continue, alors que nos ressources ne sont pas illimitées. Tout ceci débouche sur une culture technique qui favorise l'ingéniosité, dans un environnement structuré par les contraintes. Le deuxième champ, celui des services, fonctionne de façon bien différente. Les délais sont très courts et le retour sur investissement doit se faire sur deux ou trois ans. Nous pensons ici l'innovation de façon très différente. Nous passons d'une problématique d'innovation technique (comment concevoir un TGV du futur toujours plus performant ?) à une problématique d'innovation dans les services (concevoir un système de réservation des billets pratique pour les clients et qui favorise le remplissage des trains)

Comment inventer au quotidien dans ce contexte ? Quel est le bon système de management de l'innovation, quand la question centrale devient « faire plus avec moins » ? Nous avons travaillé avec une société exclusivement composée d'entrepreneurs, ExploLab, pour résoudre cette contradiction entre des processus techniques de plus en plus longs et coûteux à mettre en œuvre et un environnement de services de plus en plus volatil et complexe.

Notre meilleure expérience dans ce domaine est le fameux TGV Lab. Nous avons mis ensemble des salariés d'horizons très différents, des personnes clés, avec pour objectif de trouver un processus de diagnostic et de mise en œuvre rapide. Le résultat est que nous avons conçu et implémenté des solutions innovantes en moins de six mois. De bons exemples de réussite sont ici le TGV Family ou encore le Compagnon de voyage, un programme à destination des malentendants. Si nous avions dû équiper nos 400 rames de TGV d'un affichage spécifique pour les personnes malentendantes, il aurait fallu investir plusieurs dizaines de millions d'euros. Nous avons donc pris les choses différemment : nous nous sommes demandé ce qui était réellement utile et pratique pour nos clients. Peut-être, par exemple, suffisait-il de donner les informations directement par SMS aux malentendants pour qu'ils accèdent à la même information que les autres voyageurs ? Nous avons ainsi apporté une réponse plus efficace, pour un coût annuel d'un million d'euros seulement ! Mais cette innovation n'a été possible que parce qu'elle a été co-construite, de manière itérative, avec des associations de personnes malentendantes, des agents et des clients. C'est ça aussi l'innovation ingénieuse.

Pour ce type d'innovations, la clé du succès est dans le choix des combats. Par exemple, la recette de TGV Lab est de sélectionner, parmi un grand nombre de projets, les quelques-uns susceptibles d'être mis en œuvre rapidement, et dont les résultats seront visibles également rapidement. Car nous avons observé qu'une valeur était partagée par tous, qu'il s'agisse des salariés, de l'organisation et bien sûr des clients : le temps. C'est un patrimoine commun, il faut donner la capacité aux gens de l'utiliser au mieux : par exemple se fixer un objectif de six mois plutôt que d'un an pour innover.

Pour les innovations de rupture, c'est-à-dire des innovations qui ont trait au modèle économique et qui sont des innovations ex nihilo, il paraît indispensable de désigner des leaders ayant les compétences et le bon profil pour gérer ces projets. Pour iDTGV ou iDBUS, nous avons su confier à une femme qui avait un profil innovateur le soin de travailler sur des modèles décalés. Et nous lui avons donné les clés du projet. Elle savait qu'elle avait toutes les cartes en main, et elle s'est entourée de personnes dont certaines avec des profils clairement « hors normes » ; ce sont les facteurs clés de la réussite. Systématiquement, nous faisons incuber nos projets d'innovation de rupture sous la responsabilité d'individus aux profils et aux carrières très variés. Plus généralement d'ailleurs, au quotidien, une entreprise ne peut fonctionner sur la base d'un modèle standard, elle a aussi besoin de gens hors normes. Un point clé de demain sera la capacité managériale de brasser des gens d'horizons divers et ayant des expériences différentes.

En matière d'innovation, le plus difficile est d'avancer au quotidien. Dans le chemin de fer, les processus de production sont rigides et contraints. Nos salariés ont des objectifs précis. Comment les aider à retrouver l'ingéniosité qu'ils avaient à l'âge de 5 ou 6 ans, lorsqu'ils faisaient des radeaux en brindilles ? Comment, à travers l'innovation, valoriser les salariés, mais aussi valoriser les clients ? Contrairement à ce que beaucoup d'entreprises croient, les employés ont besoin de plus de liberté, et pas nécessairement de plus de ressources, pour pleinement exprimer leur créativité. Nous nous efforçons donc d'offrir plus de liberté à nos clients et à nos agents. Nous misons sur l'équation « moins de ressources + davantage de liberté = créativité ».

Pour une organisation de notre taille, il est nécessaire d'organiser le système d'innovation. Notre rôle est de collecter une idée individuelle et de l'amplifier, c'est-à-dire l'étendre à une grande échelle. Il y a encore peu de temps, l'innovation participative, une pratique très ancienne dans l'entreprise, portait essentiellement sur la collecte des idées et la récompense individuelle du salarié qui avait produit une idée. Aujourd'hui, nous lançons des campagnes d'innovation collaborative qui récompensent aussi ceux qui contribuent à mettre en œuvre les idées des autres, en cycle court. Cette nouvelle approche encourage la collaboration transversale et accélère la conversion d'une idée en une solution viable. Nous avons procédé de la sorte pour progresser sur certains points du confort à bord ou sur le Wifi dans les gares, avec l'immense avantage que tout salarié qui a contribué à une idée voit rapidement sa mise en œuvre.

Parallèlement, dans le cas de l'amélioration du confort à bord par exemple, nous avons observé que le processus d'innovation était d'autant plus fécond qu'il traversait toute l'organisation, au lieu d'être « tubifié », vertical. Cultiver l'innovation, c'est susciter et diffuser le plus largement et le plus rapidement possible l'envie et la passion.

Ceci nous amène d'ailleurs à nous arrêter un instant sur la motivation qui pousse les salariés à innover. Dans le cas de l'innovation collaborative par exemple, ce n'est pas l'argent qui motive nos collaborateurs, mais la reconnaissance : on reconnaît nos employés innovateurs comme des entrepreneurs et on les met en avant. Les statistiques montrent d'ailleurs les limites de la motivation par l'argent, qui décroît une fois atteint un certain seuil. En revanche, en récompensant un innovateur par un iPad, par exemple, on lui donne quelque chose de valeur qui, par surcroît, témoigne qu'il fait partie des innovateurs.

Cela dit, l'innovation n'est possible que si les leaders eux-mêmes sont entrepreneuriaux et tirent la locomotive (un escalier se balaye toujours par le haut !). Créer des possibilités requiert un style de management qui ouvre des perspectives plutôt qu'il ne les autorise, et qui aiguise la curiosité de tous. Il doit aussi donner le droit à l'échec (c'est l'occurrence des réussites et non pas le nombre d'échecs qui compte), encourager la curiosité, la prise de risque, et tirer des leçons de l'expérience. Permettre l'échec signifie autoriser à tester rapidement les innovations, et notamment les petites innovations, dont le coût de l'échec est d'autant plus réduit.

Au-delà, l'une de nos difficultés est de gérer la contradiction entre la taille de notre organisation et l'innovation, par nature assez individuelle. Pour cela, nous avons totalement décentralisé nos structures par lignes (de transport) de façon à ce que les problèmes soient pris en considération en temps réel par nos agents, où qu'ils soient. Nous avons des salariés pleinement investis, sachant que l'effet papillon de notre système est considérable : n'importe quelle perturbation à une extrémité du réseau peut se propager à l'autre extrémité en un temps record. Nous avons également appris à tous à réagir aux situations de crise en séparant bien les problèmes récurrents des problèmes inopinés. Par exemple, nous avons mis en place au niveau central des plateaux-repas ou des bouteilles à distribuer aux voyageurs en cas de problème. Nous avons également créé, en 2006, une « université du service », dont le travail commence à porter ses fruits. Changer une organisation comme la nôtre, qui compte 246 000 salariés et couvre 120 pays, nécessite du temps. Mais les résultats sont au rendez-vous. Un bon exemple ici est le système de garantie voyage qui prend en charge et indemnise les voyageurs en cas de retard des trains. Introduit en 2012, il a transformé notre relation aux voyageurs, mais il a aussi apporté des changements en interne en stimulant la réponse aux facteurs de retard.

CHAPITRE 8

INTÉGRER LE JUGAAD DANS SON ORGANISATION

« Les cultures d'entreprises sont comme les cultures des pays. N'essayez jamais de les changer. Essayez plutôt de travailler avec ce que vous avez. »
Peter Drucker

Nous avons montré jusqu'à présent les nombreuses façons de pratiquer les six principes de l'innovation jugaad – rechercher les opportunités dans l'adversité, faire plus avec moins, penser et agir avec flexibilité, viser la simplicité, intégrer les marges, et suivre son cœur. Ces principes peuvent aider les entreprises occidentales à faire des percées radicales et à soutenir leur croissance dans l'environnement complexe actuel. Mais l'innovation jugaad n'est pas une panacée qui résoudrait tous les problèmes de l'innovation dans toutes les situations ; malgré des avantages incontestables, elle a également certaines limites évidentes. Le jugaad n'est pas un substitut aux approches traditionnelles structurées de l'innovation les plus couramment utilisées dans les entreprises occidentales mais plutôt un complément utile.

Dans ce chapitre, nous analysons les avantages et les limites de l'innovation jugaad ainsi que les contextes dans lesquels elle s'applique le mieux. Nous décrivons comment les entreprises occidentales peuvent combiner l'esprit flexible et résilient de jugaad à des approches plus structurées de l'innovation, et comment elles peuvent établir une priorité dans les principes jugaad qu'elles ont besoin d'adopter rapidement.

QUAND EST-CE QUE LE JUGAAD FONCTIONNE LE MIEUX ?

La pertinence – et le succès ultime – de tout nouvel outil, de toute nouvelle bonne pratique ou approche métier dépend du contexte dans lequel ils sont appliqués. Lorsqu'elles adoptent un nouvel outil ou une nouvelle approche, les entreprises doivent l'appliquer non pas aveuglément et dans toutes les circonstances, mais de façon sélective, dans des situations où ils sont le plus appropriés. Les entreprises doivent faire preuve du même discernement lorsqu'elles mettent en œuvre l'innovation jugaad pour l'appliquer dans les contextes qui se prêtent le mieux à cette approche. Nous avons constaté que l'innovation jugaad donne les résultats les plus impressionnants quand elle est pratiquée dans des environnements complexes et instables présentant les caractéristiques suivantes :

• *Des changements rapides.* Le jugaad s'avère très puissant dans des contextes très volatiles où les cycles de vie des produits sont très courts, où les tendances démographiques évoluent vite, où la concurrence surgit de n'importe où, ou bien encore lorsque les politiques publiques sont en constante mutation et que de nouvelles réglementations sont sans cesse introduites. Prenons, par exemple, l'électronique grand public, un secteur qui connaît une révolution permanente, avec des durées de vie des produits très courtes. Réussir dans ce secteur nécessite une pensée flexible et des décisions rapides, choses que l'innovation jugaad peut facilement fournir.

- *La rareté des ressources à grande échelle.* Le jugaad est particulièrement pertinent pour les entreprises, les secteurs ou les pays où le capital et l'accès aux ressources naturelles sont restreints. Par exemple, l'industrie alimentaire et des boissons, ou le secteur automobile, confrontés à la rareté de l'eau et du pétrole, ont besoin de l'innovation jugaad pour réorganiser leurs chaînes d'approvisionnement afin de faire « plus avec moins ».
- *Des consommateurs économes et divers.* Le jugaad peut être particulièrement puissant sur des marchés où les consommateurs sont très sensibles au prix et à la recherche de produits abordables, et demandent des produits adaptés à leurs besoins spécifiques. Par exemple, les industries de biens de consommation et de soins de santé ont besoin de l'innovation jugaad pour découvrir les façons d'inclure les segments marginaux et pour construire des relations personnalisées et empathiques avec une clientèle diversifiée.
- *Des industries immatures.* Le jugaad est important dans des secteurs qui sont encore naissants et où les mécanismes du marché et les normes de l'industrie ne sont pas entièrement établis. Par exemple, dans des secteurs émergents tels que les technologies propres et les biotechnologies, qui sont hautement imprévisibles, l'innovation jugaad peut aider les entreprises à rechercher des opportunités dans l'adversité et à les tourner à leur avantage.
- *L'explosion de l'interconnectivité.* Le jugaad a une pertinence dans les industries qui connaissent une révolution technologique et où les médias sociaux et les téléphones mobiles omniprésents rendent la communication et la collaboration plus faciles et moins chères. Les banques, par exemple, peuvent utiliser l'innovation jugaad pour mettre au point des modèles économiques qui tirent parti des technologies mobiles de manière rentable pour servir des segments marginaux tels que les 60 millions d'Américains non bancarisés ou sous-bancarisés.

Ces conditions extrêmes ont généralement été plus fréquentes sur les marchés émergents comme l'Inde, la Chine et le Brésil qu'aux États-Unis ou en Europe. Cependant, comme nous l'avons vu dans les chapitres précédents, les économies occidentales ont commencé à être exposées à un grand nombre de ces conditions, notamment la rareté, la diversité, l'imprévisibilité et l'interconnectivité. Compte tenu de ces développements, le jugaad peut précisément constituer un remède adéquat pour les entreprises occidentales : une pilule capable de stimuler leur système immunitaire, de conjurer la complexité et de les aider à innover et à croître. Mais comment des entreprises ayant une approche structurée de l'innovation bien établie doivent-elles se comporter avec le jugaad ? Faut-il abandonner totalement cette approche structurée ou la combiner avec l'approche jugaad ? Si elles choisissent cette option, comment peuvent-elles intégrer les deux approches?

MARTEAU VERSUS TOURNEVIS

Malgré les limites de l'approche structurée de l'innovation – en particulier dans l'environnement complexe et imprévisible actuel –, les entreprises ne devraient pas l'abandonner car ses structures et processus traditionnels possèdent toujours une grande valeur dans certaines conditions. Les entreprises avec des approches structurées de l'innovation bénéficiant de gros budgets et de larges équipes de R&D, qui suivent des processus standardisés et linéaires de développement de produits, devraient plutôt se contenter d'élargir leur boîte à outils avec le jugaad. L'environnement mondial devenant de plus en plus complexe, les entreprises auront besoin de bien plus que d'un seul outil pour gérer la complexité. Plutôt que de toujours utiliser un marteau pour faire face aux problèmes, elles pourraient trouver utile d'avoir recours à un tournevis de temps à autre. Si l'approche structurée de l'innovation est le marteau, le jugaad pourrait être le tournevis.

La question clé pour les entreprises est donc de savoir quand utiliser le marteau et quand lui préférer le tournevis. Pour cela, elles ont besoin de comprendre les capacités et les avantages des deux outils et la manière avec laquelle ils se complètent.

L'approche traditionnelle de l'innovation structurée présente trois avantages majeurs :

1. *Économies d'échelle axées sur les volumes.* De grandes équipes de R&D et de vastes ressources logistiques permettent aux entreprises de produire à plus grande échelle de nouveaux produits et de les distribuer à des millions de clients indifférenciés. En tant que telle, l'innovation structurée exécutée avec succès conduit à des économies d'échelle basées sur le volume pour des produits et services standardisés sur des marchés homogènes.
2. *Injection de capital physique.* L'innovation structurée est adaptée à l'équation « gros risques/grosses récompenses » des projets de R&D menés par des entreprises dont les ressources sont importantes. Comme nous l'avons expliqué précédemment, bon nombre de ces méga-projets échouent. Mais les projets qui réussissent peuvent parfois conduire à des technologies de rupture ou à des produits révolutionnaires, comme les nouveaux médicaments phare, qui peuvent aider les entreprises à augmenter leurs revenus et leurs profits et à élargir leur part de marché, générant ainsi du capital « hard » (physique) et des actifs tangibles qui peuvent enrichir leur bilan.
3. *Efficacité.* Des processus standardisés comme le Six Sigma peuvent aider les entreprises à réaliser des projets d'innovation de manière plus efficace, à condition que l'environnement soit stable.

L'approche jugaad étend ces trois avantages en apportant de la valeur ajoutée suivant différentes voies :

1. *Économies de gamme valorisantes.* Dans un contexte où la diversité des populations augmente et où les marchés deviennent plus fragmentés, le jugaad permet aux entreprises d'adapter leurs solutions aux besoins spécifiques de plusieurs segments de clientèle. L'innovation jugaad permet d'offrir plus de valeur aux clients individuels sur des marchés hétérogènes.

2. *Injection de capital immatériel.* Nous entrons dans une ère « post-matérielle » dans laquelle les travailleurs et les consommateurs cherchent plus de sens que des avantages matériels. En adoptant le jugaad, les entreprises peuvent nourrir la passion de leurs employés et engager les consommateurs dans des relations riches de sens. De cette façon, les entreprises peuvent accumuler un capital « soft » (immatériel), sous forme d'une plus grande productivité des employés et d'une fidélité accrue des clients. Ces actifs incorporels soutiennent la compétitivité de l'entreprise, car il est plus difficile pour les concurrents de les reproduire, contrairement à des actifs tangibles, comme la technologie.

3. *Flexibilité.* Dans un environnement économique de plus en plus volatile, les managers doivent penser et agir rapidement pour relever les défis inattendus. L'état d'esprit flexible et résilient du jugaad peut aider les managers à surmonter des contraintes majeures en favorisant l'improvisation de solutions robustes qui utilisent des ressources limitées.

En résumé, le jugaad agit comme un amplificateur qui renforce la capacité d'une entreprise à faire face à la volatilité et à faire « plus avec moins » dans des conditions fortement contraignantes. Finalement, pour répondre simultanément à des conditions de faible volatilité mais riches en ressources et à des conditions de haute volatilité mais limitées en ressources, les entreprises ont besoin de pouvoir s'appuyer d'un côté sur des économies d'échelle obtenues grâce au volume, des capitaux physiques et sur l'efficacité de l'approche structurée de l'innovation, d'un autre côté sur des économies de gamme, du capital immatériel et la flexibilité du jugaad.

Le défi pour les entreprises est de savoir quand appliquer telle ou telle approche, c'est-à-dire quand choisir le marteau ou bien le tournevis. Dans ce but, les leaders devraient créer, au sein de leur organisation, un environnement dans lequel les deux approches peuvent coexister en harmonie sans que l'une soit favorisée par rapport à l'autre. Tim Leberecht, directeur du marketing de frog, observe que « les entreprises doivent se donner la liberté de naviguer entre les deux extrêmes – c'est-à-dire de l'innovation très structurée à la flexibilité jugaad totale – plutôt que de s'installer au milieu en essayant d'atteindre un équilibre inatteignable[1] ».

Une telle flexibilité organisationnelle peut être représentée par la métaphore d'un pendule dont le mouvement dynamique permet aux entreprises d'explorer un large éventail d'options pour répondre aux besoins d'innovation et à l'évolution rapide des marchés. Cela signifie pour les dirigeants de savoir quand ils doivent se conduire comme Miles Davis, et improviser l'innovation, et quand ils doivent se conduire comme Leonard Bernstein, et orchestrer l'innovation.

La gestion de cette tension créatrice entre l'innovation jugaad et une approche structurée peut avoir un effet perturbateur. Adopter la nouvelle approche peut entrer en conflit avec des structures organisationnelles et des pratiques existantes telles qu'une R&D gourmande en ressources, des processus de développement de produits fastidieux, des techniques de marketing de masse, ou des structures de gestion hiérarchiques. Pourtant, cette tension créatrice entre le « yin » (structuré) et le « yang » (non structuré) de l'innovation est bonne et vaut la peine d'être entretenue : elle peut même apporter des avantages énormes pour les organisations. Dans un monde de plus en plus complexe, la gestion des polarités, - c'est-à-dire les extrêmes - est en train de devenir une compétence essentielle pour les dirigeants occidentaux. Et il n'y a pas de meilleure façon de la développer que par l'intégration de jugaad dans leurs organisations et par le fait d'apprendre à équilibrer et intégrer des approches de l'innovation contradictoires et multiples.

COMMENT COMBINER AVEC SUCCÈS JUGAAD ET SIX SIGMA

General Electric - GE - est un grand conglomérat qui s'appuie fortement sur des approches structurées comme Six Sigma, mais qui a réussi à intégrer l'approche jugaad dans son organisation actuelle et à gérer ce « pendule de l'innovation ». Il y a derrière cette réussite une raison stratégique. Ce Goliath industriel de 150 milliards de dollars et qui emploie 300 000 personnes dans le monde fait tout son possible pour devenir flexible et résilient face à la complexité croissante. Il le fait en transformant son modèle économique d'une société tirée par la R&D en une organisation centrée sur le client.

Cette transformation radicale de GE est pilotée par son P.-D.G., Jeffrey Immelt. Contrairement à ses prédécesseurs – notamment le légendaire Jack Welch –, ingénieurs de formation, Immelt a une formation dans la vente et le marketing. Il est le premier P.-D.G. de GE, en 120 ans d'histoire, à avoir une telle formation. Ayant passé la majeure partie de sa carrière en interaction avec des clients, Immelt comprend intuitivement combien il est important d'être orienté sur eux, flexible et réactif. Il en a retiré quelques idées importantes : les clients de GE n'accordent plus autant d'importance aux produits sophistiqués développés par ses ingénieurs, mais bien plus à la qualité du service clientèle prodigué tout au long du cycle de vie du produit. De plus, ils s'attendent à ce que GE leur offre des produits et services de qualité plus rapidement et à moindre coût.

Pour GE, cela signifie que la capacité à détecter et à réagir rapidement aux besoins de ses clients est aussi essentielle à la réussite que les prouesses de ses ingénieurs, si ce n'est plus. Reconnaissant que cette nouvelle réalité du marché nécessite d'agir plus rapidement, de façon plus flexible et plus économique, Immelt encourage chaque employé de GE à innover et à penser différemment en adoptant les principes frugaux et démocratiques du jugaad. Comme nous allons maintenant le voir, ce changement s'est avéré efficace.

GE Healthcare, l'une des unités de GE, est un bon exemple de l'immense transformation culturelle en cours au sein de GE et des bénéfices qu'elle a apporté. GE Healthcare est présent aussi bien sur les marchés occidentaux que sur les marchés émergents, dans une industrie extrêmement complexe, très compétitive, très réglementée, et qui subit beaucoup de changements. En dépit de ces défis, GE Healthcare a été capable d'innover en mettant en œuvre avec succès les six principes jugaad pour rester compétitif et réussir dans un monde complexe de contraintes, de rareté et d'imprévisibilité.

GE recherche des opportunités dans l'adversité

Les scanners PET/CT produits par GE Healthcare (que l'on appellera simplement GE par la suite) sont des appareils haut de gamme utilisés pour le diagnostic et le traitement du cancer. Les appareils en eux-mêmes sont chers. Ils ont également besoin d'un cyclotron, qui est aussi coûteux qu'un scanner, pour générer un radio-isotope appelé fludésoxyglucose (FDG) qui est injecté aux patients pour aider à produire des images diagnostiques permettant de localiser précisément la maladie dans leur corps. En Inde, les grands hôpitaux ont traditionnellement importé les FDG pour les utiliser avec leur équipement PET/CT. Mais ce processus est coûteux et prend du temps, de sorte qu'il est tout à fait hors de portée des hôpitaux des petites villes et des milieux ruraux. Voyant une opportunité dans ces conditions défavorables, GE a travaillé avec des centres privés de diagnostic et des compagnies aériennes locales pour produire des FDG et les livrer en quelques heures dans n'importe quel petit hôpital du pays[2]. Cette chaîne d'approvisionnement juste-à-temps pour la livraison des FDG est maintenant entièrement opérationnelle et est en cours d'extension. En outre, GE a établi un partenariat stratégique avec Nueclear Healthcare, une société indienne, pour mettre en place d'ici 2015 un réseau de 120 centres d'imagerie moléculaire de pointe à travers toute l'Inde. Ce type de solutions abordables et accessibles pour la détection précoce du cancer est d'une grande valeur pour ce pays, où la maladie, dont l'incidence croissante est alarmante, est l'une des principales causes de décès. Le nombre de patients atteints de cancer en Inde est actuellement d'environ 2,5 millions mais devrait être multiplié par cinq d'ici 2025[3].

Malgré les difficultés auxquelles on doit faire face pour travailler dans un pays comme l'Inde, où la logistique peut s'avérer très peu fiable, GE a réussi à y introduire des technologies de diagnostic de cancer de haute qualité et des traitements abordables, y compris pour des communautés à faible revenu, à travers tout le pays. Terri Bresenham, présidente et P.-D.G. de GE Healthcare Inde, précise : « Nos études et programmes pilotes nous ont aidés à développer des solutions innovantes adaptées et abordables. Cependant, nos innovations jugaad ne se limitent pas aux technologies. Nous nous focalisons aussi sur l'ensemble des besoins de santé de l'Inde : l'accès à des capitaux (pour les partenaires locaux), la numérisation pour créer des réseaux de communication entre les centres urbains d'excellence et les villes de niveaux II et III (nombre d'habitants décroissant), et enfin des partenariats stratégiques avec des fournisseurs locaux, des écoles de médecine, et les gouvernements régionaux et municipalités[4]. »

GE fait plus avec moins

GE a reconnu que ses électrocardiographes (ECG), encombrants et coûteux, étaient inabordables pour les médecins des pays émergents comme l'Inde, la Chine et l'Afrique. La société a également constaté que ces dispositifs n'étaient pas adaptés à ces marchés pour des raisons d'ordre pratique : les médecins ne pouvaient en effet pas les porter sur leur moto ou sur leur vélo lors de leurs visites à des patients de villages reculés, qui ne sont en plus, pour la plupart, pas alimentés en électricité pour faire fonctionner ces appareils ECG. Conscients du problème, et aussi du besoin de cet équipement dans les zones rurales, les chercheurs de GE en Inde ont inventé en 2008 le MAC 400, un électrocardiogramme portable qui coûte un dixième et pèse un cinquième de son équivalent actuel sur les marchés occidentaux. Le MAC 400 compact coûte 1 000 dollars, bénéficie d'une autonomie de batterie ultra-longue, est portable, et se construit avec des pièces standard qu'il est facile de se procurer. Son imprimante robuste est une version adaptée de celle qui est utilisée couramment dans les guichets des stations de bus indiens. En somme, le MAC 400 est facile à utiliser et à entretenir dans un endroit poussiéreux en milieu rural et offre plus de valeur à un prix inférieur[5].

Après avoir réussi le déploiement du MAC 400 dans des marchés émergents tels que l'Inde et la Chine, GE a même mis en œuvre ce dispositif – approuvé par la Federal Drug Administration (FDA) – aux États-Unis pour des applications telles que l'assistance routière d'urgence[6]. Après le MAC 400 en 2008, GE s'est surpassé en 2010 avec le lancement du MAC i, un ECG encore plus léger que le MAC 400 et qui est vendu aux alentours de 500 dollars, portant le coût d'un test ECG à 0,20 dollars seulement[7].

GE pense et agit avec flexibilité

Les clients de GE, marqués par la récession, sont réticents à investir des millions de dollars pour des équipements coûteux comme les turbines, les moteurs d'avion et le matériel médical. Cette réalité a forcé GE à penser de manière flexible. En conséquence, la société a transformé son modèle économique, passant de celui de fournisseur de produits à celui de fournisseur de solutions complètes, offrant en plus aux clients des options de financement. En particulier, plutôt que de vendre ses produits purement et simplement, GE les loue maintenant en utilisant un modèle de tarification à l'usage. Par ailleurs, l'entreprise travaille avec des partenaires pour exploiter et entretenir les équipements pour un montant fixé, en vertu d'un contrat de service basé sur la performance. En Inde, GE a mis en place un modèle de tarification flexible connu sous le nom de « pay-per-scan » qui permet à des centres de diagnostics soucieux des coûts de louer ses équipements – comme les scanners CT (tomodensitomètres) – au lieu de les acheter à un prix élevé, et de payer une redevance variable en fonction du nombre total de numérisations effectuées chaque année[8].

GE fait également preuve de flexibilité de pensée en refondant sa relation avec les organismes gouvernementaux. Alors que de nombreuses entreprises occidentales se plaignent de l'escalade des réglementations publiques, et considèrent donc les gouvernements comme un obstacle à l'augmentation de la performance de l'entreprise, GE forge des partenariats public-privé (PPP) gagnant-gagnant avec les gouvernements du monde entier. Par exemple, en Inde, GE a établi un partenariat avec les gouvernements provinciaux et locaux et des prestataires de services spécialisés qui exploitent des installations d'imagerie diagnostique équipées du matériel GE dans des hôpitaux publics, surtout dans les zones rurales. Un tel modèle PPP gagnant-gagnant a permis d'accroître l'efficacité des hôpitaux publics, qui épargnent des investissements lourds dans des équipements coûteux ou dans le recrutement de techniciens qualifiés, et qui peuvent fournir à un prix abordable des soins de qualité aux patients des milieux ruraux[9].

Non seulement GE incite ses dirigeants à penser de manière flexible, mais elle leur permet aussi d'agir avec souplesse. En effet, l'entreprise a commencé à refondre sa structure organisationnelle rigide et trop lourde afin de permettre aux innovateurs jugaad de ses unités régionales de sentir et de réagir plus rapidement aux opportunités locales. En particulier, les responsables opérationnels de GE dans les pays émergents ont une grande latitude pour prendre des décisions stratégiques sans demander d'approbation ou de ressources au siège[10]. Ces dirigeants régionaux peuvent ainsi rapidement financer et exécuter des idées jugaad prometteuses, telles que la livraison juste-à-temps du FDG dans les hôpitaux et les cliniques équipées de scanners PET/CT.

GE fait simple

Apres avoir longtemps développé des produits très complexes, les équipes de R&D de GE sont en train d'apprendre les vertus de la simplicité. Les ingénieurs de GE ont ainsi constaté que les médecins des zones rurales de pays émergents comme l'Inde, qui disposent comme seul matériel d'un thermomètre et d'un stéthoscope, n'avaient que faire de leurs encombrantes machines à ultrasons difficiles à utiliser, bien qu'ils n'aient aucune aversion pour la technologie (ils ont tous des téléphones cellulaires). Grâce à ces informations, les ingénieurs de GE ont eu une idée jugaad : concevoir une machine à ultrasons plus compacte et simple à utiliser sur le modèle d'un téléphone portable. Il en est ressorti un appareil à ultrasons portable, ne pesant pas plus de 500 grammes, aussi petit qu'un smartphone, et qui possède une interface utilisateur aussi simple que celle d'un iPod : le Vscan. Le Vscan a été un énorme succès tant dans les pays développés que dans les marchés émergents. Immelt estime que ce dispositif simple mais puissant deviendra un jour aussi indispensable pour les médecins que le thermomètre et le stéthoscope. En effet, une étude menée par Scripps Health a validé la capacité de diagnostic du Vscan pour les problèmes du système cardiaque et conclu que l'appareil était « la plus grande invention depuis le stéthoscope » (inventé en 1816), car il permettait au médecin de « voir » le cœur d'un patient, et donc de faire un diagnostic plus précis. Le docteur Eric J. Topol, directeur des études au Scripps Health et principal auteur de cette étude, explique : « Environ 20 millions d'échocardiogrammes sont réalisés chaque année aux États-Unis, chacun coûtant 1 500 dollars ou plus et nécessitant des rendez-vous dans le laboratoire d'un hôpital ou d'une clinique pour une séance prolongée d'environ 45 minutes. Une échocardiographie de poche [comme le Vscan] pourrait considérablement réduire les coûts et améliorer le confort du patient[11]. »

GE intègre les marginaux et les exclus

En 2009, GE a lancé Healthymagination, une initiative stratégique supervisée par Immelt visant à rendre les soins de santé de qualité abordables et accessibles au plus grand nombre, en particulier aux communautés mal couvertes du monde entier, y compris aux États-Unis. Dans le cadre de Healthymagination, GE a piloté, notamment en partenariat avec P&G, Johnson & Johnson, Anthem et UnitedHealthcare, un programme communautaire financé par le gouvernement de Cincinnati, destiné à améliorer les soins de santé tout en réduisant les coûts. Les statistiques sur la santé à Cincinnati sont alarmantes : plus de 12 % de la population n'a pas d'assurance maladie et le taux de mortalité est supérieur à la moyenne nationale, ce qui explique des dépenses de santé en augmentation de 8 % par an. Pour réduire le coût des soins tout en améliorant leur qualité et leur efficacité sur le diabète, les premiers soins, l'asthme infantile et l'insuffisance cardiaque, le programme communautaire de Beacon met en place un système de soins de santé électronique auquel toute la ville est connectée, appelé HealthBridge. S'il s'avère que ce modèle de Cincinnati est un succès, GE a l'intention de le développer dans d'autres communautés aux États-Unis, rendant ainsi les soins de santé plus accessibles à des groupes marginaux de la population. Dans le cadre de l'initiative Healthymagination, GE utilise des appareils pratiques, à faible coût, comme le MAC 400 et le Vscan, et donc plus facilement utilisables par les personnels de santé moins spécialisés tels que ceux des zones rurales des États-Unis[12].

GE suit son cœur

Par le passé, GE a servi des clients professionnels traditionnels tels que les compagnies aériennes, les hôpitaux, les usines, et les gouvernements. Mais compte tenu de son expérience commerciale, Jeff Immelt a reconnu l'importance de développer une empathie avec les utilisateurs finaux, ceux qui sont servis par ces clients professionnels. À cette fin, il a chargé Beth Comstock, directeur du marketing de GE, d'augmenter le quotient émotionnel de GE en engageant un dialogue constructif avec les utilisateurs finaux. Comstock tente de connecter les ingénieurs R&D de GE, qui s'appuient trop sur leur cerveau gauche, avec les utilisateurs finaux grâce à une initiative visant à cultiver l'empathie appelée *market back* (intégration renforcée avec le marché). L'idée est tout d'abord d'identifier les besoins des utilisateurs finaux, puis de co-créer de nouvelles solutions en partenariat avec les clients et les partenaires commerciaux. Ces solutions issues de l'initiative *market back* sont conçues de toutes pièces sur les marchés locaux plutôt que d'être introduites de haut en bas par des cadres supérieurs installés au siège, et ceci afin qu'elles collent mieux aux contextes locaux spécifiques. Elles sont rapidement déployées et testées grâce aux retours rapides des clients. Prenons un exemple : les ingénieurs R&D de GE se sont immergés dans des dispensaires de village en Inde et au Bangladesh pour développer leur empathie avec les patients des zones rurales et trouver des solutions de soins qui soient abordables et accessibles pour des communautés à faible revenu dans le monde entier. Comstock note : « La perception et les attentes globales vis-à-vis de l'innovation évoluent vite et les entreprises auraient une vision à bien courte vue si elles n'en tenaient pas compte. Cela implique de chercher l'innovation à la fois dans les laboratoires scientifiques et dans le laboratoire du « monde réel ». Il faut passer d'un processus d'innovation linéaire et hiérarchique à un processus participatif, et du simple profit à un profit avec un objectif noble. Les entreprises qui adoptent ce nouveau modèle d'innovation aujourd'hui seront mieux positionnées pour la croissance de demain[13]. »

En internalisant les six principes du jugaad, GE développe l'esprit souple et inclusif nécessaire à l'invention de solutions empathiques abordables et durables pour le plus grand nombre de personnes. Mais que devient alors Six Sigma ? Six Sigma contribue à améliorer et valoriser les inventions jugaad de GE. GE met notamment à profit le processus structuré Six Sigma pour améliorer la qualité des inventions jugaad afin qu'elles répondent aux normes internationales (il a ainsi obtenu l'approbation de la FDA pour les dispositifs MAC 400 et Vscan), puis pour les diffuser rapidement en tirant profit des capacités industrielles et commerciales impressionnantes de GE. De la sorte, ces inventions jugaad sont mises à la disposition d'un plus grand nombre de consommateurs dans le monde, ce qui accélère l'adoption par le marché de ces inventions.

En résumé, GE offre un exemple réussi de la façon dont une société occidentale, en adoptant le jugaad, peut penser avec souplesse, agir avec agilité et exploiter l'ingéniosité des employés, des clients et des partenaires pour stimuler l'innovation et accélérer la croissance. Plus important encore, GE a montré comment combiner l'approche ascendante (bottom-up) non structurée de l'innovation jugaad avec une approche structurée de l'innovation, plus traditionnelle, dans le cadre d'une entreprise mondiale dans un secteur de pointe.

Mais GE n'est pas la seule à réaliser cette synergie. Des centaines d'entreprises sont en train d'intégrer efficacement le jugaad, qui leur permet d'innover plus vite, mieux et moins cher. Vous le pouvez aussi dans votre entreprise. Pour adopter cette nouvelle approche frugale et flexible de l'innovation et en tirer le meilleur parti, vous devez hiérarchiser vos efforts.

MISE EN ROUTE DE JUGAAD

Le jugaad peut perturber le fonctionnement régulier de l'entreprise, mais sans doute pour le meilleur. Les entreprises peuvent cependant adopter le jugaad de deux manières : d'un seul coup ou en plusieurs étapes. De grandes sociétés dirigées par des leaders visionnaires comme 3M, GE, PepsiCo ou Procter & Gamble ont eu la volonté et les ressources nécessaires pour réinventer toute leur organisation de bout en bout autour des six principes jugaad. Mais la majorité des entreprises occidentales peuvent être intimidées par l'idée d'un changement aussi radical. Pour ces entreprises et leurs dirigeants, nous offrons deux solutions :

1. *Déterminez des priorités.* Les principes jugaad ne sont pas tous d'une importance égale pour toutes les organisations. Au niveau de l'entreprise, vous devriez laisser la dynamique de votre

secteur et les besoins stratégiques de votre entreprise déterminer lequel des six principes jugaad est essentiel à votre succès. Par exemple, si vous êtes un distributeur qui vend des articles de luxe, « faire plus avec moins » et « intégrer les marges » ne sont pas des principes d'une grande importance, mais « viser la simplicité » peut être crucial pour rationaliser le service offert aux clients haut de gamme et leur prodiguer une meilleure expérience. Si vous êtes un fournisseur de produits de consommation comme Procter & Gamble ou Whirlpool, vous pouvez d'abord choisir de « faire plus avec moins » en créant de nouveaux produits frugaux pour les consommateurs dont le pouvoir d'achat est en baisse. De même, les entreprises occidentales qui traversent des turbulences dans des secteurs et industries tels que les produits pharmaceutiques ou l'automobile seraient avisées de « rechercher des opportunités dans l'adversité » et de « penser et d'agir avec flexibilité » afin de réinventer radicalement leur modèle économique obsolète.

Au niveau individuel, votre fonction peut déterminer la combinaison cruciale des principes jugaad qui seront les plus avantageux pour votre carrière. Par exemple, nous suggérons aux cadres marketing et aux directeurs R&D, qui ont tendance à penser avec le cerveau gauche logique, de « suivre leur cœur » pour faire participer les clients et trouver avec eux des solutions qui les comblent. Les responsables de ressources humaines peuvent également trouver ce principe pertinent. À un moment où 71 % des salariés des entreprises américaines se sentent désengagés au travail, les directeurs des ressources humaines doivent créer un environnement de travail qui encourage les employés, en particulier la génération du millénaire (18 à 26 ans), et les incite à s'adonner à leur passion dans leur milieu professionnel, comme le font des sociétés comme Apple, Google ou frog.

2. *Commencez par ce qui est à portée de main.* Une fois que vous avez décidé quels principes sont d'une importance stratégique pour vous, vous pouvez adopter et gérer chacun par petites étapes. Si « viser la simplicité » est un principe qui vous attire, vous pouvez commencer par simplifier la conception de vos produits et les rendre plus faciles à utiliser et à entretenir, comme Siemens l'a fait en lançant SMART. Si par contre vous êtes prêts à faire preuve d'audace, vous pouvez entreprendre ce que Philips a fait : simplifier tous les processus de votre entreprise et la totalité de son organisation, tout particulièrement les interactions avec les clients. De même, si vous essayez de « faire plus avec moins », vous pouvez démontrer votre frugalité en réutilisant tous les composants sur des lignes de produits existants, tout comme General Motors le fait avec ses « plateformes mondiales ». Plus tard, vous pourrez développer votre esprit frugal en imitant GE, c'est-à-dire en concevant des produits entièrement nouveaux, très abordables et de bonne qualité. Enfin, si vous êtes une banque éclairée aux États-Unis, prête à « intégrer les marginaux et les exclus », soit les personnes non bancarisées ou sous-bancarisées, vous pouvez vous associer à un organisme comme le Center for Financial Services Innovation (CFSI) et lancer des opérations pilotes d'inclusion financière dans certaines villes avant de les intensifier au niveau national. Bien sûr, vous devez vous dépêcher, car des sociétés agiles comme Wal-Mart sont déjà en train d'empiéter sur votre territoire en offrant de tels services bancaires aux communautés mal couvertes.

Nous présentons sur notre site Web (jugaadinnovation.com) des outils supplémentaires qui peuvent vous aider à fixer des priorités dans la façon de mettre en œuvre le jugaad et vous guider sur la manière de le faire efficacement. Hiérarchiser – et adapter – les six principes les plus pertinents pour votre entreprise vous aidera à obtenir le soutien de toute votre organisation dans cette mise en œuvre et à intégrer avec succès les principes les plus pertinents. Vous pourrez ainsi utiliser le jugaad comme un outil puissant pour accélérer l'innovation et la croissance. Le facteur le plus important cependant, celui qui peut contribuer au succès ou à l'échec de l'adoption du jugaad dans une organisation, c'est le leadership. Sans un engagement fort et le soutien des hauts dirigeants, à commencer par le P.-D.G., une approche potentiellement perturbatrice comme le jugaad ne parviendra pas à s'imposer dans les organisations habituées à l'approche structurée de l'innovation.

CONDUIRE L'ADOPTION DU JUGAAD : LE RÔLE DU P.-D.G.

Le jugaad ne sera pas soutenable dans une entreprise sans le soutien actif du sommet de la hiérarchie. Les P.-D.G. qui recherchent la croissance ont un rôle clé à jouer dans la conduite de l'adoption du jugaad dans leur entreprise. En nous appuyant sur notre connaissance des expériences de nombreuses entreprises, nous avons créé une liste de choses à faire et à ne pas faire pour les dirigeants qui cherchent à intégrer le jugaad dans leurs organisations.

N'essayez pas de mettre en œuvre le jugaad d'une façon systématique et hiérarchique

En ces temps de récession, les dirigeants peuvent voir le jugaad comme une panacée pour stimuler l'innovation et tirer la croissance, et être tentés d'adopter et même d'imposer le jugaad comme une nouvelle « bonne pratique » facile à mettre rapidement en œuvre de haut en bas. Pourtant, une telle tentative est probablement vouée à l'échec. On ne diffuse pas le jugaad dans une organisation de la même façon qu'on déploie un processus Six Sigma ou un logiciel d'entreprise. Le jugaad n'est ni un processus, ni un outil, ni une méthode scientifique qui peut être déployée de haut en bas. Dans l'esprit et dans la pratique, il est plus proche d'un art et d'une culture fluide que d'une science exacte et rigoureuse. Plus important encore : une organisation ne pratique pas le jugaad, ce sont plutôt les individus de cette organisation qui le pratiquent. Par conséquent, les dirigeants d'entreprise doivent faire preuve de retenue, ce qui permet à l'ingéniosité qui sommeille en chacun de leurs employés de voir le jour de son propre chef.

Mettez en avant les innovateurs jugaad existants

Plutôt que d'essayer d'institutionnaliser le jugaad, les dirigeants d'entreprise devraient chercher à identifier et mettre en avant ces employés non conformistes qui pensent et agissent déjà comme des innovateurs jugaad. Ces francs-tireurs sont des pionniers qui défient les politiques et les directives pour produire des inventions révolutionnaires. En les reconnaissant publiquement, les dirigeants peuvent envoyer un signal positif aux autres salariés voulant dire qu'il est bon de penser et d'agir de manière flexible, de faire plus avec moins ou encore d'intégrer les populations à la marge. Mais les dirigeants devraient aussi reconnaître et même saluer les échecs des innovateurs jugaad pour signifier que l'échec dans la poursuite de l'innovation est très positif. Par exemple, la philosophie de Google célèbre à la fois le succès et l'échec. Eric Schmidt, président exécutif de Google, explique que son entreprise est une organisation tolérante au risque : « Il est tout à fait acceptable d'essayer quelque chose qui est très difficile, d'échouer, et d'en tirer les leçons[14]. »

Persuadez les salariés sceptiques en créant un sentiment d'urgence

Vous trouverez peut-être difficile de convaincre certains employés d'adopter l'innovation jugaad. Ces employés peuvent ne pas avoir de cadre approprié pour apprécier correctement ces principes et leur pertinence dans le monde complexe d'aujourd'hui. Par exemple, des équipes de R&D, habituées à des ressources abondantes et à repousser toujours plus la frontière technologique comme une fin en soi, peuvent trouver difficile de s'identifier aux principes jugaad du « faire plus avec moins » et « viser la simplicité ». Une anecdote illustre bien ces réticences : après avoir participé à notre atelier sur le jugaad, un cadre supérieur dans une entreprise du Fortune 500 nous montre du doigt les centaines de voitures stationnées sur un vaste parking et nous dit : « Regardez : tout ce que je vois, c'est l'abondance, pas la rareté. Pourquoi devrais-je m'évertuer à faire plus avec moins ? »

Néanmoins, les ingénieurs et les scientifiques aiment les défis. Et les P.-D.G. peuvent faire appel à cet esprit de compétition en mettant en concurrence des équipes de R&D autour de défis à la fois socio-économiques et technologiques. Ces défis vont susciter un sentiment d'urgence en créant des contraintes artificielles qui favorisent l'émergence d'idées jugaad comparables à des solutions « suffisamment bonnes ». Par exemple, inspiré par l'idée de Ratan Tata qui a conçu une voiture à 2 000 dollars, Carlos Ghosn, P.-D.G. de Renault-Nissan, a inventé en 2006 le célèbre concept d'« ingénierie frugale » et lancé un défi à ses ingénieurs français et japonais : atteindre, voire dépasser la frugalité, les performances et la vitesse des ingénieurs indiens. Il a demandé à trois équipes différentes de R&D – l'une en France, l'autre au Japon et la dernière en Inde – de trouver une solution d'ingénierie répondant au même problème technique. Toutes les trois ont proposé des solutions de qualité équivalente, et pourtant les ingénieurs indiens ont mis au point une solution qui ne coûtait que le cinquième de ce que les ingénieurs français et japonais avaient inventé[15]. Jean-Philippe Salar, un Français qui dirige le studio de design de Renault à Mumbai, note que les équipes R&D de Renault et les leaders du marketing du siège apprennent à apprécier l'état d'esprit flexible et économe des ingénieurs et des commerciaux indiens qui pensent et agissent comme des innovateurs jugaad[16]. Et puisque l'ingénierie frugale devient la clé de la concurrence dans des économies occidentales en récession, les cadres de Renault veulent désormais adopter les principes jugaad en France.

Ne brevetez pas les inventions jugaad mais commercialisez les rapidement

Au fur et à mesure que la culture jugaad s'épanouit dans les entreprises, elle devrait libérer un torrent d'inventions conçues par des milliers d'employés ingénieux. Plutôt que de les breveter toutes – ce qui coûterait du temps et de l'argent – les entreprises devraient se concentrer sur la monétisation des idées les plus prometteuses en les commercialisant rapidement. Dans leur perception et leur approche de la gestion de la propriété intellectuelle, les entreprises asiatiques sont en avance sur les entreprises occidentales, comme l'illustre le cas de Neusoft, le plus grand prestataire de services et de solutions informatiques de Chine. Liu Jiren, son P.-D.G., explique : « Lorsque nous avons lancé notre premier logiciel en Chine, il a été immédiatement copié par des rivaux chinois. C'est alors que nous avons pris conscience que même si j'avais fait breveter une idée, ça n'empêchait pas quelqu'un d'autre de trouver une meilleure idée. Nous avons donc modifié notre approche de la gestion de la propriété intellectuelle : au lieu de nous évertuer à breveter une grande idée, nous nous efforçons de générer une multitude d'idées et de les exécuter aussi rapidement que possible. Plus nous arriverons à monnayer nos idées rapidement, mieux nous serons placés vis-à-vis de nos concurrents[17]. » Cette attitude est à mettre en regard des pratiques typiques des sociétés technologiques de la Silicon Valley, qui ont tendance à se focaliser sur les brevets puis essaient désespérément de défendre une idée contre les concurrents, une obsession qui conduit souvent à des procès interminables et à des poursuites judiciaires pour contrefaçon. Dans l'esprit jugaad, on ne cherche pas à savoir qui a les meilleures idées, mais qui est le meilleur dans l'exécution des idées.

Utilisez des courtiers en innovation pour polliniser et créer des synergies autour des idées jugaad

Bien que le fait de « laisser une centaine d'idées jugaad fleurir » soit une excellente façon d'exploiter l'ingéniosité de tous les employés, il y a un risque que les entreprises passent à côté de plus grandes opportunités qui pourraient émerger par recombinaison et intégration de multiples idées dans une solution synergique. Pour éviter la formation d'îlots de créativité, les dirigeants devraient mettre en place une fonction de « courtage de l'innovation » ayant pour objectif la pollinisation et la fertilisation croisée des idées jugaad entre de multiples équipes.

Par exemple, après avoir flirté avec le Six Sigma et constaté qu'il étouffait l'innovation, 3M s'est vite tourné vers une approche plus jugaad de l'innovation (voir chapitre 2). À présent, le directeur technique, Fred J. Palensky, supervise la fertilisation croisée des idées jugaad produites par des inventeurs farouchement indépendants dans l'ensemble de la société. Selon Palensky, 3M permet à tous les personnels techniques de la fonction R&D d'investir 15 % de leur temps et de leurs efforts dans des programmes d'enseignement, des interactions, des formations dans des domaines parfois sans aucun rapport avec leur secteur d'activité principal. Pour permettre la collaboration et la pollinisation croisée des idées à travers les différents départements de l'entreprise, 3M a lancé plus de trois cents programmes conjoints d'innovation, qui couvrent de multiples divisions. Palensky souligne : « Tout cela crée une communauté de collaboration et permet à tout le monde de se sentir un peu dans le jeu de l'innovation. Et parce que nos dirigeants ont grandi dans cette culture, ils continuent d'entretenir et de protéger cet environnement très collaboratif et fortement entrepreneurial[18]. »

Utilisez le jugaad pour élaborer des stratégies robustes

Quand John F. Kennedy a fait part de sa vision audacieuse de faire aller un homme sur la lune, il s'est abstenu de formuler les moyens précis à mettre en œuvre pour réaliser cette vision. Au lieu de cela, il les a laissé émerger naturellement, par le biais d'apports créatifs et coopératifs de la communauté scientifique. De la même façon, les dirigeants devraient développer une vision audacieuse de l'avenir de leur entreprise et faire confiance à leurs employés pour puiser dans l'esprit jugaad les principes qui leur permettront de trouver la stratégie appropriée pour réaliser cette vision.

Utilisez les outils de collaboration Web 2.0 pour exploiter la créativité de vos consommateurs et partenaires

Les chefs d'entreprise devraient étendre l'adoption de jugaad au-delà des limites de leur organisation et solliciter des idées intelligentes auprès de leurs communautés de clients et de leurs partenaires ; en s'investissant dans les médias sociaux, ils engageraient avec eux un dialogue sur les questions clés présentant un grand intérêt pour l'entreprise. Une telle collaboration peut aider à identifier des problèmes complexes et à trouver des solutions.

Par exemple, IBM conduit régulièrement des séances de *brainstorming* impliquant des centaines de clients et partenaires. Ces séances permettent d'identifier les défis socio-économiques majeurs, comme le réchauffement climatique et la crise de la santé, mais elles génèrent aussi des idées prometteuses susceptibles d'être exploitées pour résoudre ces mêmes défis. De même, les sociétés de conception comme frog et IDEO pratiquent maintenant le *crowdsourcing* : en utilisant les médias sociaux, elles invitent les innovateurs jugaad du cyberspace à mettre en commun leurs idées pour résoudre les problèmes épineux qui touchent à la fois les entreprises et les sociétés à l'échelle mondiale[19]. Ces questions vont du banal « comment concevoir un réfrigérateur convivial » à des choses plus sérieuses comme la façon d'augmenter le nombre de personnes enregistrées comme donneurs de moelle osseuse pour sauver plus de vies.

Globalement, le leadership créatif est vital pour le succès de l'adoption et de l'intégration du jugaad dans une organisation. Plutôt que de l'imposer comme la bonne pratique du jour, les dirigeants devraient s'efforcer de faciliter l'adoption du jugaad comme un mouvement issu de la base qui évolue par contagion dans l'ensemble de l'organisation. Ce faisant, les dirigeants vont assurer la pérennité du jugaad, qui conférera une valeur durable à l'entreprise[20].

CONCLUSION

Des centaines de sociétés comme GE et PepsiCo sont en train d'adopter les principes du jugaad et de les intégrer dans leurs approches de l'innovation. Mais nous pensons que le jugaad ne s'applique pas seulement aux entreprises, il présente aussi un intérêt pour les organisations non gouvernementales (ONG), les gouvernements et la société en général. En effet, des nations entières, notamment les pays occidentaux, ont tout à gagner à l'adoption d'une approche jugaad de l'innovation. La bonne nouvelle est qu'un nombre croissant d'entrepreneurs de ces pays – notamment des citoyens de la génération Y – ont déjà commencé à appliquer le jugaad pour résoudre des problèmes majeurs dans des domaines tels que la santé, l'énergie et l'éducation.

En conséquence, un écosystème jugaad se dessine aux États-Unis et en Europe, avec le soutien d'agences gouvernementales avant-gardistes et d'institutions universitaires.

Dans le chapitre de conclusion, nous décrivons de quelle façon les entreprises peuvent activement soutenir et tirer profit de la vague d'innovations déferlant dans les pays occidentaux, un mouvement emblématique qui marque le retour de ces pays à leurs racines jugaad et leur renaissance en tant que nations jugaad.

Entretien avec François Darchis, membre du comité exécutif du groupe Air Liquide.

« Il faut d'abord penser aux conséquences du succès, bien avant les conséquences de l'échec. »

Les principes de l'innovation jugaad sont très pertinents pour notre groupe :

« Rechercher les opportunités dans l'adversité »

Ce doit être un principe vital car nous entrons dans un monde à fortes contraintes environnementales (accès limité à l'eau, niveau d'émissions de CO_2 trop fort, raréfaction de l'énergie…). Le passage de 7 milliards d'habitants à 9 milliards en 2050 va créer d'énormes contraintes économiques et environnementales, à la fois pour les sociétés et les entreprises. Il faut donc placer l'adversité comme base de l'innovation et partir du postulat que nous ne disposons plus d'un accès infini aux ressources. Il faut aussi utiliser les contraintes comme un catalyseur, voire comme une source d'inspiration et d'innovation.

« Faire plus avec moins »

C'est aussi un principe de plus en plus pertinent pour nous, surtout pour nos opérations dans les pays émergents. Nos concurrents en Chine pratiquent le « moins avec moins », c'est-à-dire qu'ils offrent des produits et services de moindre qualité mais aussi à moindre prix. Nous autres, sociétés multinationales établies depuis de longues années, sommes perverties par le modèle du

« plus avec plus », c'est-à-dire que nous sommes capables de produire des solutions très sophistiquées mais… très coûteuses. Air Liquide ne peut pas gagner en Chine avec le modèle « plus avec plus » et en même temps ne veut pas épouser le modèle « moins avec moins », qui nuirait à la marque, associée à une haute qualité. Reste donc à savoir faire « plus avec moins ». C'est pour cela qu'Air Liquide a créé un centre R&D en Chine avec du personnel 100% chinois, pour pleinement tirer profit de l'état d'esprit frugal chinois. Nos chercheurs chinois vont pouvoir faire moins cher mais aussi créer plus de valeur et de qualité, répondant mieux aux exigences de leur marché.

« Penser et agir avec flexibilité »

Voilà malheureusement un trait de caractère qui n'est pas vraiment courant chez Air Liquide. Et c'est le cas pour tous les grands groupes industriels qui sont sous l'emprise de règles et processus qui ont fait leurs preuves… jusqu'à présent ! Ce nouvel appétit pour l'agilité doit venir d'une orientation de la direction générale. Et les dirigeants doivent démontrer leur propre agilité d'esprit, tout d'abord en reconnaissant avec humilité que les conditions d'hier sont différentes de celles d'aujourd'hui. Dans le monde complexe actuel, il faut être capable de penser et agir de manière flexible en fonction du contexte où l'on se trouve : ce qui marche en Europe ne va pas marcher en Chine, et vice versa. Il faut savoir reconnaître ces subtiles nuances. Les leaders de demain doivent penser et agir moins en tant que managers et plus en tant qu'entrepreneurs.

« Viser la simplicité »

Encore un sujet pas facile à traiter pour un groupe comme le nôtre, avec une culture d'ingénieurs très forte.

Nous avons plutôt tendance à pousser la sophistication dans nos produits. Ce faisant, on fait plaisir à celui qui conçoit la solution et non à celui qui reçoit la solution (l'utilisateur final). Voici un petit exemple : nous fabriquons des tunnels de surgélation qui sont utilisés dans le secteur agro-alimentaire par certains de nos clients pour surgeler rapidement les aliments tout en préservant leur qualité. Chaque nouvelle version de nos tunnels ne cesse de devenir plus riche en fonctionnalités, avec par exemple une interface utilisateur aussi sophistiquée que l'iPad. Mais on oublie que les opérateurs de ces tunnels sont des gens qui portent de gros gants et par conséquent auront bien du mal à utiliser nos écrans sophistiqués avec de petits boutons ! C'est ce genre de dérive qui m'a amené à devenir nerveux chaque fois que mon équipe R&D me présente une solution très sophistiquée. Je demande : « Est-ce que le client vous a demandé toutes ces fonctionnalités avancées ? » Si ce n'est pas le cas, mieux vaut simplifier la solution et la rendre plus accessible aux utilisateurs. J'explique à mes ingénieurs qu'il faut mesurer la qualité d'un produit en termes de valeur pour le client et non en termes de sophistication technologique.

« Suivre son cœur »

Il est également important de ne pas trop miser sur un processus d'innovation trop déductif. Il faut savoir parfois « suivre son cœur », c'est-à-dire croire en son intuition. Chez Air Liquide, nous segmentons nos projets d'innovation en trois catégories : 1) innovations pour le business cœur, 2) innovations adjacentes, 3) innovations de transformation. Les deux premières catégories visent à trouver de meilleures solutions à des problèmes ou opportunités bien définis, que nous connaissons déjà. Dans ces deux cas, une approche déductive marche bien. Mais pour générer des innovations de transformation – c'est-à-dire de rupture –, il faut savoir reconnaître avec humilité que vous n'avez pas toutes les réponses à un problème. D'ailleurs, le problème lui-même est flou et mal défini. Il faut donc se fier davantage à son intuition, plutôt qu'à son esprit rationnel.

Prenons l'hydrogène : c'est un matériel qui nous est très familier. Par contre, l'hydrogène comme vecteur d'énergie est une toute autre histoire : c'est un domaine porteur mais relativement nouveau pour notre groupe. Quel est le modèle économique le plus rentable pour capitaliser sur l'hydrogène énergie ? Nous ne le savons pas encore. Par conséquent, nous avons établi à Grenoble un centre d'excellence dans l'hydrogène énergie qui regroupe des experts ayant diverses compétences et qui essaient de conjuguer leurs talents pour mieux identifier les opportunités métier, pour nous, dans ce domaine, et expérimenter différentes solutions techniques et modèles économiques. Ils n'ont pas de plan précis, mais ils essayent plutôt de définir le champ des possibilités. Voilà pour moi ce qu'est « suivre son cœur » : avancer et voir.

Nous venons également de mettre en place un i-Lab, une unité d'innovation à qui l'on donne un *brief* d'une demi-page sur une problématique (souvent formulée sous forme d'une question relativement ouverte). On leur demande de revenir rapidement avec une solution, en moins d'un mois. Le i-Lab peut concevoir ses propres projets – en fonction des opportunités qu'il a identifiées – et nous les présenter pour leur financement et leur mise sur le marché. Je taquine les gens d'i-Lab en leur demandant : « Quand est-ce que vous allez venir me demander

10 millions pour un projet d'innovation ? » Car s'ils ont une idée attrayante qui nécessite 10 millions d'euros d'investissement, je suis prêt à les leur donner. Pour l'instant, il n'y a pas eu de preneur !

« Suivre son cœur » sous-entend la spontanéité. Les grandes entreprises ont perdu la spontanéité. Mais les entrepreneurs dans leurs garages gardent toujours cette spontanéité et c'est cela qui fait leur force, car ils peuvent rapidement répondre aux changements dans leur environnement (Steve Jobs, par exemple, était très spontané). Après tout, les entrepreneurs n'ont rien à perdre en effectuant ces adaptations constantes. Mais une grosse entreprise a peur de tout perdre en essayant de changer. Et pourtant, si vous ne changez pas, vous êtes condamné à périr. Il est vrai que, en tant qu'entreprise cotée en bourse, nous devons continuer à répondre aux attentes des analystes financiers qui préfèrent la stabilité. Mais il faut aussi que nous préservions au sein de notre organisation cet esprit d'entrepreneur et cette spontanéité. Il faut donc trouver le juste milieu.

Laissez-moi vous donner un exemple qui illustre comment nous intégrons la frugalité et la flexibilité dans notre culture. Nos bouteilles de gaz sont équipées d'un « chapeau » qui protège la tête des bouteilles. Jusqu'à présent, si un client perdait un de ces chapeaux, il fallait le refabriquer au centre et ensuite l'envoyer au client. La fabrication du chapeau est un processus industriel assez complexe, relativement coûteux et peu flexible. Or nous sommes actuellement en train d'expérimenter une technologie d'impression 3D qui permettrait de fabriquer ces chapeaux de manière plus rapide et moins coûteuse. Nous pouvons déjà aujourd'hui générer entre 10 et 20 prototypes de produits – comme les chapeaux – avec une imprimante 3D et les envoyer à nos filiales. Si demain nos filiales sont équipées aussi d'une imprimante 3D, nous n'aurons qu'à leur envoyer le code et elles pourront imprimer localement le produit. Et même mieux : elles pourront modifier et adapter ces produits de manière dynamique pour mieux répondre aux besoins locaux. Si, par exemple, un client au Brésil perdait un de ses chapeaux, notre filiale brésilienne pourrait rapidement en imprimer localement un nouveau. Imaginez les gains en termes de coût et de temps que cette nouvelle approche d'innovation « en réseau » pourrait générer pour tout notre groupe ! Ce serait incroyable ! Avec l'impression 3D, nous avons un champ infini d'innovations possibles, surtout dans notre métier de gaz industriels.

Nous essayons aussi de promouvoir l'esprit de frugalité et d'agilité en offrant plus d'autonomie à nos filiales. Prenez l'exemple de la Chine. On ne voulait pas créer un centre R&D qui soit une copie conforme de nos centres français. Si on l'avait fait, on aurait totalement occulté l'état d'esprit chinois. C'est pour cela que nous avons établi un centre R&D entièrement staffé par du personnel chinois, qui développe des solutions entièrement adaptées aux besoins et contraintes du marché chinois. Ce sont des solutions 100 % chinoises conçues par des Chinois et pour des Chinois. Contrairement à d'autres multinationales, notre centre R&D en Chine n'a pas de mandat global, c'est-à-dire de produire des solutions moins chères pour les marchés mondiaux. Une telle stratégie aurait été contre-productive car les chercheurs chinois se seraient évertués à créer des solutions hyper-complexes pour tenter de répondre aux besoins de tout le monde, et finalement n'auraient répondu aux besoins de personne !

Il faut reconnaître que ce n'est pas parce qu'on a vécu 110 ans (Air Liquide a été fondé en 1902) qu'on est immortel. Personne n'est immortel. Les PME sont très sensibles au danger de mort. Les grandes entreprises, beaucoup moins. Et pourtant, il est essentiel de combattre la complaisance et d'éviter la sclérose. Il est important d'anticiper les demandes de marché et les *black swans*. Les dirigeants des grandes entreprises doivent constamment créer en interne des contraintes afin de susciter, voire maintenir, un sens de l'urgence. Le célèbre investisseur de capital-risque Vinod Khosla m'a dit un jour : « Il faut d'abord penser aux conséquences du succès, bien avant les conséquences de l'échec. » Pour une société telle que la nôtre, organisée pour évaluer et mitiger les conséquences des échecs, c'est un enseignement précieux. Pour clore, je n'ai qu'à ajouter celui-ci, bien connu et toujours oublié : « Pourquoi faire compliqué quand on peut faire simple », et la boucle sera bouclée !

CHAPITRE 9

CONCLUSION

Bâtir des nations jugaad

« La forme optimale d'efficacité est la coopération spontanée entre des personnes libres. »
Woodrow Wilson

Le mouvement jugaad gagne rapidement du terrain en Occident. Tandis que certaines entreprises occidentales adoptent le jugaad pour catalyser l'innovation et la croissance, un éventail de plus en plus large de personnes et d'organisations le pratique également. Mené par des citoyens créatifs, ceux de la génération du millénaire, des entrepreneurs avant-gardistes, des investisseurs du capital-risque et des organisations à but non lucratif, un véritable écosystème d'innovation jugaad est en train d'émerger pour improviser des solutions économes et flexibles face aux problèmes liés à la complexité et à la rareté.

Aux États-Unis comme en Europe, de grandes institutions, gouvernements ou universités, soutiennent activement l'émergence d'un tel écosystème et participent à sa pérennité. En créant un environnement fécond, ils permettent non seulement aux petits entrepreneurs de prospérer, mais contribuent également à soutenir le développement des expérimentations du jugaad.

En rejoignant ce mouvement qui prend de l'ampleur dans toute la société, les entreprises occidentales peuvent accélérer l'adoption du jugaad et en tirer un large profit.

LA GÉNÉRATION DU MILLENAIRE LANCE LA RÉVOLUTION DO-IT-YOURSELF À L'OUEST

La vague jugaad aux États-Unis et en Europe bénéficie de la participation active de la génération du millénaire, alias génération Y. Ces jeunes, témoins ou victimes de licenciements massifs et de gros scandales, sont désabusés vis-à-vis des grandes entreprises et ne croient plus en la stabilité de l'emploi. Ils préfèrent créer leur propre entreprise et être leur propre patron, devenant ainsi la génération du *do-it-yourself* (DIY)[1]. Selon un sondage de *The Affluence Collaborative*, 40 % des jeunes de la génération Y prévoient de lancer leur propre entreprise, et 20 % l'ont déjà fait[2]. Ces entrepreneurs en herbe sont économes, pensent et agissent de manière flexible, tout comme le MacGyver de la série télé. Ce sont de grands adeptes du « faire plus avec moins ». Plutôt que d'innover dans des laboratoires R&D onéreux et insulaires, la nouvelle génération du DIY fait un usage intensif des médias sociaux comme Facebook, sur le modèle open source, en vue de co-créer de nouveaux produits et services avec des amis aux quatre coins du monde.

Cette génération Y en Europe et aux États-Unis renverse les pratiques traditionnelles de nombreuses industries, introduisant des produits et des services abordables, durables et accessibles à plus de personnes. Ils souhaitent aussi introduire le plaisir dans l'éducation en rendant les cours plus attrayants, voire franchement divertissants. Les initiatives – telles que la Khan Academy (lancé par Sal Khan et qui a enchanté Bill Gates – il y voit « l'avenir de l'éducation »), DimensionU ou Udemy – ciblent principalement la génération Z, une cohorte de jeunes qui sont plus à l'aise avec Nintendo ou Facebook qu'avec des manuels scolaires dépassés et ennuyeux.

Sentant de grandes opportunités, un nombre croissant d'entrepreneurs jugaad dans les organismes publics et privés aux États-Unis ou en Europe, tels que Rock Health (un incubateur de start-up informatiques dans le secteur de la santé), tentent également d'offrir des soins de meilleure qualité à un plus grand nombre de gens et à moindre coût. La même tendance se dessine dans la finance, avec de nouveaux concepts visant à intégrer les marginaux et les exclus, parmi lesquels le microcrédit, des cartes prépayées ou des applications mobiles comme celles de Obopay ou Plastyc (start-up dirigée par un Français, Patrice Peyret).

Les gouvernements occidentaux rejoignent le mouvement jugaad

Des gouvernements occidentaux qui avaient l'habitude de soutenir d'énormes projets de R&D et des politiques d'innovation verticales sont en train de reconnaître les limites de ces stratégies de croissance, surtout dans le climat de récession actuel. Des décideurs politiques visionnaires investissent ou soutiennent des programmes d'innovation - tel que le White House Office of Social Innovation and Civic Participation - spécifiquement conçus pour responsabiliser et mobiliser l'ingéniosité des innovateurs jugaad et faire face à des problèmes socio-économiques urgents.

C'est le cas du gouvernement britannique, qui souhaite encourager les innovateurs jugaad. En 2010, nous avons été invités au 10 Downing Street pour rencontrer Rohan Silva, conseiller politique du Premier ministre David Cameron. Silva avait lu notre blog sur le site de la *Harvard Business Review* à propos de l'innovation jugaad et désirait connaître notre point de vue sur la façon dont le gouvernement britannique pourrait « faire plus avec moins », thème qui domine la vie politique au Royaume-Uni, où Cameron tente de remplacer le « Big » gouvernement par la « Big » société et, dans la foulée, d'accroître l'autonomie des communautés et des citoyens[3]. Silva nous a expliqué que le Premier ministre souhaitait voir davantage d'entrepreneurs jugaad s'épanouir au Royaume-Uni, et encourager des solutions partant de la base en vue de rendre abordables et accessibles à tous les soins de santé, l'énergie et l'éducation. Les raisons semblent évidentes. Au Royaume-Uni, les emprunts du secteur public ont atteint 200 milliards d'euros en 2009, soit 12,4 % du PIB, un record en temps de paix, et représentent le plus haut niveau d'endettement de toutes les économies développées[4]. Cette terrible situation a contraint le gouvernement britannique à lancer des initiatives, en particulier dans les domaines de la santé et de l'éducation, qui visent à offrir plus de valeur à moindre coût, en intégrant les marginaux et les exclus. L'initiative des « Free schools », par exemple, permet à des groupes locaux de parents et de citoyens de lancer leurs propres écoles, et de prendre toutes les décisions relatives aux enseignants et aux enseignements, indépendamment des autorités. Ces écoles reçoivent des fonds publics en fonction du nombre d'élèves inscrits, et les écoles qui accueillent des élèves issus de familles pauvres reçoivent une prime supplémentaire. Il s'agit ici de faire plus avec l'argent public et de transformer de fond en comble le système étatique, vers un système plus inclusif.

La France était déjà familière du « Système D », expression pour désigner l'innovation improvisée de type jugaad. Le D dans Système D est un raccourci pour « débrouillard », et se réfère à une personne agile d'esprit, créative et résiliente capable de se sortir du « pétrin »[5]. D est un hommage à ces entrepreneurs français qui comptent sur leur ingéniosité pour lancer une nouvelle entreprise, en dépit de la bureaucratie complexe du pays. Aujourd'hui, le gouvernement français voit l'innovation jugaad s'étendre plus rapidement avec l'adoption du statut d'auto-entrepreneur qui encourage les citoyens à devenir des innovateurs jugaad et à stimuler la croissance. Ce statut a été lancé en janvier 2009 pour permettre à des professionnels d'enregistrer en ligne leur micro-entreprise en quelques minutes et de bénéficier d'un régime fiscal simplifié et favorable, contournant ainsi le labyrinthe bureaucratique et la complexité du système fiscal. Depuis son lancement, plus de 800 000 Français sont devenus innovateurs jugaad en s'inscrivant comme « auto-entrepreneur[6] ». Avec un chômage qui touche plus de 10 % de la population active, le gouvernement français poursuit ainsi des efforts pour libéraliser une économie très réglementée et faciliter la vie des entrepreneurs (après tout, le mot entrepreneur vient du français).

Sur le plan politique enfin, jugaad a tout le potentiel pour devenir l'expression la plus vraie et la plus créative d'une démocratie : celle dans laquelle l'innovation est conduite par le peuple, pour le peuple et avec le peuple. On pourrait appeler cela la démocratie 2.0, une forme de gouvernement dans laquelle l'interconnexion et la diversité sont mises à profit pour construire des sociétés résilientes, équitables et durables qui peuvent répondre aux défis de la complexité. Un nombre croissant de décideurs politiques visionnaires aux États-Unis et en Europe encouragent cette démocratie 2.0 et mettent en place des systèmes d'incitation et des institutions adéquates pour promouvoir l'innovation jugaad et par conséquent la croissance.

FORMER LES FUTURS INNOVATEURS JUGAAD

De grandes universités américaines et européennes jouent également un rôle dans la création des nations jugaad. Ils le font par le biais de programmes académiques qui forment la prochaine génération d'ingénieurs et de managers à adopter l'état d'esprit jugaad. Plus précisément, ces programmes forment de futurs dirigeants à penser et agir de manière flexible, et à s'approprier les principes jugaad : faire plus avec moins, viser la simplicité et inclure les marges. Ainsi, ces futurs dirigeants seront en mesure de concevoir et d'offrir des solutions abordables et durables non seulement pour les pays en développement, mais aussi pour les pays développés.

Aux États-Unis, à l'université de Stanford, l'un des cours les plus populaires de l'école de management apprend aux futurs entrepreneurs à lever des capitaux pour leurs start-up. Cependant, de plus en plus d'étudiants de ce MBA lui préfèrent désormais le cours intitulé « Entrepreneurial Design for Extreme Affordability » (conception entrepreneuriale pour une accessibilité extrême), un cours sur l'innovation frugale enseigné par le professeur James Patell et ses collègues David Beach et Stuart Coulson. Pendant six mois, des étudiants issus de plusieurs disciplines – ingénierie, gestion, médecine, sciences politiques et droit – travaillent intensément en équipe pour concevoir, réaliser des prototypes et commercialiser des produits qui coûtent une fraction de ce qu'ils coûtent actuellement sur les marchés occidentaux. Pour réaliser cet exploit, ces étudiants sont encouragés à concevoir des produits en utilisant des matériaux simples, économiques, non polluants et qu'il est facile de se procurer (dans le chapitre 3 nous avions décrit le cas d'Embrace, une start-up ayant développé un incubateur pour bébés très économe créée par Jane Chen et trois autres entrepreneurs qui ont tous suivi ce programme à Stanford).

Le programme sur la conception inclusive de l'université de Cambridge

L'Engineering Design Centre de l'université de Cambridge va plus loin que ses confrères d'outre-Atlantique. Plutôt que de se contenter de former les étudiants à concevoir des produits abordables et utilisables par les consommateurs occidentaux marginalisés (par exemple les personnes âgées), il a piloté, en partenariat avec la faculté d'éducation de Cambridge, un programme pour des élèves de 11 à 14 ans dans un certain nombre de collèges. Ian Hosking, associé de recherche principal à l'Engineering Design Centre, explique : « Nous avons constaté que les jeunes, très tôt, peuvent véritablement s'intéresser à un sujet tel que la vieillesse et créer des solutions véritablement innovantes. Des études ont en effet montré que les très jeunes enfants sont particulièrement doués pour réfléchir de manière « divergente », c'est-à-dire capables de combiner des concepts de différents domaines apparemment sans relation, et de proposer des solutions vraiment originales. La pensée « divergente » est une clé pour résoudre des problèmes de manière créative. Malheureusement, cette capacité semble s'atténuer lorsque les enfants grandissent et qu'ils passent par un système d'éducation qui ne favorise pas toujours les compétences créatives. Nous avons formé un partenariat très fructueux avec Bill Nicholl de la faculté d'éducation, un expert de premier plan dans le domaine de la créativité. En travaillant ensemble, nous espérons inverser quelque peu cette tendance et réveiller l'étincelle créatrice de ces jeunes[7]. »

Nommé « Designing Our Tomorrow » (concevoir notre avenir), ou DOT, ce programme innovant a élaboré des outils qui permettent aux professeurs d'enseigner une approche inclusive de la conception, qui s'appuie sur l'utilisation des éléments du *Inclusive Design Toolkit* (www.inclusivedesigntoolkit.com), que les étudiants de premier cycle universitaire ainsi que les concepteurs professionnels utilisent pour développer des produits et services répondant aux besoins de personnes vieillissantes. Le DOT prépare les enfants non seulement à des études universitaires, mais aussi à leur entrée dans la vie active. Et il ne s'arrête pas à l'enseignement en classe. Les résultats de l'une des écoles pilotes étaient d'une telle qualité que l'équipe Hosking a proposé aux élèves de présenter leurs travaux – la conception de couteaux, fourchettes et cuillères adaptés aux personnes âgées – à une grande chaîne de distribution du Royaume-Uni. Hosking explique : « Quand j'ai vu ce que les enfants faisaient, j'ai été époustouflé. Leur compréhension des questions liées au vieillissement était assez impressionnante. Je voulais qu'ils présentent leurs travaux à cette entreprise, pas seulement parce que ce serait une bonne expérience pour eux, mais aussi parce que leurs idées présentaient un réel potentiel commercial pour l'entreprise. C'est quelque chose que nous voulons développer à l'avenir pour améliorer la pertinence de ce que nous leur enseignons[8]. »

POUR UN MONDE JUGAAD PROSPÈRE

L'Occident est confronté à une rareté et une imprévisibilité croissantes. Les gouvernements sont financièrement en crise et de plus en plus incapables de faire face à ces défis. C'est pourquoi les citoyens, les entrepreneurs avant-gardistes, les financiers du capital-risque ainsi que les organisations à but non lucratif prennent le relais pour combler cette lacune. Ces innovateurs jugaad emploient leur état d'esprit flexible pour improviser des solutions économes en ressources face aux problèmes socio-économiques majeurs dans les secteurs de la santé, de l'éducation, des services financiers et du développement communautaire. Mais les gouvernements ne restent pas non plus les bras croisés. Des États-Unis au Royaume-Uni en passant par la France, les gouvernements, sur le plan national, régional et même local sont en train de lancer des programmes pour soutenir et accélérer le mouvement jugaad. Des universités se joignent à ces efforts. Pleinement conscients des problèmes de pénurie et de volatilité qui frappent les économies occidentales, plusieurs établissements d'enseignement supérieur se sont lancés aux États-Unis et en Europe dans la formation d'une nouvelle génération d'ingénieurs et de managers capables de concevoir la prochaine génération de produits et services susceptibles d'aider à surmonter la rareté d'une manière économe et durable.

Tout cela pourrait nous amener à conclure que le jugaad a enfin trouvé sa place dans le monde occidental. En fait, l'inspiration jugaad n'a jamais vraiment quitté l'Occident, si nous nous plaçons dans une perspective historique. Le mouvement d'innovation qui prend place en Europe et aux États Unis et que nous avons décrit est simplement emblématique d'un retour des pays occidentaux à leurs racines jugaad. L'Amérique a été, est et restera même peut-être toujours la terre des innovateurs jugaad, des personnes résilientes qui utilisent une réflexion flexible pour trouver des solutions ingénieuses en utilisant des ressources limitées. De même pour l'Europe, qui a donné naissance à la révolution industrielle menée par des entrepreneurs visionnaires. Si quelque chose a changé, c'est que dans un monde de plus en plus interconnecté, les innovateurs occidentaux ne fonctionnent désormais plus tout seuls. Grâce à des partenariats riches et à l'utilisation des plateformes de médias sociaux comme Facebook et Twitter, ils se connectent à des innovateurs jugaad d'autres pays pour résoudre des problèmes communs.

Ce sont de bonnes nouvelles pour les entreprises occidentales. Elles peuvent et doivent maintenant accélérer l'adoption du jugaad au sein de leur organisation en se joignant au mouvement populaire de l'innovation qui émerge dans leurs pays. Le plus tôt sera le mieux, non seulement pour elles-mêmes, mais aussi pour chacun, lancé dans une bataille contre la rareté des ressources naturelles et engagé dans une course contre la montre. Face aux défis auxquels ce nouveau monde est confronté, l'innovation jugaad offre une solution puissante.

Entretien avec Jean-Luc Beylat, président d'Alcatel Lucent Bell Labs France

L'innovation partagée : Les *Boot Camps* et Creativ'Lab

Si Alcatel existe encore, c'est grâce à l'innovation dans un secteur où les évolutions technologiques se jouent à l'échelle mondiale, s'accélèrent mais passent aussi par des ruptures très fortes.

Alcatel vend des infrastructures numériques, et 15 % de son chiffre d'affaires (plus de 15 milliards d'euros en 2011) passe en recherche et développement. Il s'agit d'une démarche surtout défensive, car rien n'est jamais acquis dans un tel secteur. Innover est donc crucial, avec le bon timing, ni trop tôt, ni trop tard.

Chez Alcatel, l'innovation est favorisée par le partage de valeur, l'ouverture à l'extérieur de l'entreprise et le collaboratif : des *Boot Camps* sont organisés, par exemple, pour co-créer, dans un délai très court, des solutions innovantes au service de l'écologie ; le lancement en Afrique de stations de télécommunication mobiles fonctionnant aux énergies alternatives (solaire, éolienne) résulte directement de l'un d'eux. Nos collaborateurs externes connaissent mieux le contexte local ou la problématique et peuvent donc nous aider à concevoir une solution beaucoup plus pertinente pour le marché que l'on vise. Les espaces d'innovation sont multipartenaires (l'App Store a ainsi nourri l'innovation collaborative ; Google a la même approche d'ouverture pour Android avec son partenariat stratégique avec Samsung).

En 2010, Alcatel a créé Creativ'Lab, lieu d'expérimentation de méthodes de créativité, de co-innovation et de conception ouvert à des personnes ou à des organismes extérieurs à l'entreprise. Le développement de la propriété intellectuelle provient de l'interaction avec des start-up : en France et ailleurs, Alcatel s'investit dans les pôles de compétitivité et investit aussi dans les start-up, ou achète la technologie en externe, comme Symmetra aux États-Unis. Parmi les innovations récentes, on peut citer des robots de nouvelle génération dont la technologie de base provient d'une source externe. Alcatel a ainsi réussi récemment à faire voler un AR.Drone connecté en 4G sur une distance de un kilomètre, dans un environnement dégagé.

L'ouverture se pratique aussi dans le sens de la facilitation de l'accès aux brevets, même pour les compétiteurs, afin de concevoir ensemble de nouveaux produits. C'est ce qui se passe pour le consortium The Green Touch, constitué d'autres laboratoires, de constructeurs, d'opérateurs et d'organismes publics. À l'ère du collaboratif et de l'open source, le concept de propriété intellectuelle est en pleine évolution.

La flexibilité, l'agilité sont bien entendu essentielles. À cet égard, le droit du travail français est plutôt un frein : une équipe de 100 personnes peut être montée en Chine en quelques semaines pour travailler sur un nouveau projet. Ce n'est plus le cas en France. Il faut donc faire autrement.

NOTES

CHAPITRE 1

1. Professeur Anil Gupta, Institut indien de gestion à Ahmedabad, entrevue avec Simone Ahuja, 9 janvier 2009.
2. Mansukh Prajapati, entrevue avec Simone Ahuja, 9 janvier 2009.
3. “ Infrastructure 2011 ”, Urban Land Institute et Ernst & Young, 2011.
4. « Forbes sélectionne sept personnalités indiennes du monde rural », 15 novembre 2010. http://news.in.msn.com/business/article.aspx?Cp-DocumentID=4579411
5. “ Stretching the Rupee to the Maximum ”, 4 mai 2007. http://indiandream.blogspot.com/2007/05/stretching-rupee-to-maximum.html
6. Muniz, V., « Les frères Campana », 2008. http://bombsite.com/issues/102/articles/3040
7. Segal, A., “ China's Innovation Wall: Beijing's Push for Homegrown Technology ”, Foreign Affairs, 28 septembre 2010.
8. Daniels, S., “ Making Do. Innovation in Kenya's Informal Economy ”, 2010. http://analoguedigital.com/makingdo/
9. Neuwirth, R., “ The Shadow Superpower ”, Foreign Policy, 28 octobre 2011.
10. Dans la série télévisée *MacGyver*, très populaire dans les années 1980, l'agent secret ne porte pas d'arme mais s'appuie sur son ingéniosité pour résoudre des problèmes complexes. Tout ce qu'il a en main se résume en général à du ruban adhésif et un couteau suisse.
11. “ Cyrus McCormick ”. http://web.mit.edu/invent/iow/

mccormick.html. “ The 20th Century Transformation of U.S. Agriculture and Farm Policy ”, United States Department of Agriculture, *Economic Information Bulletin*, juin 2005.
12. Bellis, M., “ Cyrus McCormick – the Reaper ”. http://inventors.about.com/library/inventors/blmccormick.htm
13. *Inventors and Inventions*, Tarrytown, NY: Marshall Cavendish, 2008, vol. 4.
14. “ Cyrus McCormick ”. http://www.pbs.org/wgbh/theymadeamerica/whomade/mccormick_hi.html
15. « Benjamin Franklin, Entrepreneur ». http://www.benfranklin300.org/etc_article_entrepreneur.htm
16. “ Franklin Stove ”. http://web.mit.edu/invent/iow/franklin.html
17. Bellis, M., “ The Inventions and Scientific Achievements of Benjamin ”. http://inventors.about.com/od/fstartinventors/ss/Franklin_invent_2.htm
18. Franklin, B., *The Autobiography of Benjamin Franklin: 1706–1757*, Bedford, MA: Applewood Books, 2008.
19. Jaruzelski, B., Loehr, J. & Holman, R., “ The Global Innovation 1000: Why Culture Is Key ”, *strategy+business*, hiver 2011.
20. Jaruzelski, B., Dehoff, K. & Bordi, R., “ The Booz Allen Hamilton Global Innovation 1000: Money Isn't Everything ”, *strategy+business*, hiver 2005.
21. “ Key Industry Facts About PhRMA ”. http://phr-dev.wcgwork.com/about/key-industry-facts-about-phrma
22. Hirschler, B., “ ‘Last Chance’ for Sickly Pharma to Deliver on R&D ”, 10 février 2011. http://www.reuters.com/article/2011/02/10/pharmaceuticals-rd-idUSLDE71912R20110210
23. Schaper, E. V., “ How Novartis Plans to Avoid the ‘Patent Cliff’ ”, 4 août 2011. http://www.businessweek.com/magazine/how-novartis-plans-to-avoid-the-patent-cliff-08042011.html
24. “ Contribution of the Automotive Industry to the Economies of All Fifty States and the United States ”, avril 2010. http://www.

cargroup.org/?module=Publications&event=View&pubID=16
25. Gardner, G., “ GM Cars: Good December Sales Can't Make Up for Poor 2010 ”, *Christian Science Monitor*, 5 janvier 2011.
26. Isidore, C., “ Big Three Want More Money in Bailout ”, 4 décembre 2008. http://money.cnn.com/2008/12/02/news/companies/automakers_plans/
27. Bunkley, N., “ GM Repays U.S. Loan, While Chrysler Posts Improved Quarterly Results ”, *New York Times*, 21 avril 2010; “ The U.S. Motor Vehicle Industry: Confronting a New Dynamic in the Global Economy ”, Congressional Research Service, 26 mars 2010.
28. “ Six Sigma: So Yesterday? ”, 11 juin 2007. http://www.businessweek.com/magazine/content/07_24/b4038409.htm
29. Pascale, R., Sternin, J. & Sternin, M., *The Power of Positive Deviance: How Unlikely Innovators Solve the World's Toughest Problem*, Boston, MA: Harvard Business School Press, 2010.
30. Gladwell, M., *Outliers*, Boston, MA: Little, Brown, and Company, 2008.
31. Hindo, B., “ At 3M, a Struggle Between Efficiency and Creativity ”, *Bloomberg Businessweek*, 11 juin 2007.
32. Tellis, G., Prabhu, J. & Chandy. R., “ Radical Innovation Across Nations: The Preeminence of Corporate Culture ”, *Journal of Marketing* 73(1), 2003, p. 3-23.
33. McDonald, B., “ Touching Lives, Improving Life: Why Innovation Matters and How to Make It Work ”, décembre 2008. http://www.pg.com/en_US/downloads/company/purpose_people/touching_lives_improving_life.pdf
34. Jana, R., “ Facebook's Design Strategy: A Status Update ”. http://designmind.frogdesign.com/articles/facebook-s-design-strategy-a-status-update.html
35. Kirkpatrick, D., “ Social Power and the Coming Corporate Revolution ”, *Forbes*, 26 septembre 2011, p. 72.
36. “ Capitalizing on Complexity. Insights from the 2010 IBM

Global CEO Study ". http://www-304.ibm.com/businesscenter/cpe/download0/200422/ceostudy_2010.pdf
37. Stangler, D. & Litan, R.E., " Where Will the Jobs Come From? ", Ewing Marion Kauffman Foundation, novembre 2009.
38. Censky, A., " Poverty Rate Rises in America ", 13 septembre 2011. http://money.cnn.com/2011/09/13/news/economy/poverty_rate_income/index.htm
39. " The Great American Divide ", *Time*, 10 octobre 2011, p. 29.
40. Wolf, Z. B. & Arnall, D., " Debt Debate for Dummies: Six Keys to Understanding the Issue ", ABC News, 8 juillet 2011.
41. Kirkup, J., " Britain's National Debt to Reach £1.4 Trillion Under 2009 Budget ", *Telegraph*, 22 avril 2009.
42. Koch, W., " Global Warming Raises Water Shortage Risks in One-Third of U.S. Counties ", *USA Today*, 20 juillet 2010.
43. Palmer, K., " Why Gen Y mai Be Too Frugal ", *US News and World Report*, 2 mars 2011.
44. May, M., " Hispanics Expected to be State's Majority by 2042: Alameda County to Have Top Proportion of Asian Americans ", *San Francisco Chronicle*, 10 juillet 2007, p. C1.
45. Pink, D., *Free Agent Nation: The Future of Working for Yourself*, New York: Business Plus, 2002.
46. " World Energy Outlook 2011 ", International Energy Agency, 2011.
47. On doit l'acronyme BRIC (Brésil, Russie, Inde, Chine) à l'ancien chef économiste de Goldman Sachs Jim O'Neill, dans un rapport de 2001 intitulé " The World Needs Better Economic BRICs. "
48. Wilson, D. & Purushothaman, R., " Dreaming with BRICs: The Path to 2050 ", *Global Economics Paper*, n° 99, Goldman Sachs, 1er octobre 2003.
49. " Ernst & Young Rapid Growth Markets Forecast (RGMF) ", 24 octobre 2011. http://www.ey.com/IN/en/Newsroom/News-releases/Ernst-and-Young-Rapid-Growth-Markets-Forecast

50. “ South Asia: India ”, 21 octobre 2011. https://www.cia.gov/library/publications/the-world-factbook/geos/in.html
51. Dr Liu Jiren, P.-D.G. de Neusoft, entretien avec Navi Radjou, 15 septembre 2011.
52. Abi Naha, P.-D.G. de Zone V, entretien avec Navi Radjou, 23 juin 2011.
53. La série télévisée de Best Buy “ Les Grandes idées venant de l'Inde émergente “ est passée sur les chaînes de PBS en 2010.

CHAPITRE 2

1. “Access to Electricity ”, 2010. http://www.iea.org/publications/worldenergyoutlook/resources/energydevelopment/accesstoelectricity/
2. Tulsi Tanti, P.-D.G. de Suzlon Energy, entretien avec Navi Radjou, 14 novembre 2011.
3. *Doing Business in a More Transparent World*, “ Economy Profile: India ”, Washington,
DC: The World Bank and the International Finance Corporation, 2012.
4. *Doing Business in South Asia 2007*, Washington, DC: The World Bank, 2007.
5. *Rural Roads. A Lifeline for Villages in India*, The World Bank, 2000.
6. Majumdar, B., “ India's Poor Healthcare a Threat to Growth: Report ”, 16 septembre 2009. http://in.reuters.com/article/2009/09/16/idINIndia-42468920090916
7. Granito, A., “ 80% of Indians Live on Less Than $2 a Day: WB ”, 16 octobre 2007. http://www.livemint.com/Politics/aK0s8OFMpjrK2AAyn2n8BL/80-of-Indians-live-on-less-than-2-a-day-WB.html
8. “ Population Below Poverty Line ”, The World Factbook.

https://www.cia.gov/library/publications/the-world-factbook/fields/2046.html
9. Ratemo, J., " Airtel Kenya Unveils New Online Payment System ", *Business Daily*, 4 novembre 2011; " High Costs Keep Patients Out of Hospitals ", Xinhua News Agency, 23 novembre 2004.
10. " The Difference Defines Us: The DNA of the Entrepreneur ", *Exceptional*, Ernst & Young, juillet-décembre 2011.
11. Radjou, N., Prabhu, J., Kaipa, P. & Ahuja, S., " How Reframers Unleash Innovation in Their Companies (And Beyond) ", 13 juillet 2010. http://blogs.hbr.org/cs/2010/07/how_reframers_are_unleashing_a.html
12. Dr Prasad Kaipa, entretien avec Navi Radjou, 3 novembre 2011.
13. Radjou, N., Prabhu, J., Kaipa, P. & Ahuja, S., " How to Ignite Creative Leadership in Your Organization ", 19 mai 2010. http://blogs.hbr.org/cs/2010/05/how_to_ignite_creative_leaders.html
14. Pr Anil Gupta, « Innovation in India and China. How to Create Value from Emerging Markets ", conférence du 20 mai 2009, Centre for India and Global Business, Judge Business School, université de Cambridge.
15. Thakor, P., " Villager from Guwahati Gave MIT Tech Ideas ", DNA, 10 décembre 2010.
16. Informations sur Enrique Gómez Go Junco et sa compagnie Optima Energia recueillies lors de notre entretien avec Fernando Fabre, président de Endeavor, organisme à but non lucratif qui offre tutorat et conseils stratégiques aux entrepreneurs Jugaad à fort impact dans le monde entier. Des détails supplémentaires ont été apportés plus tard par Junco lui-même.
17. " IFC Investment in Optima Energia Supports Energy Efficiency in Mexico's Hotel Sector ", communiqué de presse, International Finance Corporation, 21 octobre 2009.

18. " Our Entrepreneurs. Enrique Gómez Junco ". http://www.endeavor.org/entrepreneurs/enrique-gomez-junco/169
19. " Mexico: Optima Energia's Novel Business Model Helps Mexican Hotels Reduce Energy Costs ", 2010. http://www.ifc.org/ifcext/gms.nsf/AttachmentsByTitle/CaseStudyOptima/$FILE/Optima.pdf
20. " Infosys and Wharton School Announce the Wharton Infosys Business Transformation Awards 2006 for North America and Latin America ", 13 novembre 2006. http://wwwstage.wharton.upenn.edu/whartonfacts/news_and_events/newsreleases/2006/p_2006_11_570.html
21. " I.M.F. Slashes Growth Outlook for U.S. and Europe ", 20 septembre 2011. http://www.nytimes.com/2011/09/21/business/global/imf-slashes-growth-outlook-for-us-and-europe.html
22. Edgerton, J., " Automakers Agree to 54 MPG Standard ", CBS MoneyWatch, 29 juillet 2011.
23. Elliott, L. & Kollewe, J., " Germany Faces Up to Problem of Ageing Workforce ", 17 mars 2011. http://www.guardian.co.uk/world/2011/mar/17/new-europe-germany-retirement-pensions-exports
24. " Water Scarcity and Climate Change: Growing Risks for Businesses and Investors ", rapport Ceres rédigé par le Pacific Institute, février 2009.
25. Hamel, G., *The Future of Management*, Boston, MA: Harvard Business School Press, 2008. Édition française : « La fin du management, inventer les règles de demain », Vuibert, 2008.
26. Stelter, B. & Vega, T., " Ad Money Reliably Goes to Television ", *New York Times*, 7 août 2011.
27. Richardson, A., *Innovation X: Why a Company's Toughest Problems Are Its Great Advantage*, San Francisco: Jossey-Bass, 2010.
28. Menkes, J., *Better Under Pressure*, Boston, MA: Harvard Business School Press, 2011.

29. Overby, C. S., *The Essentials of Consumer-Driven Innovation*, Best Practices Report, Forrester Research, 26 mai 2006.
30. Neff, J., “ P&G’s Buzz-Building Networks Thrive in Age of Social Media ”, Ad Age, 10 octobre 2011.
31. “ New Procter & Gamble Survey of Moms Shows Teens Need More Input from Their Parents When It Comes to Spending ”, *New York Times*, 8 septembre 2011.
32. Fleschner, M., “ Best Friends ”. http://www.sellingpower.com/magazine/article.php?i=1168&ia=6273
33. Hagel, J. III, Brown, J. S. & Davison, L., “ Shaping Strategy in a World of Constant Disruption ”, *Harvard Business Review*, octobre 2008.
34. “ Salesforce.com Announces Fiscal Second Quarter Results ”, 18 août 2011. http://www.salesforce.com/company/news-press/press-releases/2011/08/110818.jsp
35. “ Salesforce.com Announces Fiscal Third Quarter Results ”, 17 novembre 2011. http://www.salesforce.com/company/news-press/press-releases/2011/11/111117.jsp
36. Hardy, Q., “ A Leader in the Cloud Gains Rivals ”, *New York Times*, 11 décembre 2011.
37. Ried, S. & Kisker, H., *Sizing the Cloud*, rapport de Forrester Research, 21 avril 2011.
38. “ Why Is Behind the Cloud a Great Book for These Times? ”. http://www.salesforce.com/behindthecloud/
39. “ Psychological Capital: What Lies Beneath ”, *Rotman Magazine*, automne 2008.
40. “ Meeting of Minds ”. http://www.danonecommunities.com/en/content/meeting-minds
41. Radjou, N. & Kaipa, P., “ Do Multinationals Really Understand Globalization? ”, 6 août 2010. http://www.businessweek.com/globalbiz/content/aug2010/gb2010086_282527.htm
42. “ Developing Employees’ Autonomy and Efficiency ”. http://www.danone.com/en/axes-strategiques/

developing-employees-autonomy-and-efficiency.html
43. *Global Knowledge Management at Danone. Case No. 9-608-107*, Boston, MA: Harvard Business School, 2008; Shanine, K., Buchko, A. & Wheeler, A. R., " International Human Resource Management Practices from a Complex Adaptive Systems Perspective: An Exploratory Investigation ", *International Journal of Business and Social Science*, 2(6), avril 2011.
44. " Our Values ". [http://www.danone.com/en/company/values.html].
45. Transcription de la conférence " Barclay's 'Back to School' ", 7 septembre 2011. http://finance.danone.com/phoenix.zhtml?c=95168&p=irol-presentations ; " Sustainable Development ", 7 septembre 2011. http://finance.danone.com/phoenix.zhtml?c=95168&p=irol-presentations ; " Sustainable Development ". http://www.danone.com/en/sustainable-development.html
46. " 2010 Growth First – Interview with Franck Riboud, CEO of Danone ", http://www.danone.com/en/company/strategy.html
47. *The Dannon Company: Marketing and Corporate Social Responsibility. Case No. 9-410-121*, Boston, MA: Harvard Business School, 2010.
48. Maney, K., Hamm, S. & O'Brien, J. M. *Making the World Work Better – the Ideas That Shaped a Century and a Company*, Upper Saddle River, NJ: IBM Press, 2011.
49. Goldman, D., " HP Decides to Keep Its PC Business ", CNNMoney, 27 octobre 2011.
50. Lohr, S., " Even a Giant Can Learn to Run ", 31 décembre 2011. http://www.nytimes.com/2012/01/01/business/how-samuel-palmisano-of-ibm-stayed-a-step-ahead-unboxed.html?pagewanted=all51. " Samuel J. Palmisano. Computer History Museum ", 4 août 2011. http://www-03.ibm.com/press/us/en/photo/35181.wss
52. Pierson, R., " New Pfizer CEO Slashes R&D to Save 2012 Forecast ", Reuters, 2 février 2011; Krauskopf, L., " Pfizer R&D

Chief Upbeat Despite Smaller Budget ", Reuters, 31 mars 2011.

53. Krauskopf, L. & Nagaraju, B., " Pfizer to Sell Biosimilar Insulins in Biocon Deal ", Reuters, 18 octobre 2010.

54. " A Century of Innovation ". http://solutions.3m.com/wps/portal/3M/en_WW/History/3M/Company/century-innovation/

55. Goetz, K., " How 3M Gave Everyone Days Off and Created an Innovation Dynamo ", 1er février 2011. http://www.fastcodesign.com/1663137/how-3m-gave-everyone-days-off-and-created-an-innovation-dynamo

56. Hindo, B., " At 3M, a Struggle Between Efficiency and Creativity ", *Bloomberg Businessweek*, 11 juin 2007.

57. *Ibid.*

58. Salter, C., " The Nine Passions of 3M's Mauro Porcini ", *Fast Company*, octobre 2011, p. 128.

59. Note de l'Editeur : Target est une chaîne de supermarchés américaine.

60. Mauro Porcini, directeur de la stratégie globale de conception, 3M, interview par Simone Ahuja et Navi Radjou, 7 octobre 2011.

61. *Ibid.*

62. NDE : Porcini a quitté 3M en juin 2012 pour rejoindre PepsiCo en tant que responsable du design.

63. Gunther, M., " 3M's Innovation Revival ", 24 septembre 2010. http://money.cnn.com/2010/09/23/news/companies/3m_innovation_revival.fortune/index.htm

64. Jaruzelski B., Loehr, J. & Holman, R., " The Global Innovation 1000 Why Culture Is Key ", 25 octobre 2011. http://www.strategy-business.com/article/11404?pg=all

CHAPITRE 3

1. Farber, D., “ GE CEO Jeff Immelt: India, Globalization and the Economics of Scarcity ”, *ZDNet*, 6 juillet 2007.

2. Gustavo Grobocopatel, P.-D.G. de Los Grobo, échanges d'emails avec Navi Radjou, 26 septembre 2011.

3. “ The World Factbook. Field Listing: Land Use ”. https://www.cia.gov/library/publications/the-world-factbook/fields/2097.html

4. *Los Grobo: Farming's Future? Case No. 9-511-088*, Boston, MA: Harvard Business School, 2010.

5. “ Entrepreneurs Speak Out. A Call to Action for G20 Governments. Country Digest: Argentina ”, rapport d'Ernst & Young pour le Sommet des jeunes entrepreneurs du G20, octobre 2011.

6. “ Entrepreneurs Speak Out. A Call to Action for G20 Governments. Country Digest: Africa ”, *ibid.*

7. “ India Lags China in R&D Spending: Sibal ”, *Financial Express*, 13 mars 2008.

8. “ 2001 Talent Shortage Survey Results ”, ManpowerGroup, 2011.

9. Zeng, M. & Williamson, P. J., *Dragons at Your Door: How Chinese Cost Innovation Is Disrupting Global Competition*, Boston, MA: Harvard Business School Press, 2007.

10. Mas, I. & Radcliffe, D., “ Mobile Payments Go Viral: M-PESA in Kenya ”, *Capco Institute Journal of Financial Transformation*, 2011.

11. Hughes, N. & Lonie, S., “ M-PESA: Mobile Money for the ‘Unbankd’ ”, *Innovations*, édition spéciale pour le GSMA Mobile World Congress 2009, MIT Press, 2009.

12. *Strategic Outsourcing at Bharti Airtel Limited. Case No. 9-107-003*, Harvard Business School. Boston, MA: Harvard Business School, 2006.

13. Dholakia, R. R., Anwar, S. F. & Hasan, K. (Eds.), *Marketing*

Practices in Developing Economy: Cases from South Asia, New Delhi, India: PHI Learning, 2010.
14. Prahalad, C. K., *The Fortune at the Bottom of the Pyramid*, Upper Saddle River,
NJ: Wharton School Publishing, 2004.
15. FAQs, site Internet de Hapinoy. http://hapinoy.com/faqs.html
16. Weinstein, J., “ Awakening a ‘Sleeping Giant’, Microfranchise as a Distribution Platform ”, 5 février 2011. http://www.nextbillion.net/blog/awakening-a-sleeping-giant
17. Bam Aquino, président de MicroVentures Inc., interview par Navi Radjou, 16 septembre 2011.
18. Doggett, S., “ Low Cost ‘Revolo’ Hybridization Kit Could Boost India’s Presence in Gas-Electric Arena ”, Autoobserver.com, 13 septembre 2010.
19. Ravi Pandit, P.-D.G. de KPIT Cummins Infosystems, interview par Simone Ahuja et Navi Radjou, 5 janvier 2010.
20. “ Trailblazers, Shapers and Innovators – Model of Success from the Community of Global Growth Companies ”, The World Economic Forum, 2011.
21. John, S. & Sood, V., “ Cleaner, Greener, Cheaper ”, Mint, 29 juillet 2010.
22. Steen, M., “ Portable Baby Warmer Goes from Classroom Project to Nascent Organization ”, *Stanford Business Magazine*, automne 2011.
23. “ Embrace – How It Works ”, http://embraceglobal.org/main/product?section=howitworks
24. Jane Chen, P.-D.G. de Embrace, interview par Navi Radjou, 2 septembre 2011.
25. Schrage, M., “ Procurement’s Best-Priced Deal mai Stifle ”, 1er décembre 2011. http://blogs.hbr.org/schrage/2011/12/killing-innovation-in-the-proc.html
26. Berfield, S., “ Hip Eyewear: Warby Parker’s New Spectacles ”,

Bloomberg Businessweek, 30 juin 2011.
27. John Maeda, président de Rhode Island School of Design, interview par Navi Radjou, 1er novembre 2011.
28. Bradner, L., *Five Ways CPG Marketers Are Fighting the Recession*, rapport de Forrester Research, 16 juillet 2009.
29. *Redefining the Future of Growth: The New Sustainability Champions*, Genève: World Economic Forum, 2011.
30. Ramón Mendiola Sanchez, P.-D.G. de Florida Ice & Farm Co., interview par Navi Radjou, 19 décembre 2011.
31. " Special Report – the Race to the Modern 5,000 Euro Car ", 5 juin 2007.
32. Ghosh, R., " Ghosn Back to Praising 'Frugal Engg' ", DNA, 30 octobre 2007; Sehgal, V., Dehoff, K. & Panneer, G., " The Importance of Frugal Engineering ", *strategy+business*, été 2010.
33. Welch, D., " The Leaner Baby Boomer Economy ", *Bloomberg Businessweek*, 23 juillet 2009.
34. Binkley, C., " Beyond Bridal: Vera Wang's New Look ", *Wall Street Journal*, 15 décembre 2011.
35. Byron, E., " As Middle Class Shrinks, P&G Marketing Aims High and Low ", *Wall Street Journal*, 12 septembre 2011.
36. McGregor, J., " GE: Reinventing Tech for the Emerging World ", *Bloomberg Businessweek*, 17 avril 2008.
37. Huston, L. & Sakkab, N., " Connect and Develop: Inside Procter & Gamble's New Model for Innovation ", *Harvard Business Review*, mars 2011.
38. Indra Nooyi, P.-D.G. de PepsiCo Inc., interview par Navi Radjou, 21 janvier 2010.
39. Jana, R., " India's Next Global Export: Innovation ", *Bloomberg Businessweek*, 2 décembre 2009.
40. Rapport PepsiCo 2010. http://pepsico.com/Download/PepsiCo_Annual_Report 2010 Full_Annual_Report.pdf
41. *Ibid.*
42. York, E. B., " Dr. Mehmood Khan Taking on the PepsiCo

Nutritional Challenge ", *Chicago Tribune*, 20 juin 2011.
43. Tanmaya Vats, directeur du Global Value Innovation Center, PepsiCo Inc., interview par Navi Radjou et Jaideep Prabhu, 3 octobre 2011.
44. " PepsiCo: Our Commitment to Sustainable Agriculture Practices ". http://pepsico.com/Download/PepsiCo_agri_0531_final.pdf
45. *Ibid.*
46. Radjou, N. & Prabhu, J., " PepsiCo and GE Are Innovating in India ", *Bloomberg Businessweek*, 9 novembre 2010.
47. " Frito-Lay Unveils 'Near Net Zero' Manufacturing Facility ", 5 octobre 2011. http://www.pepsico.com/PressRelease/Frito-Lay-Unveils-Near-Net-Zero-Manufacturing-Facility10052011.html
48. cf note 38.

CHAPITRE 4

1. Sinha, K., " India's Diabetes Burden to Cross 100 Million by 2030 ", *Times of India*, 14 décembre 2011.
2. Dr V. Mohan, président de Dr. Mohan's Diabetes Specialities Centre, interview par Simone Ahuja, 15 décembre 2008.
3. Dr Harish Hande, fondateur de SELCO, interview par Simone Ahuja, 23 décembre 2008.
4. Abrar, P., " Solar Entrepreneur Harish Hande's Solar Electric Light Company Taps Rural Schools, Homes ", *Economic Times*, 16 décembre 2011.
5. Ravi Kant, vice-président de Tata Motors, interview par Jaideep Prabhu et Navi Radjou, 18 juin 2010.
6. Bhattacharya A.K., " Singur to Sanand ", *Business Standard*, 6 août 2011.
7. Baggonkar, S., " Tata Motors Goes on Nano Overdrive ", *Business Standard*, 10 novembre 2011.
8 NDE : Ratan Tata a pris sa retraite en décembre 2012 après

avoir dirigé le groupe Tata durant vingt ans.
9. Zeng, M. & Williamson, P. J., *Dragons at Your Door: How Chinese Cost Innovation Is Disrupting Global Competition*, Boston, MA: Harvard Business School Press, 2007.
10. Zhang, R., “ Creating New Business Models ”, 15 septembre 2011. http://www.daonong.com/g/2011EN/Columns/20110915/32691.html
11. *Ibid.*
12. Colvin, G., “ Zhang Ruimin: Management's Next Icon ”, *Fortune*, 25 juillet 2011.
13. Madden, N., “ Why It's OK to Wash Potatoes in a Washing Machine ”, Ad Age, 3 février 2010.
14. Backaler, J., “ Haier: A Chinese Company That Innovates ”, *Forbes*, 17 juin 2010.
15. Pr Carol Dweck, université de Stanford, interview par Navi Radjou, 9 septembre 2011.
16. Dweck, C., *Mindset: The New Psychology of Success*, New York: Random House, 2006.
17. Dr. Prasad Kaipa, coach de P.-D.G. et expert en leadership, interview par Navi Radjou, 3 novembre 2011; Kaipa, P. “ The Flip Side of Signature Strength ”, SiliconIndia, avril 2007.
18. Shashank Samant, président de GlobalLogic, interview par Navi Radjou, 17 août 2011.
19. Doreen Lorenzo, président de frog, interview par Navi Radjou, 24 août 2011.
20. Hammond, A., Kramer, W. J., Tran, J., Katz, R. & Walker, C., “ The Next 4 Billion: Market Size and Business Strategy at the Base of the Pyramid ”, mars 2007. http://www.wri.org/publication/the-next-4-billion
21. Pfeiffer, P., Massen, S. & Bombka, U., “ Serving the Low-Income Consumer: How to Tackle This Mostly Ignored Market ”. http://www.atkearney.com/index.php/Publications/serving-the-low-income-consumer.html

22. Prahalad, C. K., *The Fortune at the Bottom of the Pyramid*, Upper Saddle River, NJ: Wharton School Publishing, 2004.
23. Christensen, C., *The Innovator's Dilemma: When New Technologies Cause Great Firms to Fail*, Boston, MA: Harvard Business School Press, 1997.
24. Khaliq, A. A. & Thompson, D. M., “ The Impact of Hospital CEO Turnover in U.S. Hospitals ”, rapport final pour l'American College of Healthcare Executives, février 2006.
25. “ Majority of American Workers Not Engaged in Their Jobs ”, 28 octobre 2011. http://www.gallup.com/poll/150383/majority-american-workers-not-engaged-jobs.aspx
26. Hardy, Q., “ Google's Innovation – and Everyone's? ”, *Forbes*, 16 juillet 2011.
27. Harford, T., *Adapt: Why Success Always Starts with Failure*, New York: Farrar, Straus and Giroux, 2011.
28. Zhang, L., *R&D at Huawei*, Beijing, China: China Machine Press, 2009.
29. Hardy, Q., “ Google's Innovation – and Everyone's? ”. *Ibid.*
30. Hemp, P. & Stewart, T. A., “ Leading Change When Business Is Good ”, *Harvard Business Review*, décembre 2004.
31. Palmisano, S., “ Our Values at Work on Being an IBMer ”. http://www.ibm.com/ibm/values/us/
32. Lohr, S., “ Can Apple Find More Hits Without Its Tastemaker? ”, 18 janvier 2011.http://www.nytimes.com/2011/01/19/technology/companies/19innovate.html
33. Battelle, J., “ The 70 Percent Solution ”, *Business 2.0*, 1er décembre 2005.
34. Kirkpatrick, M., “ Leader of Google Maps to Launch Multiple New Mobile Apps Inside Google ”, *New York Times*, 14 janvier 2011.
35. Radjou, N., Prabhu, J., Kaipa, P. & S. Ahuja, “ Indian Tales of Inclusive Business Models ”, blog de la *Harvard Business Review*, 5 janvier 2011.

36. Kal Patel, partenaire de VantagePoint Capital Partners et ancien président de Best Buy Asia, interview par Navi Radjou et Simone Ahuja, 11 août 2011.
37. Hamm, S., “ Big Blue's Global Lab ”, *Bloomberg Businessweek*, 27 août 2009.
38. Radjou, N., Prabhu, J., Kaipa, P. & S. Ahuja, “ The New Arithmetic of Collaboration ”, blog de la *Harvard Business Review*, 4 novembre 2010.
39. Levy, S., “ Jeff Bezos Owns the Web in More Ways Than You Think ”, *Wired*, décembre 2011.
40. “ How to Be a High-Impact Entrepreneur: Ten Rules for Defeating Risk and Launching a Successful Start-Up ”, étude conduite par Endeavor's Center for High-Impact Entrepreneurship, 2011.
41. “ Google to Pull Plug on Power Meter and Health Services ”, Newsmax.com, 24 juin 2011.
42. “ Best Buy Shuts China Stores to Focus on More Profitable Brand ”, Bloomberg News, 21 février 2011.
43. Fowler, G., “ The Man Who Got Us to 'Like' Everything ”, *Wall Street Journal*, 13 août 2011.
44. Jana, R., “ Facebook's Design Strategy: A Status Update ”, design mind, 2 août 2011.
45. “ P&G Sets Two New Goals for Open Innovation Partnerships: Company Seeks to Triple the Impact of Connect + Develop ”, communiqué de presse, site Internet de Procter & Gamble, 28 octobre 2010.
46. “ Why U.S. Newspapers Suffer More Than Others ”, The State of the News Media 2011: An Annual Report on American Journalism, Pew Research Center's Project for Excellence in Journalism, 2011.
47. Strupp, J., “ New York Times' R&D Team Seeks Next Big Thing ”, *Editor & Publisher*, 10 décembre 2009.
48. Garber, M., “ The New York Times' R&D Lab Has Built a

Tool That Explores the Life Stories Take in the Social Space ", site Internet de Nieman Journalism Lab, 22 avril 2010.
49. Fiore, J., " Welcome to beta620 ", 7 août 2011. http://beta620.nytimes.com/2011/08/07/intro-beta620-post/

CHAPITRE 5

1. " Neonatal Mortality and Newborn Care in India ". http://202.71.128.172/nihfw/nchrc/sites/default/files/Neonatal%20Mortality%20and%20Newborn%20Care-545.pdf
2. " Innovative Local Technology Warms the Prospects for India's Vulnerable Infants ", site Internet de la Lemelson Foundation. http://www.lemelson.org/programs-grants/developing-country-program/recognition-and-mentoring-programs-ramps/india/sathya-jeg
3. Oshima, K., " Plastic Bottles Light Up Lives ", CNN World, 30 août 2011.
4. McGeown, K., " How Water Bottles Create Cheap Lighting in Philippines ", BBC, 18 septembre 2011.
5. " Nokia's Cheap Phone Tops Electronics Chart ". http://uk.reuters.com/article/2007/05/03/us-nokia-history-idUKL0262945620070503
6. Keating, J., " The AK-47 of the Cell-Phone World ", Foreign Policy, janvier/février 2011.
7. Lakshman, N., " One Laptop per Child Lands in India ", *Bloomberg Businessweek*, 4 août 2008.
8. Raina, P. & Timmons, H., " Meet Aakash, India's $35 'Laptop' India Link " , *New York Times*, 5 octobre 2011.
9. Ahmed, M., " Mobile Web Becomes a Reality ", *The Financial Express*, 1er décembre 2011.
10. Chima, C., " Hands On: India's $35 Aakash Android Tablet Lands in America ", MobileBeat, 26 octobre 2011.
11. Ushahidi – FAQ (Frequently Asked Questions). http://www.ushahidi.com/about-us/faq].

12. Giridharadas, A., “ Africa's Gift to Silicon Valley: How to Track a Crisis ”, *New York Times*, 13 mars 2010.
13. “ Why Do Inclusive Design? ”. http://www.inclusivedesign-toolkit.com/betterdesign2/why/why.html
14. Capps, R., “ The Good Enough Revolution: When Cheap and Simple Is Just Fine ”, *Wired Magazine*, 24 août 2009.
15. Glock, A., “ Back to Basics: Living with 'Voluntary Simplicity'” , *O, the Oprah Magazine*, janvier 2009.
16. Markowitz, E. M. & Bowerman, T., “ How Much Is Enough? Examining the Public's Beliefs About Consumption ”, Analyses of Social Issues and Public Policy, 2011. http://onlinelibrary.wiley.com/doi/10.1111/j.1530-2415.2011.01230.x/abstract
17. “ Corporate R&D Spending Rebounds in 2010, Finds Booz & Company Global Innovation 1000 Study ”, 24 octobre 2011. http://www.booz.com/global/home/press/article/49852237
18. Maeda, J., *The Laws of Simplicity (Simplicity: Design, Technology, Business, Life)*, Cambridge, MA: MIT Press, 2006.
19. Radjou, N., “ R&D 2.0: Fewer Engineers, More Anthropologists ”, 10 juin 2009. http://blogs.hbr.org/radjou/2009/06/rd-20-fewer-engineers-more-ant.html
20. Radjou, N., *Transforming R&D Culture*, rapport de Forrester Research, 20 mars 2006.
21. “ The Simplicity Imperative ”, 9 janvier 2004. http://www.newscenter.philips.com/main/standard/about/news/speechespublications/archive/2004/article-3188.wpd
22. Ang, J., “ Philips: Sense and Simplicity ”. http://designtaxi.com/article/100322/Philips-Sense-Simplicity/
23. Tischler, L., “ The Beauty of Simplicity ”, Fast Company, 19 décembre 2007.
24. “ Delivering 'Sense and Simplicity'”. http://www.philips.com/about/company/brand/brandpromise/index.page
25. “ Simplicity Advisory Board ”. http://www.philips.com.my/philips5philipsmy/about/brand/simplicityadvisoryboard/index.page

26. Tischler, L., " The Beauty of Simplicity ", Fast Company, 19 décembre 2007.
27. " The Highest Number Ever of Annual iF Product Design Awards for Philips ", 8 février 2011. http://www.newscenter.philips.com/main/design/news/press/2011/if2011.wpd
28. " The Seed of Apple's Innovation ", *Bloomberg Businessweek*, 12 octobre 2004.
29. " Siemens 2011 ", octobre 2011. http://www.siemens.com/press/pool/de/homepage/the_company_2011.pdf
30. " Siemens to Expand Market Share in Emerging Markets ", communiqué de presse, Siemens, 28 juin 2011.
31. " Innovations for the Entry Level ". http://www.kpmg.de/WhatWeDo/26472.htm
32. Lamont, J., " The Age of 'Indovation' Dawns ", *Financial Times*, 15 juin 2010.
33. " New Approaches for China ". http://www.siemens.com/corporate-technology/en/research-areas/smart-and-cost-innovation.htm
34. " Innovations for the Entry Level ". *Ibid.*
35. Dr Mukul Saxena, vice-président et directeur de Siemens Corporate Research and Technologies, Siemens India, interview par Jaideep Prabhu et Navi Radjou, 26 mars 2010.
36. " Innovations for the Entry Level ". *Ibid.*
37. *Ibid.*
38. " Siemens to Expand Market Share ".
39. " Less Is More ", The World in 2012, *The Economist*, p. 132 ; Loescher, P., " Strategies to Save the Only Planet We Have ", 3 novembre 2011. http://blogs.reuters.com/great-debate/2011/11/03/strategies-to-save-the-only-planet-we-have/
40. " Principles of Universal Design ". http://www.ncsu.edu/ncsu/design/cud/about_ud/udprinciples.htm
41. " Universal Design ". http://www.oxo.com/UniversalDesign.aspx

42. “ OXO Gives Universal Design a Shot in the Arm ”, 16 juin 2009. http://www.core77.com/blog/object_culture/oxo_gives_universal_design_a_shot_in_the_arm_13772.asp
43. Gertner, J., “ How Do You Solve a Problem Like GM, Mary? ”, Fast Company, 2011.
44. *Ibid.*
45. “ Better by Design ”, *The Economist Technology Quarterly*, 15 septembre 2005.
46. “ Simplicity and Enterprise Search ”, Google White Paper.
47. Tischler, L., “ The Beauty of Simplicity ”, 19 décembre 2007. http://www.fastcompany.com/magazine/100/beauty-of-simplicity.html
48. “ 100 Greatest Movies, TV Shows, and More ”. http://www.ew.com/ew/article/0,,20312226_20324138,00.html
49. Kate Aronowitz, directeur de la conception de Facebook, échange d'emails avec Navi Radjou, 13 décembre 2011.
50. Jana, R., “ Facebook's Design Strategy: A Status Update ”, *design mind*, 2 août 2011.
51. *Ibid.*

CHAPITRE 6

1. Dr Rana Kapoor, P.-D.G. de YES BANK, interview par Simone Ahuja et Navi Radjou, 7 janvier 2010.
2. Anand, M. & Bhuva, R., “ Banking on Innovation ”, *Outlook Business*, 19 septembre 2009.
3. *Ibid.*
4. cf note 1.
5. Gates, B., “ Making Capitalism More Creative ”, *Time*, 31 juillet 2008.
6. Abhi Naha, P.-D.G. de Zone V, interview par Navi Radjou, 23 juin 2011.
7. “ Visual impairment and blindness ”, octobre 2001.

http://www.who.int/mediacentre/factsheets/fs282/en/
8. Bijapurkar, R., *Winning in the Indian Market: Understanding the Transformation of Consumer India*, Singapore: John Wiley & Sons (Asia), 2008.
9. Rama Bijapurkar, consultant marketing, interview par Navi Radjou et Jaideep Prabhu, 18 novembre 2010.
10. Rubinstein, D., " Playing Grown-Up at KidZania ", *Bloomberg Businessweek*, 19 mai 2011.
11. Nous avons recueilli ces informations sur Heloísa Helena Assis (connue sous le nom Zica) et sur sa société Beleza Natural grâce à Endeavor, organisation à but non lucratif qui offre du tutorat et des conseils stratégiques aux entrepreneurs Jugaad à fort impact dans le monde entier.
12. Smith, G., " Brazil's Coming Rebound ", *Bloomberg Businessweek*, 6 août 2009.
13. " Our Entrepreneurs. Heloísa Helena Assis ". http://www.endeavor.org/entrepreneurs/helo%C3%ADsa-helena-assis/96
14. Les données sur YES MONEY nous ont été fournies par Ajay Desai, directeur de l'inclusion financière, YES BANK.
15. " GE Healthcare and Government of Gujarat Sign MOU for First of Its Kind Public and Private Partnership Model for Healthcare in the Country ", communiqué de presse, GE Healthcare, 2 août 2008.
16. Prakash, S. & Velu, C., " Reuters Market Light: Business Model Innovation for Growth ", février 2010. http://www.india.jbs.cam.ac.uk/opinion/pieces/downloads/2010/prakash_reuters.pdf
17. Dr Liu Jiren (cf. ch. 1, note 51).
18. *Ibid.*
19. " Neusoft Unveils Health Cloud Strategy ", 22 décembre 2011. http://www.sinocast.com/readbeatarticle.do?id=68980
20. " Emerging Focus: Ageing Population in Emerging Market Economies ", *Euromonitor*, 5 mai 2010.
21. Hewitt, P. S., " Depopulation and Ageing in Europe and Japan:

The Hazardous Transition to a Labor Shortage Economy ", janvier 2002. http://library.fes.de/pdf-files/ipg/ipg-2002-1/arthewitt.pdf
22. " The 'Grey Pound' Set to Hit £100bn Mark ", communiqué de presse, Age UK, 7 avril 2010.
23. " 50+ Fact and Fiction ", Immersion Active. http://www.immersionactive.com/resources/50-plus-facts-and-fiction/
24. Ian Hosking, associé à la recherche au Engineering Design Centre, université de Cambridge, interview par Jaideep Prabhu et Navi Radjou, 8 septembre 2011.
25. Abelson, J., " Suds with Splash ", 12 juin 2011. http://www.boston.com/jobs/news/articles/2011/06/12/procter__gamble_rolls_out_dish_soap_with_latin_flare/
26. Roberts, S., " In a Generation, Minorities May Be the U.S. Majority ", *New York Times*, 13 août 2008.
27. Michaels, A., " A Fifth of European Union Will Be Muslim by 2050 ", *The Telegraph*, 8 août 2009.
28. Censky, A., " Poverty Rate Rises in America ", CNN Money, 13 septembre 2011.
29. Eichler, A., " Middle-Class Americans Often Fall Down Economic Ladder: Study ", *Huffington Post*, 7 septembre 2011.
30. Censky, A., " Poverty Rate Rises in America ", CNN Money, 13 septembre 2011.
31. Peck, D., " Can the Middle Class Be Saved? ", *Atlantic*, septembre 2011.
32. Reich, R., " The Limping Middle Class ", *New York Times*, 3 septembre 2011.
33. Anderson, C., *The Long Tail: Why the Future of Business Is Selling Less of More,* New York: Hyperion, 2006.
34. " National Survey of Unbanked and Underbanked Households ", Federal Deposit Insurance Corporation, décembre 2009.
35. Rob Levy, directeur de l'innovation et de la recherche, Center for Financial Services Innovation, interview par Navi Radjou,

Jaideep Prabhu et Simone Ahuja, 9 septembre 2011.
36. *Ibid.*
37. *Ibid.*
38. Levy, A., “ PayNearMe Targets ‘Underbanked’ Americans ”, *Bloomberg Businessweek*, 10 mai 2011.
39. Andreessen, M., “ Why Software Is Eating the World ”, *Wall Street Journal*, 20 août 2011.
40. Ramón Mendiola Sánchez, P.-D.G. de Florida Ice & Farm Co., interview par Navi Radjou, 19 décembre 2011.
41. Moffett, S., “ Renault’s Basic Car Detours ”, *Wall Street Journal*, 2 février 2011.
42. Ghosh, R., “ Ghosn Back to Praising ‘Frugal Engg’”, DNA, 30 octobre 2007; Sehgal, V., Dehoff, K. & Panneer, G., “ The Importance of Frugal Engineering ”, *strategy+business*, été 2010.
43. Kirkpatrick, D., “ The Socialist State of ThoughtWorks ”, CNNMoney, 17 mars 2008.
44. Roy Neville Singham, fondateur et président de ThoughtWorks, interview par Navi Radjou, 26 octobre 2011.
45. Lallos, L., “ YourEncore Keeps Retirees in the Game ”, *Bloomberg Businessweek*, 15 avril 2010.
46. Ho, A. H., “ The Telehealth Promise: Better Healthcare and Cost Savings for the 21st Century ”, rapport préparé par AT&T Center pour Telehealth Research and Policy, University of Texas Medical Branch, mai 2008.
47. Sandhu, J. S., “ Opportunities in Mobile Health ”, *Stanford Social Innovation Review*, automne 2011.
48. Rettner, R., “ U.S. Newborn Death Rate Tied with Qatar ”, Msnbc.com, 30 août 2011.
49. Miller, N. S., “ National Texting Program for New Moms Continues Growth ”, Pediatric News Digital Network, 9 décembre 2011.
50. “ As Middle Class Shrinks, P&G Marketing Aims High and Low ”, *Wall Street Journal*, 12 septembre 2011.

51. *Ibid.*
52. Intrapreneuriat : les activités entrepreneuriales pratiquées au sein d'une grande organisation.

CHAPITRE 7

1. Kishore Biyani, P.-D.G. de Future Group, interview par Simone Ahuja, 30 octobre 2008.
2. Smith, A., *Theory of Moral Sentiments*, Amherst, NY: Prometheus Books, 2000.
3. Venkat Rangan, cofondateur et P.-D.G. de INXS Technologies, interview par Navi Radjou, 28 décembre 2010.
4. « Diane Geng et Sara Lam », 2007. http://www.echoinggreen.org/fellows/diane-geng-and-sara-lam
5. *Ibid.*
6. Alter, A. L., Oppenheimer, D. M., Epley, N. & Eyre, R. N., " Overcoming Intuition: Metacognitive Difficulty Activates Analytic Reasoning ", *Journal of Experimental Psychology: General*, novembre 2007, 136(4), p. 569-576.
7. Jan Chipchase, directeur de la création de Global Insights, frog, et Ravi Chatpar, directeur de la stratégie, frog, interview par Navi Radjou, 26 août 2011.
8. Roberts, K., *Lovemarks: The Future Beyond Brands,* New York: Power House Books, 2004.
9. Roberts, K., " Magic Time ", 14 juin 2011. http://www.saatchikevin.com/Magic_Time/
10. Commentaires de Anil Jain, directeur de Jain Irrigation Systems Ltd., World Economic Forum's Annual Meeting du New Champions 2011, Dalian, Chine, 15 septembre 2011.
11. Bam Aquino, interview (cf. ch. 3, note 17).
12. Dr Prasad Kaipa, coach de P.-D.G. à la Indian School of Business, interview personnelle par Navi Radjou, 3 novembre 2011.

13. Dr Devi Shetty, fondateur de Narayana Hrudayalaya, interview par Simone Ahuja et Navi Radjou, 14 décembre 2009.
14. Radjou, N., “ Future Group’s Mythological Marketing ”, blog de la *Harvard Business Review*, 15 septembre 2009.
15. Pink, D., *A Whole New Mind: Moving from the Information Age to the Conceptual Age*, New York: Riverhead Hardcover, 2005.
16. Welch, J. & Byrne, J. Jack, *Straight from the Gut*, New York: Business Plus, 2003.
17. Gladwell, M., *Blink: How Little Things Can Make a Big Difference*, New York: Back Bay Books, 2002.
18. “ Millennials: The Challenger Generation ”, rapport Prosumer, Euro RSCG, 2011.
19. Kim, P., *Consumers Love to Hate Advertising*, rapport Forrester Research, 26 novembre 2006.
20. Li, C. & Bernoff, J., *Groundswell: Winning in a World Transformed by Social Technologies*, Boston, MA: Harvard Business School Press, 2008.
21. *Smart CRM for CPG Manufacturers*, Forrester Research, 29 mai 2002.
22. Radjou, N., *Transforming R&D Culture*, rapport Forrester Research, 20 mars 2006.
23. Commentaire de Tim Brown, P.-D.G. de IDEO, conférence 2011 State of Design, avril 2011.
24. Liu, Y. & Cui, T. H., “ The Length of Product Line in Distribution Channels ”, *Marketing Science*, mai-juin 2010, 29 (3), p. 474-482.
25. Roberts, K., “ Why Lovemarks Are More Valid Than Ever, or Welcome to the Age of Now ”, Ad Age, 14 février 2011.
26. Ludwig, A., “ John Hagel on Empowerment, Management Fears, and Social Software in Business ”, *Forbes*, 7 septembre 2011.
27. “ HR Development of the Future ”, 29 mars 2011. https://www.allianz.com/en/press/news/company/human_resources/news_2011-03-29.html

28. Hippel, E. Von, Ogawa, S. & de Jong, J.P.J., “ The Age of the Consumer-Innovator ”, MIT Sloan Management Review, automne 2011.
29. Brooks, D., *The Social Animal: The Hidden Sources of Love, Character, and Achievement*, New York, Random House, 2011.
30. Roberts, “ Magic Time ”.
31. Robert Fabricant, directeur de la création de frog, interview personnelle par Navi Radjou, 22 septembre 2011.
32. “ Connected Experiences – Denise Burton, frog Fellow, Austin ”. http://www.frogdesign.com/about/centers-of-passion.html
33. Tindell, K. & Bryant, A., “ Three Good Hires? He'll Pay More for One Who's Great ”, *New York Times*, 13 mars 2010.
34. “ Corporate R&D Spending Rebounds in 2010, Finds Booz & Company Global Innovation 1000 Study ”, 24 octobre 2011. http://www.booz.com/global/home/press/article/49852237
35. “ I Learned Intuition in India: Steve Jobs ”, 24 octobre 2011. http://www.indianexpress.com/news/i-learned-intuition-in-india-steve-jobs/864708/
36. Kuang, C., “ What Can Steve Jobs Still Teach Us? ”, Fast Company, 2011.
37. Interview de Steve Jobs dans *Inc.* à l'occasion de “ The Entrepreneur of the Decade Award ”, 1er avril 1989. http://www.inc.com/magazine/19890401/5602.html
38. Walters, H., “ Apple's Design Process ”, *Bloomberg Businessweek*, 8 mars 2008.
39. “ 'You've Got to Find What You Love', Jobs Says ”, 14 juin 2005. http://news.stanford.edu/news/2005/june15/jobs-061505.html

CHAPITRE 8

1. Tim Leberecht, directeur du marketing de frog, interview par Navi Radjou, 5 août 2011.
2. Radjou, N. & Prabhu, J., " PepsiCo and GE Are Innovating in India ", *Bloomberg Businessweek*, 9 novembre 2010.
3. " Nueclear Healthcare Ltd (NHL) and GE Healthcare Join Hands in the Fight Against Cancer ", 10 décembre 2011. http://www.nueclear.com/NHL_GE.aspx
4. Bresenham, T., " Putting Innovation to Work for a Healthier India ", *Economic Times*, 3 février, 2012.
5. McGregor, J., " GE: Reinventing Tech for the Emerging World ", *Bloomberg Businessweek*, 17 avril 2008.
6. Jana, R., " Innovation Trickles in a New Direction ", 11 mars 2009. http://www.businessweek.com/magazine/content/09_12/b4124038287365.htm
7. Chandran, R., " In India, for India: Medical Device Makers Plug In ", 4 juillet 2010. http://www.reuters.com/article/2010/07/05/us-india-healthcare-feature-idUSTRE6640F120100705
8. Joydeep Nag, directeur administratif et financier de GE Healthcare South Asia, interview par Navi Radjou et Jaideep Prabhu, 26 décembre 2011.
9. *Ibid.*
10. Radjou, N. & Kaipa, P., " Do Multinationals Really Understand Globalization? ", *Bloomberg Businessweek*, 6 août 2010.
11. " Scripps Study First to Validate Usefulness of Pocket Ultrasound Device; Could Significantly Reduce Cost and Inconvenience of Traditional Echocardiograms ", PR Newswire, 4 juillet 2011.
12. " Healthymagination – 2010 Progress Report ", site Internet de GE. http://www.healthymagination.com/progress/

13. Comstock, B., “ A New Blueprint for Innovation ”, 27 janvier 2011. http://www.thedailybeast.com/articles/2011/01/27/ges-beth-comstock-a-new-blueprint-for-innovation.html
14. Siegler, M. G., “ Schmidt Talks Wave's Death: ‘We Celebrate Our Failures’”, TechCrunch, 4 août 2010.
15. Madhavan, N., “ Made in India, for the World ”, 30 mai 2010. http://businesstoday.intoday.in/story/made-in-india-for-the-world.html/1/5601.html
16. Jean-Philippe Salar, président du Design Studio Renault, Mumbai, Inde, interview par Navi Radjou, 24 janvier 2011.
17. Dr Liu Jiren (cf. ch. 1, note 51).
18. “ 3M's Open Innovation ”, 30 mai 2011. http://www.strategy-business.com/article/00078?gko=121c3
19. Brown, M. “ OpenIDEO Helps Solve Society's Problems Together ”, 4 août 2010. http://www.wired.co.uk/news/archive/2010-08/04/openideo-brainstorming
20. Heath, C. & Heath, D., *Made to Stick: Why Some Ideas Survive and Others Die,* New York, Random House, 2007.

CHAPITRE 9

1. “ Do It Yourself ” ou « bricolage ingénieux », en s'inspirant de l'anthropologue Levi-Strauss qui avait utilisé ce terme pour décrire l'ingénuité frugale des tribus indigènes.
2. Anand, A. “ Startup Generation Ready to Fix the Economy ”, MSNBC.com, 8 août 2011.
3. Radjou, N., Prabhu, J., Kaipa, P. & Ahuja, S., “ The UK Could Rise to the Scarcity Challenge. Can Europe? ”, blog de la *Harvard Business Review*, 21 juillet 2010.
4. “ Tax Rise as UK Debt Hits Record ”, 22 avril 2009. http://news.bbc.co.uk/2/hi/8011321.stm
5. « La mise en place de L'auto entrepreneur : Bilan au 31 août 2011 », communiqué de presse de ACOSS, 21 septembre 2011.

6. Neuwirth, R., “ The Shadow Superpower ”, Foreign Policy, 28 octobre 2011.
7. Ian Hosking, associé de recherche au Engineering Design Centre, université de Cambridge, interview par Jaideep Prabhu et Navi Radjou, 8 septembre 2011.
8. *Ibid.*

REMERCIEMENTS

On dit qu'il faut tout un village pour élever un enfant. Il en est de même pour la publication d'un livre. Nous n'aurions pas pu produire ce livre sans le soutien d'un grand nombre de personnes.

Tout d'abord, nous tenons à remercier Carlos Ghosn, président de l'Alliance Renault-Nissan, pour avoir pris le temps, dans son agenda chargé, d'écrire une préface, excellente ouverture à notre livre, et qui fait d'autant plus sens que Carlos Ghosn a inventé le terme « ingénierie frugale » en 2006 et qu'il est le premier dirigeant occidental à avoir appliqué avec succès les principes de l'innovation jugaad dans une grande organisation. Nous lui sommes donc doublement reconnaissants et sommes ravis de le compter parmi les premiers supporters de ce livre.

Nous remercions également les huit responsables d'entreprises en France qui ont accepté d'être interviewés pour cette édition : Jean-Luc Beylat (Alcatel Lucent Bell Labs), Armelle Carminati-Rabasse (Accenture), Jacques Challes (L'Oréal), Bertrand Collomb (Lafarge), François Darchis (Air Liquide), Stéphanie Dommange (SNCF), Christophe de Maistre (Siemens France) et Elie Ohayon (Saatchi & Saatchi + Duke). Ils ont pris le temps de discuter avec nous de la façon dont leurs organisations appliquent l'approche jugaad de l'innovation et en tirent profit, en nous faisant partager leurs précieuses expériences et connaissances pratiques. Nous sommes très heureux d'avoir pu les associer à cet ouvrage.

Nous avons rencontré une équipe extraordinaire chez notre éditeur Diateino : Claire Gautier, directrice éditoriale, qui s'est totalement engagée pour ce livre, aux côtés de Dominique Gibert. Animée d'une forte conviction pour le concept de jugaad, Claire a joué un rôle moteur dans la préparation et le lancement de ce livre. Merci aussi à Eva Avian et Juliette Dablanc pour leur efficacité, leurs suggestions et leur implication. Nous sommes également reconnaissants à Jean-Joseph Boillot qui a non seulement eu l'idée de cette édition française mais nous a introduits auprès de Diateino, puis a pris en charge l'adaptation et la traduction de notre livre en français sans perdre l'essence de la version originale. Angélique Walter a fait un travail merveilleux pour produire les vidéos de nos entretiens avec les huit responsables d'entreprises mentionnés ci-dessus. Nous souhaitons aussi remercier, pour leur soutien dans l'élaboration et le lancement de cet ouvrage, Jacques Birol, Peter Herweck, Daniel Jasmin, Rachel Konrad, Edith Lemieux, Yolaine de Linares, Brian Sweeney, Françoise Tollet et Didier Tranchier.

Ce livre n'aurait bien sûr pas pu être écrit sans la contribution active de tous les innovateurs jugaad mentionnés, qui ont généreusement partagé leurs histoires personnelles et professionnelles. Leur ingéniosité continue de nous inspirer.

Enfin, nous sommes profondément reconnaissants à nos familles et à nos amis, qui se sont toujours intéressés à ce que nous faisions et nous ont apporté un soutien moral tout au long de cette aventure. Sans eux, vous ne tiendriez pas ce livre entre vos mains.

BIOGRAPHIES DES AUTEURS

Navi Radjou, Français d'origine indienne, est diplômé de l'École centrale de Paris et a étudié à l'École de management de l'université de Yale. Basé à Palo Alto, en Californie, il travaille aujourd'hui comme consultant indépendant spécialisé dans l'innovation et le leadership, après avoir été vice-président chez Forrester Research à Boston et San Francisco. Il est également affilié comme Fellow à la Judge Business School de l'université de Cambridge et est membre du World Economic Forum. Depuis 2008, il publie un blog sur le site de *Harvard Business Review* et intervient régulièrement dans des conférences et séminaires dans le monde entier. Radjou est enfin co-auteur de *From Smart to Wise*, ouvrage sur le nouveau modèle de leadership à l'ère de la complexité, à paraître en 2013 (Jossey-Bass). Suivez-le sur Twitter : @NaviRadjou

Jaideep Prabhu, est professeur titulaire de la chaire Jawaharlal Nehru en business à la Judge Business School de l'université de Cambridge. Il est intervenu dans de nombreuses universités (Imperial College à Londres, Tilburg University aux Pays-Bas et UCLA en Californie). Ses domaines de recherche concernent le marketing, l'innovation, la stratégie et plus particulièrement la globalisation de l'innovation et le rôle des économies émergentes dans ce processus. Prabhu intervient régulièrement dans les médias et conseille de nombreuses multinationales telles que BP, BT, ABN Amro, Bertelsmann, GE, IBM, et Nokia.

Simone Ahuja a créé Blood Orange, cabinet de conseil en marketing et en stratégie basé à Minneapolis et à Mumbai et spécialisé en innovation dans les pays émergents. Elle a récemment réalisé une série télévisée, *Indique:Big Ideas from Emerging India*, qui explore comment l'Inde s'appuie sur un modèle d'innovation frugale pour accélérer son développement socio-économique de manière équitable et durable. Elle intervient auprès de plusieurs universités et conseille également des entreprises comme PepsiCo, Procter & Gamble, Colgate-Palmolive.

Pour en savoir plus, consultez leur site :
www.jugaadinnovation.com

La traduction-adaptation de ce livre et l'avant-propos ont été réalisés par **Jean-Joseph Boillot**, agrégé de sciences économiques et sociales et docteur en économie. Il a notamment enseigné à l'École normale supérieure et étudié l'Asie en tant que chercheur associé au CEPII, dont il est le conseiller « pays émergents ». Il assure à la fois des enseignements spécialisés sur ces pays et des activités de conseil pour des organismes publics et de grandes entreprises. Il est par ailleurs cofondateur du Euro-India & Business Group (EIEBG). Il est enfin l'auteur de nombreux ouvrages, dont *Chindiafrique*, publié chez Odile Jacob en janvier 2013.

Dépôt légal : Avril 2013
Correction/Révision : Juliette Dablanc
Mise en pages: Mélanie Cousin
Couverture : Nord Compo
Illustration en couverture © Avinash Chugh
Impression : Darantiere (Dijon-Quetigny)
N° d'impression : 13-0474
IMPRIMÉ EN FRANCE